21
godzin
do Sukcesu

Małgorzacie i Kazimierzowi Kowalskim,

ludziom artystycznego sukcesu i moim przyjaciołom,

książkę tę dedykuję.

Niech będzie formą podziękowania
za niepowtarzalne chwile wzruszenia;
pełne ukrytej magii i piękna doznania artystyczne,
które dzięki ich niestrudzonej pracy w odkrywaniu młodych talentów
stają się dla nas możliwe.

Chciałbym tym samym wyrazić swój autentyczny podziw
dla ich twórczych poszukiwań; za umiejętność
rozpoznawania „diamentów", a potem za ich życzliwość i wytrwałość
w „zapalaniu światła i stawianiu drogowskazów"
na drodze kariery prowadzącej tych młodych ludzi
do sukcesów na największych scenach operowych Świata.

Zbigniew Królicki

Zbigniew Królicki

21 godzin do Sukcesu

Wydawnictwo KOS
KATOWICE

Projekt okładki: **Wydawnictwo KOS**

Zdjęcie na okładce: © olly, #36865137 – Fotolia.com

Korekta i redakcja: **Wydawnictwo KOS**

Typografia i łamanie: **Wydawnictwo KOS**

ISBN 978-83-7649-122-6

Wydawnictwo KOS
ul. Agnieszki 13
40-110 Katowice
tel./faks 32 258 40 45, 32 258 27 20, 32 258 26 48
e-mail: kos@kos.com.pl, kos@beep.pl
http://www.kos.com.pl

Druk i oprawa: TRIADAPRESS, 40-322 Katowice, ul. Wandy 16k tel. 32 2541-790
e-mail: biuro@triadapress.com.pl   www.triadapress.com.pl

Spis treści

Czy warto przeczytać tę książkę?

...dlaczego 21 godzin? Bo tyle czasu zajmie Ci przeczytanie tej książki. Dwadzieścia jeden krótkich rozdziałów; do tego wstęp, wprowadzenie i zakończenie. No i oczywiście obowiązkowa chwila przemyśleń po każdym z nich, to przy średniej prędkości czytania da – mniej więcej – 21 godzin.

Zacznij od przeczytania tego wstępu. Najczęściej nie czytamy wstępów, bo uważamy, że nie ma w nich niczego istotnego. Ale ten naprawdę warto, bo znajdziesz tu odpowiedzi na pytania:

Jaki jest sens czytania książek motywacyjnych, jeżdżenia na wykłady, uczestniczenia w treningach motywacyjnych, na przykład Metody Silvy?

Czy warto interesować się Life coachingiem?

Czy warto pracować nad sobą i ze sobą? Czy to w ogóle coś da i zmieni w życiu?

Sens jest ogromny i zawsze warto, bo Życie nie jest poczekalnią. Ale niestety zbyt często myślimy, że tak właśnie jest, bo ciągle na coś czekamy. Czekamy już od poczęcia u matki pod sercem, dziewięć miesięcy na narodzenie. Rodzimy się. Dalej czekamy na ojca, matkę; w wieku przedszkolnym czekamy, aby zabrali nas do domu, a potem czekamy, aby pójść do szkoły. Potem młodość, czekamy na pierwszą miłość, na kolejną miłość. Czekamy, aby pójść na studia, do pierwszej pracy. Czekamy na udany związek, na pensję, nagrodę, wskazanie kierunku, w którym warto się rozwijać. Zakładamy rodzinę, myśląc o dzieciach i czekamy, jak wyrosną z pierwszych bucików, następnie czekamy na wnuki. Czekamy na męża, żonę, gdy wraca z pracy; czekamy na święta, na Nowy Rok, wakacje. Czekamy na szczęście, zdrowie, powodzenie, sukces; na swoje „pięć minut". Wiosna, lato, jesień, zima – też są wyczekiwane. Nadchodzi też starość, która jest poczekalnią wieczności. Tam, wybrani, czekają na sąd ostateczny, którego celem – znowu dla niektórych – będzie zmartwychwstanie. No cóż, zawsze warto na coś poczekać. Na pewno tak, ale czekając, nie trać czasu, nie marnuj swojego życia i zajmij się rozwojem samego siebie. Życie jest za krótkie, żeby było takie małe. Nie marnuj go bezsensownie, bo drugiego nie dostaniesz.

Do Mistrza przychodzi uczeń i pyta:
– Jak długo mam czekać na prawdziwy życiowy sukces?
– Jak będziesz czekał – to długo – odpowiada Mistrz.
– No to co mam robić?
– Jak będziesz robił rzeczy łatwe, to twoje życie będzie trudne. Jak będziesz robił rzeczy trudne, to twoje życie będzie łatwe. Przeznaczenie i los to nie jest to, co dostajesz, ale to, co robisz i bierzesz!

Niezależnie od tego, na jakim etapie życia jesteśmy, w jakim wieku, miejscu i kraju – do końca życia jesteśmy skazani na siebie. Warto zadbać, abyśmy mieli dobre towarzystwo. Jeżeli z książki, kursu, wysłuchanej płyty motywacyjnej zapamiętamy jedno zdanie, ale to najważniejsze dla nas – to warto było. Czasami to jedno zdanie może zmienić wszystko dookoła, wytrącić z marazmu, spowodować, że zaczniemy znowu po prostu żyć. Czasami godzina poświęcona na zdobycie wiedzy może zaoszczędzić miesięcy zbędnego trudu i lat rozczarowań. A z drugiej strony: jeżeli uważasz, że wszystko już wiesz i niczego od nikogo się nie nauczysz, to powiedz, dlaczego wciąż nie jesteś zadowolony z efektów swojego Życia?

Niektórzy z nas, pomimo że czytają te słowa, już nie żyją, w mniejszym czy większym stopniu. Umierają na wiele lat, zanim zostaną pochowani na cmentarzu. Rezygnują ze swojego życia, żyjąc życiem: firmy, partnera, dziecka, wnuka. Dajemy się wtłoczyć w utarte wzorce, schematy, zwyczaje. Powoli, wraz z wiekiem, w ten czy inny sposób, tracimy swoje ambicje, pragnienia; marzenia. Rezygnujemy z walki o szacunek dla samego siebie i przestajemy w pełni wykorzystywać swoje wielkie możliwości. Godzimy się podświadomie na życie przeciętne, dni wypełnione rozpaczą, a noce łzami. Rezygnujemy z miłości, zapominając, że „na miłość nigdy nie jest za późno, a na samotność zawsze jest za wcześnie".

Kiedy rozejrzymy się dookoła, zobaczymy wielu ludzi, którzy będąc w pełni sił twórczych, szukają sobie miejsca na cmentarzach, wśród zmarłych. Mają już wykupione miejsca (dobra lokalizacja jest ważna), przygotowane kwatery (wygodne i przestronne), zbudowane pomniki (odpowiednie i wystarczająco

„godne"), tablice nagrobne ze zdjęciami (ważne ujęcie i odpowiedni wygląd) i wygrawerowanymi datami: urodzony – data, zmarł – wolne miejsce. Nikt z nich, troszcząc się tak bardzo o to miejsce, nie zauważa, że powinien w zasadzie wygrawerować coś innego. Urodzony – data; zmarł – data; pochowany – wolne miejsce. Przecież na dobrą sprawę już nie żyją. Zmarli już dla siebie i jedyną niewiadomą jest czas pochówku.

W latach 20. XX wieku wielką sławą cieszył się w USA magik, prestidigitator Harry Houdini. Chcąc podbić Europę, założył się z ministrem sprawiedliwości Wielkiej Brytanii, że po pół godzinie od zamknięcia w więziennej celi będzie na zewnątrz więzienia. Oczywiście strażników nie będzie obezwładniał, ale pokona wszelkie zabezpieczenia techniczne – kraty, bramy, przejściówki itp. Danego dnia, przy wiwatach tłumów wielbicieli i jazgocie dziennikarzy, Houdini, fachowo obszukany przez strażników wkracza do celi. Strażnicy i widzowie oddalają się poza bramę więzienia i włączają stopery. Gdy komisja znika z oczu Houdiniego, ten wyciąga z paska od spodni drut, wygina wytrych i zaczyna spokojnie manipulować przy zamku od celi. Po pół godzinie komisja stwierdza, że nie ma za bramą Houdiniego i wkracza do więzienia. Jest niezwykle zdziwiona – nigdzie nie ma Houdiniego. Tak powoli dochodzą do celi. Houdini siedzi w celi. Jest zdenerwowany. Nie może otworzyć zamka od celi. To niewiarygodne – do tej pory żaden zamek mu się nie oparł. Prosi o następne pół godziny. Sytuacja powtarza się kilka razy. Nie chce się poddać. W końcu po upływie paru godzin znużony, wyczerpany osuwa się na kratę i ...krata się otwiera. Nie była zamknięta. Do dnia dzisiejszego nie wiadomo: celowo czy przypadkiem.

Co Houdiniego „zamknęło w celi"? Faktyczny zamek czy jego umysł, że krata powinna być zamknięta?

Tak samo jest z nami. Naszych umysłów nikt przed nami nie zamyka. Robimy to sami.

Większość z nas buduje sobie groby i więzienia, tworzy cele i kraty. Pomieszkawszy w nich jakiś czas, przyzwyczajamy się do ich murów i godzimy się z fałszywym założeniem, że jesteśmy uwięzieni już do końca; że ktoś lub coś nas zamyka, ogranicza, więzi. Jak tylko nabierzemy takiego przekonania, porzucamy nadzieję, że kiedykolwiek potrafimy zrobić coś jeszcze ze swoim życiem, stworzyć szanse spełnienia swoich marzeń. Stajemy się manekinami, zaczynamy wegetować i umierać.

José Silva twierdził, że warto kontrolować swoje myśli, warto zacząć inaczej myśleć. Warto otwierać swój umysł na nowe prądy i idee, bo wtedy świat wokół nas też będzie inny.

Jeżeli dokładnie przeanalizujemy to zdanie, włączymy rozsądek i logikę, możemy wysnuć następujący wniosek: „To znaczy, że jeżeli zmienię treść swoich myśli, zmienię rzeczywistość wokół siebie. Tak?".

Oczywiście, i to jest właśnie najważniejszy wniosek.

Wszystko „zaczyna się" od myśli, które powstają w naszej głowie: ten tekst – że może będzie komuś potrzebny; kawa na naszym biurku – że warto ją zrobić; ubranie, które mamy na sobie i samochód, którym jeździmy – powstały najpierw w naszych myślach. Każde zadanie, rzecz, czynność, wszystko w otaczającym świecie ma swój plan subiektywny – nasze myśli, a potem plan obiektywny – materializację w rzeczywistości. Od planu subiektywnego, od tego, jak to zadanie przemyślimy i zaplanujemy, zależy podobno 70% naszego powodzenia.

Jeżeli dobra książka, charyzmatyczny wykładowca, prosta recepta będzie w stanie trafić do naszej podświadomości, to wtedy zdamy sobie sprawę, że nie musimy tkwić w tym stanie. Zaczniemy coś zmieniać, zawdzięczać sobie, pracować dla swojego szczęścia. Każdy z nas może dokonać zmiany – zawsze i na to nigdy nie jest za późno. Każdy może odrodzić się emocjonalnie lub zacząć nowe życie, dla samego siebie.

Jeżeli zmienisz treść swoich myśli, zmienisz rzeczywistość wokół siebie, zmienisz swoje życie.

Umysł jest jak spadochron. Jeżeli jest zwinięty, to masz ogromny ciężar z przodu i z tyłu, który przygniata cię do ziemi; masz problemy z poruszaniem. Korzyści z niego są tylko wtedy, kiedy jest otwarty, rozwinięty. Rozwijanie „spadochronu swojego umysłu" to inwestowanie w rozwój osobisty. I tu pojawia się to samo pytanie: „Czy warto w ogóle zainteresować się rozwojem samego siebie?". A czy jest inne wyjście? Czy można się w to nie zaangażować? Jeżeli nie chcesz się rozwijać, to może chcesz się zwijać?

Jesteś właścicielem firmy. Ta firma to Ty sam. Za cel stawiasz sobie, oczywiście, istnienie firmy, i to nie byle jaką egzystencję, ale satysfakcjonujące zyski i skuteczny rozwój drogą, którą Ty jako prezes jej wyznaczasz. Oczywiście jako właściciel musisz dbać o to, żeby firma była w dobrej kondycji; nadążała, a najlepiej wyprzedzała wszystko to, co dzieje się na rynku. Czy planujesz bankructwo? Oczywiście nie. Czy możesz sobie pozwolić na przeoczenie czegoś istotnego w zmieniającym się otoczeniu? Też nie. Czy możesz przestać interesować się tym, czego rynek oczekuje, nie dostosować się do potrzeb i mieć do „nich" pretensje, że poszli dalej? Jestem przekonany, że nie. Wcale nie chodzi o wyścig szczurów i gonitwę z wywieszonym językiem, ale o to, byś nie skończył jak bohaterowie książki Spencera Johnsona: „Kto zabrał mój ser". Nie o to chodzi, abyś biegał w pogoni za szczęściem, pieniędzmi, uznaniem i stanowiskiem. Bo może się nagle okazać, że to one gonią Ciebie, a Ty uciekasz. Ale nie możesz stać w miejscu.

Otoczenie się zmienia i coraz więcej od nas wymaga. Mamy też swoje pragnienia, potrzeby i marzenia, które chcemy realizować. Jak się to wszystko zbierze w jedną całość, okaże się, że na tym świecie nic nikomu nie jest dane raz na zawsze. Potrzebny jest ciągły rozwój samego siebie.

Zapewne jedną z najważniejszych rzeczy, na której Ci zależy, to szczęśliwe życie osobiste, szczęśliwy związek, rodzina, grono oddanych przyjaciół. Czy poświęcasz tym relacjom wystarczająco dużo czasu i serca? Czy jesteś zadowolony z jakości tych relacji? Czy wiesz, jak je budować, utrwalać, naprawiać?

Na głowie masz coraz więcej spraw – musisz więc wiedzieć, na czym najbardziej Ci zależy i mieć swój własny system wartości. Czy umiesz tak zarządzać swoimi celami i czasem, żeby skutecznie osiągać rezultaty i iść do przodu? Życie nie rozlicza z dobrych chęci, a z rezultatów. Czy umiesz doprowadzić do końca te sprawy, na których Ci zależy? W zgodzie z sobą, zasadami etycznymi i moralnymi, i z interesami osób na których Ci zależy? Czy starcza Ci czasu na najważniejsze rzeczy w życiu? Czyli na co?

Żeby znaleźć dobrą pracę już nie wystarczy parę literek przed nazwiskiem i dyplom ukończonej uczelni – coraz bardziej liczą się praktyczne umiejętności, które posiadasz. A jeszcze bardziej to co robisz z tym co posiadasz. Czy umiesz

„sprzedać siebie"? Czy dbasz o rozwój wewnętrzny i motywację, które przydadzą Ci się na zaplanowanej ścieżce kariery?

Żeby w dzisiejszych czasach cieszyć się życiem i wszystkimi jego dobrami, pieniądze są niezbędne. I wcale nie chodzi o to, żeby praktykować hedonistyczną rozrzutność, ale by dojść do etapu, w którym o pieniądzach po prostu nie musisz myśleć. Kiedy pokonasz różne blokady wewnętrzne dotyczące pieniędzy i dóbr materialnych, szybko stać Cię będzie na zaspokajanie swoich potrzeb. Będziesz mógł też planować – w sensownie odległym czasie – realizację swoich marzeń. Na przykład wyjazd na wakacje w upragnione miejsce, kupno mieszkania/domu itd.

Czy właściwie podchodzisz do swojej przyszłości pod kątem niezależności finansowej? Czy praca w tej firmie, na tym etacie to jest właśnie to? A może potrzebujesz ukierunkowania zawodowego i osobistego, wolności w podejmowaniu decyzji, nieskrępowanej radości i szczęścia? A może czujesz, że brakuje Ci życiowych celów, a temu, co robisz towarzyszy przekonanie o bezsensowności? Obszarów, w których mógłbyś sobie zadać kilka ważnych pytań, jest oczywiście więcej. Ważne byś jednak uświadomił sobie, że takie pytania warto zadawać. I szukać na nie odpowiedzi. Inaczej jesteś jak przedsiębiorstwo, które nie monitoruje swojej bieżącej sytuacji i zamiast się rozwijać, marnotrawi swój potencjał (może ta książka zachęci cię do dodania „rozwoju osobistego" do swoich codziennych obowiązków).

Wierzę, że zaczynając każdą podróż, sięgając po pewne cele, lepiej nie być samemu. Warto sięgnąć po dobrą mapę, skorzystać z rady kogoś, kto po niej szedł. Nie narazisz się wtedy na niepotrzebną stratę czasu, chorobliwy stres: „Czy sobie poradzę w nowych okolicznościach?" „Co będzie, jak się nie uda?" „Może lepiej zostać tu, gdzie jestem, bo inni tak robią, powtarzając w nieskończoność, że tak jest bezpieczniej?". Nikt nie przeżyje Twojego życia za Ciebie, ale może ustawić przed Tobą znaki nakazu i ostrzegawcze; tablice informacyjne i kierunkowskazy, dzięki którym wejdziesz na swoją własną drogę do osobistego szczęścia i osiągniesz sukces. A kiedy stanie się to faktem, będziesz w stanie innym, tym co idą za Tobą, pomóc tak samo. Być może pomagając innym, wyzwolisz w sobie umiejętności, które w pełni uaktywnią Twój często głęboko ukryty potencjał. Być może wtedy urealnią się możliwości przezwyciężenia starych wzorców myślenia, strachu, wątpliwości, systemu wewnętrznych blokad.

Podejmij wysiłek, żeby wykonać pierwszy krok w kierunku zmian, bo kiedy ten pierwszy krok już postawisz, kolejne pojawią się niemal samoistnie i będą coraz łatwiejsze. Powalcz o siebie, o swoje szczęście, swoje marzenia, przełamuj swój lęk przed zmianami, przed wyjściem z własnej strefy komfortu: „Zakwitnij tam, gdzie zostałeś posiany".

Ta książka ma właśnie na celu zmianę Twojego sposobu myślenia o sukcesie. Będzie w niej coś do przemyślenia: „Minuty wiedzy"; do wewnętrznej refleksji i uśmiechu: „Chwila refleksji"; i do momentu zadumy: „Sekunda mądrości". A każdy rozdział będzie poświęcony innemu problemowi. Zapewne taki układ Cię zaskoczy, ale jest on wprowadzony świadomie i celowo. Sprawdził się znakomicie na prowadzonych przeze mnie kursach Silva Life, Silva Intuition i chyba najlepiej na Silva Business & Succes.

Przypowieści, czyli krótkie opowiadania, historyjki, autentyczne bajki i legendy, były zawsze nierozerwalnie związane z przekazem wiedzy i nauczaniem „czegoś poważnego". O tym, jak trudno przekonać kogoś do trudnych zagadnień, wie każdy nauczyciel. Kiedy suchą informację poprze się przykładem, dobrze spointowaną anegdotą, ciekawą historyjką – staje się to łatwiejsze. Ustna forma przekazu „mistrz-uczniowie", cały czas popularna (nawet w dobie Internetu), wymagała zawsze ustawicznego wzbogacania treści oficjalnych o różnego rodzaju „mądrości", burzące schematy myślowe dnia codziennego i zmuszające słuchaczy do refleksji. Tak nauczali wielcy mistycy, prorocy, przywódcy duchowi i nauczyciele. Od wiek wieków taki sposób kontaktu z „mądrością" pomagał ludziom pokonać słabości, lęki, otworzyć się na życie; czasami wstrząsał i powodował uronienie łzy; częściej wzbudzał wesołość i śmiech... z samego siebie. Zawsze pomagał otworzyć oczy na prawdę.

W miarę upływu czasu, kiedy umiejętności pisania i czytania stawały się powszechniejsze, również dostęp do wiedzy stawał się łatwiejszy. Ale w niczym nie zmniejszyło to rangi i znaczenia „przykładów"; nie traciły one nic ze swojej aktualności. Okazuje się, że pomimo lepszego wykształcenia wcale nie jesteśmy mądrzejsi niż ludzie w dawnych epokach. Mamy podobne marzenia, pragnienia, oczekiwania; chcemy kochać i być kochani. Mamy problemy rodzinne, wychowawcze, kłopoty z pracą i motywacją do działania. Wszyscy chcemy być szczęśliwi i osiągać życiowe sukcesy. Pomimo zdobywania coraz to nowszych umiejętności nadal nieobcy jest w nas lęk i cierpimy na poczucie małej wartości. Rozpacz, złość, egoizm i niezrozumienie są częścią naszego życia. Ale z drugiej strony chcemy to życie zmienić i wpłynąć na swój los. I to powoduje, że obecnie przeżywamy istny renesans zainteresowania tą formą przekazu. Dlaczego? Bo mądrość życiowa i różnego rodzaju recepty na szczęście i powodzenie były, są i będą w cenie!

Na pewno Ty też, Drogi Czytelniku, masz swoją własną receptę na życiowy sukces. Na jego zrozumienie i poznanie. Na określenie swojego miejsca we wszechświecie i swojej misji. Być może jest to Twoja własna recepta. Być może skorzystałeś z gotowej – podanej przez specjalistów, trenerów, doradców, coachów, motywatorów, spin doktorów, filozofów, przewodników duchowych.

Czy zastanawiałeś się kiedykolwiek, dlaczego jest tyle tych recept? A każda – pomimo że ma inną podstawę: filozofię, naukę, religię czy nawet konkretną naukową wiedzę – jest podobno najlepsza i jedyna! Dlaczego prawie każdy przewodnik na „drodze życia" ma swoich zwolenników, którzy podążają według jego wskazówek, czasem w zupełnie przeciwnym kierunku niż inni? Dlaczego prawie każdy przewodnik jest pewny, że taka właśnie powinna być „Droga Sukcesu" i tak właśnie powinno wyglądać życie?

Tradycyjna legenda chińska mówi, że wiedza o życiu, o jego pełni, sensie i celu była podobno kiedyś jedna i spójna – jak paciorki korali nanizane na nitce. Niestety człowiek przez swoją nieostrożność rozerwał nitkę i koraliki potoczyły się do różnych miejsc w różne rejony świata. Od czasu do czasu ktoś znajdzie jakiś zagubiony koralik i głośno krzyczy: „Znalazłem". Jego okrzyk ma sens – z jego perspektywy widzenia. Jego teoria jest jednak tylko fragmentem całości. Czasami ktoś znajdzie kilka koralików i wtedy sprawa jest bardzo poważna, bo próbuje je złączyć, ale brak mu nitki, która powiązałaby je w większą całość.

21 godzin do Sukcesu jest też pewną receptą. Pochodzi ona z wieloletniego doświadczenia życiowego wielu ludzi i była kształtowana przez ich osiągnięcia i porażki. Zawiera wiele różnorodnych i bardzo głębokich idei. Zawiera wiele paciorków z rozerwanego sznura korali. Przez mistrzowskie poznanie życia łączy je wszystkie w jedną całość, zostawiając jednak na nitce miejsce również dla Twoich doświadczeń i osiągnięć. Nie musisz niczego zmieniać i odrzucać. Możesz dodać znaleziony przez siebie koralik do całości, stwarzając sobie optymalne warunki do powodzenia, harmonii, szczęścia i radości; do lepszego zrozumienia siebie i życia zgodnie z własnymi ideałami. A gdybyś kiedykolwiek zastanawiał się, co w rozdziałach tej książki jest najważniejsze, pamiętaj, że jest to to, czego tutaj nie będzie. To, czego nie ma. O czym nie da się napisać ani czego nie da się wypowiedzieć. Ta nić łącząca koraliki, której nie widać.

21 godzin do Sukcesu powstawały przez kilka lat i mają swoją historię. Będąc już prawie czterdzieści lat nauczycielem akademickim, prowadząc również inne pozaakademickie kursy, wykłady, odczyty; będąc od dwudziestu pięciu lat wykładowcą Metody Silvy czy trenerem w Life Coaching College, zauważyłem, że odpowiednio wtrącona „dykteryjka" w czasie wykładu pozwala nawiązać dobry kontakt z grupą, ożywić ospałe audytorium, utrzymać uwagę sali. Posiada, jednym słowem, duże walory dydaktyczne. Wiele myśli, które staram się przekazać, chociażby na kursach Silva Business & Succes, nie trafiłoby tak dobitnie do uczestnika, gdyby nie opowieści, a przede wszystkim ich zaskakujące pointy. Dzięki nim jestem w stanie „pokazać" zupełnie nieznanym mi, przypadkowo spotkanym ludziom ich nastawienie do życia i potrzebę zmian. Mają one tym samym ogromne znaczenie terapeutyczne. Przypowieści powoli stały się integralną częścią moich spotkań i wykładów motywacyjnych.

Współpracując z wieloma popularnymi pismami, pisząc regularne felietony o medycynie naturalnej, profilaktyce zdrowia, psychosomatyce, zawsze starałem się tam przemycać sprawy motywacyjne. Żywa reakcja czytelników i wyraźne zapotrzebowanie powodowało, że tematyka szeroko rozumianego „sukcesu życiowego" stawała się powoli wiodącym tematem prowadzonych rubryk. Stąd takie właśnie nietypowe połączenie „Minut wiedzy" i „Chwil refleksji" zakończonych „Sekundą mądrości".

Jest to subiektywny wybór problemów motywacyjnych, związanych z szeroko rozumianym sukcesem życiowym, zakończonych krótkimi opowieściami. Opowiadania są współczesne i bardzo stare. Rozdziałów książki jest 21, bo to dobra liczba, ale przypowieści jest więcej, bo czasami w jednej nie można zawrzeć wystarczająco dobitnej pointy. Wszystkie zaczerpnąłem z wcześniejszych *Bajek Chińskich, czyli 108 opowieści dziwnej treści* i *Bajek nie tylko Chińskich*. Myśl przewodnią do niektórych zaczerpnąłem ze zbiorów i różnych tomików bardziej lub mniej znanych autorów, starając się im nadać własną interpretację. Inne trafiły do mnie „przypadkiem" z gazet i tygodników. Jeszcze inne – jako autentyczne legendy wschodnie. Są tutaj także opowiadania autorskie wprost dostarczone przez życie, cały czas pełne niespodzianek – oczywiście lekko wzbogacone własną inwencją.

Chciałem zebrać w tym tomiku problemy i tematy, które kiedyś dla mnie samego były ważne i być może są również ważne dla Ciebie. Być może pomogą coś zrozumieć; uleczyć coś, co da się jeszcze uratować. Może staną się przystankiem dla rozwibrowanego umysłu, chwilą oddechu, ulgą w codziennym zabieganiu. A może wywołają uśmiech na Twojej twarzy i w Twoim sercu, tak stęsknionym za chwilą radości.

Chciałem, aby ten zbiorek przemyśleń o Sukcesie był równie zabawny co refleksyjny. Chciałbym, aby zmusił Cię także do innego myślenia, rozbawił; skłonił do innego postępowania; spowodował zmiany w Twoim życiu. Mam nadzieję, że dzięki tej książce nie zapomnisz nigdy użyć tego, o czym wiesz, że jest najskuteczniejsze – własnej mądrości.

Zbigniew Królicki,
Wrocław 2016

O kłamstwach SUKCESU
zamiast wstępu

● ● ● minuty wiedzy:

To chyba nie przypadek, że dzisiaj wielu ludzi jest „anty". Przy czym nie chodzi mi o nastroje społeczne czy polityczne, ale o obowiązujące w pewnym sensie standardy społeczne i socjologiczne. W wielu pismach i publikacjach motywacyjnych, które do niedawna propagowały intensywnie różne zasady osiągania sukcesu, instrukcje wspinaczki po szczeblach kariery i obowiązujące reguły „wyścigu szczurów" pojawiają się zupełnie inne myśli i idee. Zaczyna mówić się i pisać jawnie o antysukcesie i antykarierze. Nagle okazało się, że wielu ludzi, wiedząc wszystko o sukcesie, stojąc na szczycie stopni kariery czy na ostatnich szczeblach „drabiny powodzenia", zauważyło, że ta drabina nie jest dostawiona do właściwej ściany: „Jeżeli już wszystko mam i wszystko o tym wiem, to dlaczego wciąż nie jestem zadowolony z efektów swojego życia?". I nagle sukces okazuje się jednym wielkim kłamstwem.

Jesteśmy wychowywani w przekonaniu i wszyscy chcemy wierzyć, że sukces pochodzi głównie z ciężkiej pracy, pewnej bezwzględności i poświęcania; jest łutem szczęścia albo spadkiem po „sukcesywnych" przodkach. Ale prawda jest zupełnie inna. Sukces, w jakiejkolwiek dziedzinie życia, „przychodzi" od twojego sposobu myślenia. Od tego jak, co i kiedy myślisz.

Jeżeli przestudiujesz biografie wielkich ludzi sukcesu, to szybko zauważysz, że wszyscy oni poświęcali bardzo dużo uwagi i szkolili się w skutecznym myśleniu i formułowaniu celów. W każdym podręczniku pozytywnego myślenia znajdziesz zdanie, że myśli, które pojawiają się w Twojej głowie, wcześniej czy później, ale ostatecznie, będą stawały się Twoją rzeczywistością. Więc upewnij się, czy Twoje myśli na pewno pracują dla Ciebie? Czy może przeciwko Tobie? To Ty i tylko Ty, możesz wiedzieć i to „objawiać", czego chcesz i pragniesz w swoim życiu.

Na tym świecie są tylko dwie istoty, które Twoje życie zmienią na inne. Czy wiesz, kto to? Jedną z nich widzisz codziennie w lustrze. To Ty, a drugą jest Stwórca. I kolejność wcale mi się nie pomyliła, że wymieniłem Ciebie na pierwszym miejscu – bo masz wolną wolę. Warto, abyś pamiętał, że Bóg pomaga tym, co chcą sobie pomóc. I jak mawiał Św. Ignacy Loyola: „Módl się tak, jakby wszystko zależało od Boga i działaj tak, jakby wszystko zależało od Ciebie".

Trzeba chcieć i wierzyć, że możesz. Ale przede wszystkim trzeba zacząć.

Wejdź na pierwszy stopień. Nie musisz widzieć całych schodów. Wejdź na pierwszy stopień i zdefiniuj swój sukces.

Proszę odpowiedz mi, ale tak na prawdę szczerze: Czy zastanawiałeś się, co to jest sukces? Tylko proszę nie odpowiadaj, że jest to ostatnio bardzo modne słowo odmieniane we wszystkie strony, przez wszystkie przypadki i przez wszystkich, że nie ma kolorowego pisma, które by nie pisało o sukcesie. Nie, nie o to mi chodzi.

Czym jest dla Ciebie sukces? W jakiej sytuacji używasz tego słowa? Jak rozumiesz poczucie sukcesu? Czy doświadczyłeś takiego uczucia? Kiedy? W jakich okolicznościach? O kim możesz powiedzieć, że jest człowiekiem sukcesu? A może potrafisz powiedzieć to o sobie? A patrząc dalej w przyszłość – czym może być Twój sukces? Co musiałoby się wydarzyć w Twoim życiu, abyś mógł uważać, że osiągnąłeś sukces? Jestem przekonany, że te proste pytania wprowadziły Cię w zakłopotanie. Intuicyjnie czujesz bardzo dobrze słowo „sukces". Każdy to czuje, bo jest stworzony do osiągania sukcesów, ale zdefiniować to pojęcie konkretnie, precyzyjnie, to inna sprawa.

„No tak. Jak mam coś osiągnąć, do czegoś dążyć, jeżeli nie wiem, co to jest?" – pomyślisz.

– Wiem! Sukces to cel, do którego dążę! – odpowiesz.

Czy jednak na pewno? A może sukcesem jest osiągnięcie wyznaczonego celu?

„No tak, chyba tak" – pomyślisz.

Ale jakiego?

„Na pewno czegoś wielkiego, wspaniałego, oryginalnego, fantastycznego".

Zapewne teraz rozglądasz się po swoim otoczeniu i patrzysz na „sukcesywnego" sąsiada w nowym BMW; współpracownika odbierającego główną nagrodę Prezesa lub wzdychasz tęsknie, patrząc na wspaniałą kreację gwiazdy filmowej odbierającą statuetkę Oskara Akademii Filmowej. Obawiam się, że takie myślenie i postępowanie nie przybliży Cię do poczucia sukcesu.

Spójrz w głąb własnych wartości i wewnętrznych celów i zacznij ustanawiać standardy dla siebie. Zrób to sam, na własną rękę i nie pod wpływem standardów innych ludzi. Tylko Ty wiesz, co to słowo oznacza dla Ciebie. Aby zrozumieć drugie kłamstwo sukcesu, musisz znaleźć się w miejscu, w którym czujesz, że to, co „musisz", jest kłamstwem. Trzeba mieć jasne zrozumienie tego, że nic nie musisz – „możesz" i chcesz, a to robi wielką różnicę. Miliony ludzi na tym świecie osiąga cele, sukcesy, trzymając się ogólnie przyjętych standardów społecznych. Na pewno każdy osiągnięty sukces ma istotne znaczenie dla każdej osoby. Nowy, lepszy samochód, lepsza praca, ciekawsza wycieczka, umiejętność gry w tenisa czy na skrzypcach. Jest dla niej ważny z jej punktu widzenia. Jest odpowiedzialny za status społeczny, materialny, kulturowy; za rozwój osobisty, wierność normom i zasadom. Ale Twoje preferencje są inne. Dla Ciebie będzie to poprawa zdrowia, naprawienie stosunków z rodziną, lepszy kontakt z dzieckiem czy podwładnymi. W indywidualnym odczuciu sukcesem może być wszystko, każde osiągnięcie. Sukcesem może być właśnie to, o czym myślisz, marzysz, do czego dążysz. Dla kogoś sukcesem może być przeprowadzka do większego domu, a dla kogoś innego poranne obudzenie się i wstanie z łóżka bez budzika; dla kogoś jeszcze innego zaśnięcie bez środków nasennych. Sukcesem może być powrót do zdrowia, schudnięcie

10 kg, samodzielne przejście 100 metrów po ciężkiej operacji. Itd. To Ty ustalasz sobie, co jest sukcesem i to zależy zawsze od ciebie. Jeżeli chciałbyś naprawdę poczuć smak sukcesu, nie pozwól sobie nigdy na to, aby ktoś inny decydował za Ciebie, co ma być Twoim sukcesem. Aby narzucał Ci swoje normy – nawet te obiektywnie słuszne i powszechnie akceptowalne. Aby ktoś pokazywał Ci i kazał wierzyć, że to jest właśnie to – Twój sukces. Nigdy tak nie będzie. Po jego osiągnięciu wcale nie będziesz miał poczucia szczęścia zadowolenia i satysfakcji. A zatem pierwszy ważny krok na drodze sukcesu to indywidualizm i subiektywizm.

A zatem pierwsza ważna cecha sukcesu to indywidualizm i subiektywizm.

Kolejne kłamstwo sukcesu, sprawiające jak najbardziej wrażenie prawdy, to traktowanie pojęcia „sukces" jako coś materialnego i konkretnego. Często o swoim sukcesie, celu myślimy jak o jakimś punkcie na mapie, miejscu, celu podróży na pewnej drodze, na którą decydujemy się wkroczyć. Myślimy o nim jako o czymś do zdobycia, posiadania.

Myślimy tak: jestem tutaj – jestem biedny, będę tam, będę bogaty. W tym miejscu mam stary samochód, będę tam i będę miał nową Toyotę. Tu jestem chory, tam będę zdrowy i to będzie mój sukces. Ale czy jest to słuszne myślenie. Często bywa tak, że osiągamy to, do czego dążyliśmy za wszelką cenę i... i nic. Mamy to i wcale nie mamy poczucia sukcesu i szczęścia, a wręcz przeciwnie: pojawia się poczucie bezsensu i dziwna pustka. Dążenie do sukcesu okazało się wielokrotnie bardziej ekscytujące niż samo jego osiągnięcie. Sukces i cel to nie miejsce i punkt. To droga, a raczej sposób poruszania się po tej drodze. To specyficzny stan umysłu, który pozwoli Ci pokonać zakręty, wzniesienia, przeszkody, omijać maruderów i mając cel przed oczami, poruszać się cały czas do przodu, przed siebie. Sukces to stan ciała, ducha i umysłu na drodze do celu. Jeżeli z tego stanu będziesz zadowolony i usatysfakcjonowany, to szybko się przekonasz, że pomimo jasno sprecyzowanego celu jego osiągnięcie ma dla Ciebie drugorzędne znaczenie. Wartości nabiera dążenie do jego realizacji, pokonywanie przeszkód i trudności, naprawianie popełnianych błędów, które okazują się niezwykle stymulujące i wartościowe, bo ich analiza i naprawa daje największą satysfakcję.

Na drodze do celu bardzo szybko zapoznasz się z zasadą „poprzedzania" albo precesji sformułowanej chyba po raz pierwszy przez Buckminstera Fullera. Idąc wytrwale do obranego celu, odnosimy po drodze wiele dodatkowych, nieprzewidzianych korzyści. Po drodze uczymy się i rozwijamy. Stajemy się odważniejsi, bardziej zdecydowani, uczymy się samodyscypliny, wytrwałości, stajemy się bardziej pewni siebie. Stajemy się ludźmi sukcesu.

Może jakiś przykład. Czy masz może świadectwo maturalne, a może dyplom wyższej uczelni? Masz? Spójrz na nie. Czy to nie głupie, że dla tego świstka papieru spędziłeś cztery lata w szkole i pięć lat na studiach? Na pewno się oburzysz – przecież to nie o to chodzi, nie o ten papier. Chodzi o to, że dowiedziałeś się wielu cennych rzeczy, poznałeś wielu wspaniałych ludzi i nawiązałeś bezcenne kontakty. Tu rozpoczął się twój związek z partnerem, poznałeś siebie i zdobyłeś wielkie doświadczenie, wzrosło Twoje poczucie wartości, którego byś w inny sposób nie uzyskał. Itd. Zgoda, czyli co było twoim sukcesem? Nie to, co zdobyłeś na końcu, ale to, kim się stałeś.

Idąc po drodze sukcesu, szybko spostrzeżesz, że w przyrodzie prawie nic nie porusza się po liniach prostych i ruchem jednostajnie przyspieszonym. Celu nie osiągniesz bez przeszkód, zwolnień, zatrzymań i przyspieszeń. Prawie nigdy nie da się walić prosto do przodu (największą siłę przebicia ma baran). Trzeba skręcić i ominąć, dokonać korekty kursu i wrócić na wyznaczony szlak. Mechanizmy rządzące tym światem zawsze dostarczą Ci problemów i trudności. Są one integralną częścią wszystkich praw wszechświata. Ludzie odnoszący sukcesy wcale nie są szczególnie utalentowani, doskonali, super wykształceni, nadzwyczajni. Są jednak zawsze wytrwali i świadomi tego, że do wyznaczonego celu dochodzi się nieustannie, korygując kurs.

Media, publikatory i różnego rodzaju „opinie" społeczne każą Ci wierzyć, że sukces to coś trwałego. Jak go osiągniesz i będziesz człowiekiem sukcesu, to masz się zachowywać, jak na karuzeli – trzymać się kurczowo i uważać, aby nie spaść. To kolejne, niestety, bardzo popularne kłamstwo. Im szybciej zaakceptujesz fakt, że nic nikomu nie jest dane raz na zawsze, tym będziesz szczęśliwszy, Ten świat, na którym żyjesz, jest tak dziwnie i genialnie stworzony, że wszystko ciągle się zmienia i o wszystko musisz się bezustannie starać.

Czy byłeś kiedyś zdrowy? – odpowiesz: „Oczywiście". A jak to wygląda dzisiaj, czy jesteś zdrowy?

Czy byłeś kiedyś szczęśliwy? – odpowiesz: „Oczywiście". A jak jest dzisiaj?

Czy byłeś kiedyś zakochany? – „No oczywiście". A dzisiaj? W tamtym roku byłeś najlepszym sprzedawcą w swojej firmie. A w tym roku? Na tamtej olimpiadzie zdobyłeś złoty medal. A na tej, który zdobędziesz? Zawsze musisz zaczynać od początku i być w ciągłym ruchu. Myśleć, marzyć, i dążyć do czegoś dalej, wyżej, lepiej. Jak już jesteś na drodze, to musisz się poruszać do przodu, bo jak staniesz, to Cię przejadą inni!

I na koniec mała przestroga. Kiedy wejdziesz na drogę sukcesu i zaczniesz je osiągać, to uważaj na doradców i podpowiadaczy, którzy będą Ci kazali, będą Cię zmuszali, zachęcali (w imię swoich korzyści) do wysiłków i intensyfikacji działań właśnie na tej jednej drodze; którzy za wszelka cenę nie pozwolą, abyś się rozdrabniał i dostrzegł, że podstawową cechą sukcesu jest... spokój ducha. Twojego ducha. A to możesz osiągnąć tylko, obalając kolejne kłamstwo, że „Sukces jest jednorodny i prosty". Nieprawda, jest wielowątkowy i wieloaspektowy, a jego podstawową cechą jest wielość elementów. Tak jak życie ma swoje dziedziny, sfery pozornie niezależne, ale faktycznie spójne. Praca zawodowa, życie rodzinne, wiedza, życie duchowe, pieniądze, rozrywka, ludzie, których lubisz, ludzie, których nie lubisz. W każdej z tych sfer pragniesz jakiegoś elementarnego sukcesu. To właśnie te drobne, cząstkowe spełnienia, małe sukcesy dadzą idealne życie i w pewnej chwili pełnię szczęścia. Pamiętając o tej wielowątkowości sukcesu, będziesz wiedział, czego Ci jeszcze brakuje do pełni szczęścia, nad czym jeszcze można popracować, co ulepszyć i poprawić. Zawsze będziesz definiował swój sukces i szczęście poprzez sumę wszystkich z nich.

Droga SUKCESU, na którą chcesz wejść, nie jest wąską ścieżynką prowadzącą bez przeszkód prosto przed siebie na szczyt. To swoista wielopasmowa autostrada, po której tak musisz jechać, aby od czasu do czasu przebywać na każdym pasie, a najlepiej tak zaplanować podróż, aby jednocześnie poruszać się na każdym z nich.

Powiesz w tym miejscu – to nie jest możliwe. I może właśnie dlatego nie odnosisz sukcesów.

Te umowne pasy autostrady, a raczej drogi prowadzące do sukcesu, to różne czynniki decydujące o szczęściu i powodzeniu, to różne aspekty naszego życiowego podróżowania. Patrząc na życie i osiągnięcia tzw. *ludzi sukcesu*, ludzi, którzy dobrze radzą sobie na co dzień i w chwilach zagrożenia, możesz zauważyć, że właśnie te czynniki charakteryzują ich postawę życiową. Obejmują one wszystko to, czego tak naprawdę możesz pragnąć i to, co możesz osiągnąć.

Gdybyś chciał uruchomić jeszcze raz swoją wyobraźnię, to wyobraź sobie wyprawę w góry w wieloosobowym zespole. Każdy z członków wyprawy wybrał swoją drogę na szczyt i po niej się porusza. Zdobycie szczytu jest zaliczone tylko wtedy, gdy wszyscy członkowie ekipy dotrą do celu. Te drogi to właśnie te elementy, na które moim zdaniem składa się sukces. To cząstkowe cele, które złączone w całość dadzą to specyficzne poczucie spełnienia, zadowolenia, sukcesu.

Szczyt o nazwie „Sukces" osiągalny jest dla każdego. Trzeba tylko wiedzieć, jak do niego dojść. Trzeba umieć pozbyć się lęków i barier psychicznych; mieć motywację, intencje i marzenia

– a dodając do nich datę realizacji, zamieniać w konkretne cele. Życie każdego z nas to nieustanne dążenie do celu. Nie można zniechęcać się błędami, niepowodzeniami i potknięciami, ponieważ są one normalnymi etapami stawania się człowiekiem sukcesu. Jeżeli masz „pod górę", to dobrze. To znaczy, że idziesz we właściwym kierunku, bo droga na szczyt zawsze jest pod górę. Droga na szczyt zawsze oparta jest na trwałych uniwersalnych wartościach: uczciwość, rzetelność, fachowość, wiedza i wytrwała praca. Jeżeli dodasz do tego zaufanie i szacunek klienta; życzliwość, troskę i pomoc – to jednocześnie poznasz etapy wspinaczki wiodące do prawdziwego osobistego szczęścia. Ci, co stoją na szczycie, wiedzą, że wiąże się to z ogromną odpowiedzialnością, ale jednocześnie mówią wprost: „Możesz to osiągnąć, ponieważ ja tego dokonałem, a ja przecież nie różnię się niczym od Ciebie".

DO ZOBACZENIA NA SZCZYCIE... poczekam na Ciebie!

Uczniowie pytali Mistrza Jang Wej Chiena, czym jest prawdziwy sukces; czym jest prawdziwe szczęście. Mistrz zaczął opowiadać o wielu drogach, po których powinien poruszać się człowiek „szczęścia i sukcesu". Mówił o spokoju wewnętrznym, o bogactwie materialnym, związkach uczuciowych; o zdrowiu, rodzinie, służeniu innym, rozwoju osobistym, życiowej pasji, przyjaciołach; ale też o odpowiedzialności, konsekwencji, determinacji – czyli o TAO.

Kiedy Mistrz skończył, między uczniami rozpoczęła się zażarta dyskusja – która ścieżka jest najważniejsza i która najszybciej doprowadzi do szczęścia. Byli zwolennicy pominięcia jakiejś – ich zdaniem – mniej ważnej. Inni proponowali trzy, cztery. Jeden uczeń wygłosił odważną tezę, że Mistrz jest w błędzie, że nie wolno się rozpraszać, trzeba być konsekwentnym i iść po jednej, jasno wytyczonej drodze.

Mistrz przysłuchiwał się dyskusji i jednocześnie zbierał kije wokół siebie. Kiedy zebrał siedem, związał je sznurem i podał uczniowi.

– Złam – rozkazał. Uczeń zaczął się natężać, wysilać, ale nie przyniosło to rezultatu.

– To nie jest możliwe – powiedział.

– Weź sobie kogoś do pomocy – rozkazał Mistrz.

Drugi uczeń podbiegł i razem zaczęli próbować.
Bez rezultatu.
– Weźcie sobie jeszcze kogoś do pomocy – rozkazał Mistrz.
Ale i tym razem wiązka oparła się sile uczniów. W końcu wszyscy uczniowie mocowali się z wiązką kijów. Ta pozostała niewzruszona. Wtedy Mistrz odsunął uczniów, wziął wiązkę i rozwiązał. Potem złamał każdy kij po kolei, pojedynczo. Uczniowie protestowali. – To potrafi nawet małe dziecko!

● sekunda mądrości:

Człowiek, który zrozumie, czym jest prawdziwy sukces,
będzie jak ta wiązka kijów. Nic go nie złamie.
Kiedy tego nie pojmie, pokona go najdrobniejszy problem.

1.

O strategii i potrzebie skutecznego działania

Nie wiem, czy się ze mną zgodzisz, Drogi Czytelniku, ale w ostatnim okresie często możemy się spotkać „oko w oko" z postawą, którą mógłbym nazwać „ideą niemożności". Ktoś nas informuje, że coś jest niemożliwe do załatwienia, czegoś nie można zrobić, coś jest niewykonalne, czegoś się nie da zmienić, nie można stworzyć jakiś warunków, itd. Kiedy słucham tych swoistych deklaracji niemocy padających z ust moich współpracowników, klientów, urzędników, sprzedawców, menedżerów, polityków, nauczycieli, chciałbym krzyknąć za Napoleonem Bonaparte: „Ludzie – niemożność jest słowem występującym wyłącznie w słowniku głupców". Kiedy jednak patrzę, jakie spustoszenie w psychice człowieka wywołuje takie przekonanie, to obawiam się jednak, że mógłbym być źle zrozumiany.

W świecie istnieje wiele pasji: giełdy, biznes, pieniądze; władza, polityka, konflikty międzynarodowe; informacja, komunikacja, sport. W każdej z tych dziedzin ludzie, a przede wszystkim „specjaliści", tworzą bariery niemożności. „Dotąd i tyle... tyle jest możliwe". A dalej? „Dalej już nie".

My też, każdy z nas, tworzymy takie bariery w swoim życiu. Sprawiają one wrażenie jakiś fizycznych zewnętrznych ograniczeń, spętania fizycznego. Jak gdyby ktoś albo coś pilnowało, że dalej nie można. Tylko takie stanowisko, tylko tyle pieniędzy, tylko taki partner, taki samochód i takie mieszkanie. „Wszyscy w rodzinie ciężko pracowali na chleb i nigdy nic nie mieli – ja też pewnie będę ciężko pracował i nic nie będę miał".

„Wszyscy skończyli szkołę podstawową – nie widzę powodu, abym miał dostać się na studia". W pewnej chwili minimalizujemy swoje możliwości i swoje pragnienia. Określając podświadomie te granice, wyznaczamy pewne strefy komfortu, w ramach których czujemy się bardzo bezpiecznie i pewnie. Dostajemy od życia to, czego oczekujemy, a ponieważ niewiele oczekujemy, niewiele dostajemy. Jest to zgodne z naszymi przekonaniami, poczuciem własnej wartości i subiektywnie postrzeganymi możliwościami. Nic na to nie poradzę, tak już jest.

Czyż nie jest to zastanawiające i zdumiewające, że wszystkie te ograniczenia powstają w naszych umysłach i to my sami sobie je stawiamy. Dotyczy to wszystkich aspektów życia i wszystkich sytuacji, w których uważamy, że nie możemy i... ponosimy porażkę. Kiedy uświadomimy sobie, że bariera niemożności jest umysłowym ograniczeniem, a nie faktyczną fizyczną niemożliwością, szanse na jej pokonanie zdecydowanie wzrastają. Inaczej mówiąc: kiedy zdajemy sobie sprawę, że to coś **możemy** zrobić, najczęściej zostaje to zrobione.

Problem jest jednak dużo szerszy, niż nam się wydaje. Idea niemożności to nie jest tylko kwestia własnych myśli, chwilowego przekonania i aktualnego nastawienia wobec napotkanej sytuacji. Chcenia lub nie. To pewna nadrzędna postawa, według której traktujemy życie. Swoisty filtr rzeczywistości, który wzmacniając się poprzez ciągłe powtarzanie, staje się powoli cząstką naszej osobowości, a potem czymś, co nazywamy charakterem. Ta postawa zaczyna już być kształtowana w odległych czasach dzieciństwa, kiedy umysł jest konsekwentnie zaśmiecany zachowawczymi uwagami dziadków, rodziców czy nauczycieli. Jeżeli mówiono Ci przez całe młode życie:

że Twoje marzenia są niemożliwe do zrealizowania,

że nadzieja jest matką głupich,

że nic nie jesteś wart,

że nie dorastasz,

że nie możesz,

że tego Ci nie wolno,

że to nie jest dla Ciebie,

że i tak będziesz zredukowany

– to po pewnym czasie wierzysz w to i takie będą Twoje oczekiwania.

Jeżeli autorytety będą ciągle powtarzały, że jesteś gorszy od innych, to wbrew obiektywnym faktom w końcu uwierzysz autorytetom. Najpierw pojawia się myśl, która stopniowo zamieniana jest na ograniczające przekonanie: „mam w życiu pecha", „zawsze będę dostawał lekcje od życia", „na pewno nie zrobię tego ubezpieczenia". To przekonanie powoduje, że przestajesz się uczyć, ignorujesz nadarzające się okazje, nie dbasz o pracę, własny wizerunek, nie podejmujesz nawet najmniejszych prób – „bo i tak to nie ma sensu, bo mi się nie uda". Rezygnujesz na starcie albo zaraz po. I faktycznie oczekiwania się sprawdzają – nigdy Ci się nic nie powiodło, nigdy Ci się nic nie udaje. A przecież jedyne tak naprawdę co ogranicza nasze osiągnięcia, to owa myśl, że czegoś nie możemy zrealizować. Henry Ford mawiał: „obojętne, czy uważasz, że coś możesz zrobić, czy czegoś nie jesteś w stanie zrobić, zawsze masz rację".

Stare negatywne i ograniczające przekonania, nawet te najmocniejsze i najbardziej uporczywe, nie są niepokonane. **MOŻESZ** je zmienić. Nie jesteś do końca życia skazany na modele i ograniczające programy. Możesz je zmienić, ...ale musisz chcieć. Nikt za Ciebie tego nie zrobi. Czytaj książki motywacyjne, słuchaj kaset o pozytywnym myśleniu, stosuj afirmacje i autosugestie działające na podświadomość, weź udział w kursach rozwijających umysł, intuicję i pozytywne myślenie; otaczaj się ludźmi, od których możesz się czegoś nauczyć. Ale niezależnie od tego, ile przeczytasz książek, wysłuchasz kaset i zaliczysz kursów, szybko zauważysz, że tajemnica, która decyduje o powodzeniu życiowym, to małe czteroliterowe słowo: **MOGĘ**. Jest to najpotężniejsze słowo motywacyjne, które odmieniane na różne sposoby daje wiarę we własne możliwości oraz siłę do osiągania wyznaczonych celów. To słowo usuwa przeszkody, prostuje drogi, eliminuje pecha, odpycha zły los, otwiera umysł na dostrzeganie przypadków, zbiegów okoliczności, stwarza możliwości. Umacnia wiarę, precyzuje pragnienia i daje siłę do czekania. To słowo przyciąga życzliwych ludzi, nieprawdopodobne sytuacje, fantastyczne nowe okoliczności. Pozwala przyjąć odpowiedzialność za własne życie – „nigdy się nie użalać, nigdy się nie tłumaczyć". Jedno małe „nie" dodane do słowa „mogę" wyznacza różnicę między drogą sukcesu a porażki. Kiedy pokonasz swoją osobistą barierę niemożności i zaczniesz – ku zaskoczeniu wszystkich – osiągać powodzenie i sukcesy, bądź przygotowany na to, że zawsze znajdzie się ktoś, kto postawi przed tobą inną barierę. Formalną, naukową, prawną, w zgodzie z przepisami lub interesami firmy; zdrowym rozsądkiem lub interesem społecznym – ale zawsze barierę niemożności. Zawsze znajdzie się ktoś, kto dokładnie i precyzyjnie, w zgodzie z teoriami i obowiązującymi planami, a przede wszystkim własnymi interesami, powie Ci: t o j e s t n i e m o ż l i w e.

Ale pamiętaj, to jest jego zdanie, jego przekonanie. To nie dotyczy Ciebie. Dla Ciebie jest to możliwe. Ty możesz. Jestem przekonany i głęboko wierzę, że każdy człowiek stworzony jest do osiągania sukcesów i nosi w sobie pierwiastek wielkości i niepowtarzalności. Przekonanie, że jest się człowiekiem wartościowym, zdolnym do wielkich dokonań, niezależnie od chwilowych porażek i niepowodzeń, pozwala realizować cele i pragnienia. Przekonanie, że nie ma rzeczy niemożliwych do osiągnięcia – jeżeli tylko będzie się robiło to dla ludzi i z ludźmi; że wszystkiego na tym świecie wystarczy dla wszystkich – szczęścia, zdrowia, miłości, pieniędzy; że wszystko co jeden człowiek zrobił, drugi może powtórzyć, daję tę specyficzną moc i błysk w oku prowadzący do szczęścia i spełnienia. Pamiętaj: **TY TEŻ MOŻESZ.**

Wchodząc na drogę sukcesu, dobrze, abyś wiedział, czy jest to droga właściwa. Wspinając się po drabinie kariery i władzy, dobrze, aby była ona przestawiona do właściwej ściany. Kiedy zaczynasz pracować nad swoim sukcesem, powinieneś pracować mądrze – nie ciężko. Dlatego też spośród wielu cech charakteru, przymiotów ducha i umysłu „ludzie sukcesu" zawsze najwyżej cenili zdolność planowania, strategii, przewidywania i skutecznego działania. W świecie biznesu – tak jak w życiu – nie ma nic pewnego. Praca, towary, rynki zmieniają się, przekształcają, a czasem nawet znikają. Firmy padają – nawet te, które wydawały się nienaruszalne. Technologie starzeją się i wychodzą z użycia. Nieuczciwi klienci nie płacą za towary i usługi, a kolejny kooperant okazał się naciągaczem. Wojny lub klęski żywiołowe jednego dnia mogą wszystko zniszczyć. Rządy uprawiają interwencjonizm, a o losach Twojej firmy decydują politycy, którzy zupełnie się na tym nie znają. Jeden z najwybitniejszych biznesmenów amerykańskich Dave Thomas, założyciel i właściciel sieci restauracji Wendy's, powiedział kiedyś: „Prowadzenie firmy w dzisiejszych czasach to taniec na linie zawieszonej pomiędzy prokuratorem a urzędem podatkowym". Porównując realia amerykańskie i polskie, można by tylko dodać, że w Polsce ta lina jest dużo cieńsza. Często słyszymy zdania, które kończą wielominutowe narzekania na problemy i kłopoty, na nieprzewidziane okoliczności: „Trzeba by być jasnowidzem, żeby to przewidzieć". „Aby w tym wszystkim przetrwać trzeba być genialnym człowiekiem".

A dlaczego nie? Co stoi na przeszkodzie, aby zostać genialnym człowiekiem?

Aby coś powstało w świecie materialnym, musi najpierw powstać w sferze logiki i umysłu. Wszystko, co człowiek robi, zawsze robi dwa razy. Raz w swoim umyśle, a drugi raz w realnej rzeczywistości. Myśląc o rozwiązaniu, tworzysz obrazy mentalne. Jeżeli przepełnisz je pragnieniem, wiarą i oczekiwaniem, pobudzisz stwórczą energię wszechświata do działania w świecie materii i Twoje zamierzenia materializują się.

Jeżeli chcesz osiągnąć sukces, musisz umieć pracować w ten właśnie sposób. I wcale nie jest konieczne, abyś rozumiał te dwa światy z punktu widzenia naukowego czy filozoficznego. Musisz umieć jedynie wykorzystywać je. Dzięki planowi subiektywnemu potrafimy zagłębić się w siebie, zatrzymać, zastanowić, ocenić i medytować. Potrafimy niezwykle skutecznie koncentrować swoje myśli. Mamy też dostęp do nieprzebranego pola informacyjnego zwanego przez niektórych filozofów nadświadomością, umysłem globalnym, Wyższą Inteligencją czy po prostu intuicją. A ta pozwoli nam przewidzieć „ruchy przeciwnika". To swoisty mentalny INTERNET, tylko musisz wiedzieć, jak się w nim poruszać. Tworzymy obrazy mentalne, na których widzimy to, co powinniśmy robić, a potem to właśnie robimy. Niektóre kreacje są łatwiejsze, inne trudniejsze. Te trudniejsze wymagają od nas wytrwałości, bo ona pobudza kreatywną energię. Myśl to ziarno rzucone w glebę. Wytrwałość dostarcza mu pożywienia i wody po to, aby nasze kreatywne myślenie wydało owoce.

Obecnie przeciętność już nie wystarcza. Każdy z nas musi się rozwijać. To, co przeciętne dzisiaj, będzie niewystarczające jutro. Co jest fantastyczne, nadzwyczajne dzisiaj, jutro będzie przeciętne i normalne. Nie znajdujemy się na karuzeli, gdzie jedyne, co masz do roboty, to trzymać się mocno, żeby nie spaść. Nieustannie cały świat posuwa się do przodu. Świadomość człowieka także ewoluuje. Jeżeli się zatrzymasz, zostaniesz w tyle. Ewolucja świadomości skłania nas do zwrócenia uwagi na motywację, emocje, uczucia, a tym samym na wykorzystywanie potęgi naszej wyobraźni, intuicji i kreatywności. Współczesny człowiek sukcesu musi umieć odbierać informacje niedostępne pięcioma zmysłami. Powinien kształtować w sobie zdolności postrzegania idei, faktów i zdarzeń, które są poza zasięgiem własnych zmysłów. Intuicyjnie widzieć decyzje i rozwiązania w sposób, który może wydawać się zgadywaniem, ale finalnie będzie niezwykle trafny i pewny. Z drugiej strony przewidywanie postępowania przeciwnika, konkurenta, klienta wymaga wiedzy, dobrej znajomości psychologii i natury ludzkiej; poznania meandrów ludzkiego umysłu. Pozwala to zdobyć przewagę, osiągnąć sukces i zwycięstwo tam, gdzie wydaje się ono niemożliwe do osiągnięcia. Gdzie marzenie o honorowej porażce, o wyjściu z sytuacji „bez strat" jest już uważane za nieosiągalne.

● ● chwile refleksji:

Niedoścignionym mistrzem strategii był chiński mistrz Sun Tzu, a jego „Sztuka Wojny" do dziś jest jedną z najbardziej poszukiwanych i czytanych książek przez wojskowych, biznesmenów, przedsiębiorców, graczy na giełdzie, a także naukowców i gospodynie domowe. O nieprawdopodobnych zdolnościach strategicznych Sun Tzu niech świadczy poniższa historia:

Sun Tzu przybył do pewnego miasta i zatrzymał się na odpoczynek w szkole zapasów mistrza Wu. Był tu zawsze dobrze przyjmowany i otaczany należytym szacunkiem, a sam mistrz Wu był jego dobrym przyjacielem. Sun Tzu cenił też spokój, jaki panował w szkole, tradycje i zwyczaje. Tym razem atmosfera w szkole była bardzo napięta, nerwowa i lekko przygnębiająca. Wszyscy mówili o zawodach, jakie miały się jutro odbyć podczas wielkiego dorocznego jarmarku na największym placu w mieście w obecności przedstawicieli cesarskiego dworu. Ale szkole Wu nie dawano dużych szans.

Zawody, a w zasadzie turniej pomiędzy dwiema wiodącymi szkołami zapasów: mistrza Wu i mistrza Li był coroczną tradycyjną formą wyłonienia najlepszego zapaśnika i najlepszej szkoły w mieście. Walczono o prestiż, ale i o duże pieniądze. Turniej odbywał się według tradycyjnych reguł. Trzej najlepsi zapaśnicy jednej szkoły, wyłonieni drogą wewnętrznych eliminacji, stawali kolejno do walki z trzema zapaśnikami drugiej. Odbywały się trzy najczęściej bardzo twarde i długo trwające walki. Za koniec i zwycięstwo uważano poddanie, położenie na łopatki lub wypchnięcie przeciwnika z areny. Istniał taki niepisany zwyczaj, że w walce pierwszej brali udział najlepsi zapaśnicy z obu szkół. Byli to najczęściej okryci sławą zwycięzcy wielu walk i turniejów. Była to najważniejsza walka dnia. Do walki drugiej stawali pretendenci z ambicjami i już fantastycznymi umiejętnościami, pozostający jednak cały czas w cieniu swoich mistrzów. Być może za parę lat to oni będą walczyć w walce pierwszej. Do walki trzeciej młodzi, głodni sławy, jeszcze bez sukcesów, ale pełni dobrych chęci zapaśnicy. Wygranie przynajmniej dwóch walk w turnieju dawało szkole zwycięstwo.

Samo wytypowanie do walki przez mistrza i reprezentowanie szkoły było już wyróżnieniem. Zwycięstwo przynosiło indywidualnie duże pieniądze i ogromną sławę.

Od wielu lat zawody wygrywała szkoła mistrza Li. Wygrywała, dwa do jednego, trzy do zera. Nie dlatego, że zawodnicy byli dużo lepsi od szkoły mistrza Wu. Byli minimalnie lepsi i to wystarczało. Zawodnicy z walki pierwszej i drugiej znali się od wielu lat, walczyli ze sobą wielokrotnie, znali wszystkie swoje słabe i mocne strony, znali formy obrony i triki ataku. Przy tym zawodnicy szkoły Li mieli tę psychiczną przewagę – od wielu lat zwyciężali. Tak miało być i tym razem.

Nic dziwnego, że Sun Tzu zastał mistrza Wu w nienajlepszym nastroju. Mistrz przygotowywał się do kolejnej porażki jego szkoły, bo nic nie wskazywało, że w tym roku będzie inaczej. I wtedy Sun Tzu zapytał:

– Czy chcesz wygrać ze szkołą Li?

– Tak – lekko zdziwiony pytaniem odpowiedział mistrz Wu. – Ale to nie jest możliwe.

– A w jakim stosunku chciałbyś wygrać? – pytał Sun Tzu, jak gdyby nie słysząc tych obiekcji. Mistrz długo zwlekał z odpowiedzią, gdyż wewnętrznie poddawał w wątpliwość stan psychiczny Sun Tzu. W końcu odparł:

– Powtarzam, to nie jest możliwe, aby moja szkoła wygrała. Tam są lepsi zapaśnicy! Ja myślę, jak z honorem przegrać.

– Nie proszę, abyś oceniał zawodników i możliwość zwycięstwa. Proszę, abyś mi powiedział, w jakim stosunku chcesz pokonać szkołę mistrza Li! – Sun Tzu był lekko zniecierpliwiony. Mistrz Wu wiedział dobrze, kim jest jego gość i zdawał sobie sprawę, że nie rzuca słów na wiatr. Ale pytanie wydawało mu się bez sensu. W końcu odparł:

– Jeżeli mogę decydować, to niech to będzie zwycięstwo całkowite. Trzy walki wygrane.

– Dobrze. Jutro masz postąpić tak. Do walki pierwszej wystawisz swojego trzeciego zawodnika. Zrobisz to tuż przed walką, aby się nikt o tym wcześniej nie dowiedział.

– Jak to? Mój trzeci zawodnik jest młody, waleczny, ale jest bez szans w walce z mistrzem szkoły Li. To będzie porażka i kompromitacja szkoły.

– To się okaże jutro. Ale masz dochować bezwzględnej tajemnicy. Jak obsadzić następne walki, powiem ci jutro. A teraz idź spać.

Kiedy mistrz Wu udał się na spoczynek, Sun Tzu w tajemnicy odszukał młodego zapaśnika, który zgodnie z oczekiwaniem wszystkich miał wystąpić jutro rano w trzecim pojedynku. Chłopak nie spał, ale rozmyślał o jutrzejszej walce. Był napięty, pobudzony, podenerwowany, miał ogromną tremę. Pochodził z biednej rodziny, a poprzez sztukę zapasów widział dla siebie szansę wybicia się z nizin społecznych. Tę szansę otrzymał. Jutro musi ją wykorzystać.

Wizytę przyjął ze zdumieniem, ale kiedy Sun Tzu zaczął rozmawiać napięcie prysło. Rozmawiali o szkole, sztuce zapasów, walce, jutrzejszych zawodach. Sun Tzu zapytał o marzenia i pragnienia.

Chłopak nieśmiało wyjawił, że owszem są: pomoc rodzicom, powrót do wioski, kupno konia, lepszego i większego pola. Ale Sun Tzu chyba nie o to chodziło, bo pytał dalej o te utajone, najskrytsze, te z głębi duszy. W końcu chłopak zawstydzony i czerwony wyjawił, że jest coś, a raczej ktoś taki. To piękna Mio, córka najbogatszego rolnika we wsi. Trochę ze sobą sympatyzują i wie, że nie jest jej obojętny. Ale jej rodzice nigdy się nie zgodzą na związek. To nie jest możliwe, bo nigdy nie będzie tak bogaty, aby poprosić o jej rękę. A nawet, gdyby miał pieniądze, nie będzie miał tak znaczącej pozycji, aby być przyjęty. Chłopak posmutniał i stulił głowę w ramiona.

— A ile musiałbyś mieć, aby starać się o rękę Mio? — zapytał Sun Tzu.

— Myślę, że około 500 liangów — odparł po namyśle chłopak.

— A gdybyś jutro wygrał walkę, to ile byś dostał?

— Za wygraną walkę dostałbym 50 liangów — i znowu się zamyślił. — Przez dziesięć lat uskładałbym 500 liangów, ale czy mistrz zawsze będzie mnie wystawiał? Czy zawsze będę wygrywał? I czy Mio zechciałaby na mnie tak długo czekać? — i znowu posmutniał.

— A gdybyś walczył w walce drugiej, to ile byś dostał? — zapytał Sun Tzu.

— I gdybym wygrał?

— Oczywiście.

– Za drugą walkę dostaje się 400 liangów.
Ale dostać się na drugą pozycje w szkole to prawie
niemożliwe. Wiele lat pracy, treningów, walk... –
Sun Tzu przerwał mu:

– A za zwycięstwo w pierwszej walce ile byś
dostał?

– 1000 liangów – chłopak skierował oczy w górę
i wyraźnie się rozmarzył. 1000 liangów – powtarzał.

– I co jeszcze – wyrwał go z rozmarzenia Sun
Tzu – co jeszcze mógłbyś osiągnąć?

– Nieśmiertelną sławę najlepszego zapaśnika,
honory dworskie, prawo do prowadzenia własnej
szkoły, zaproszenie na walki do stolicy... – wymie-
niał chłopak jednym tchem i widać było, że ma ten
temat dobrze „przemyślany”.

– Jutro walczysz w pierwszej walce! – Słowa Sun
Tzu spadły na niego jak grom z jasnego nieba. Chłopak wyraźnie zbladł i się przestraszył. – Mistrz Wu
tak zadecydował – skończył Sun Tzu.

– Przecież to niemożliwe – chłopak nie chciał wierzyć. Tam do walki staje niepokonany od 10 lat zapaśnik, który wygrał już nawet zawody w stolicy,
ma nienaganną technikę.

– Co o nim wiesz? – przerwał Sun Tzu.

– Wszystko. Był kiedyś dla mnie wzorem. Znam
jego ulubione chwyty, gesty, zwody – rozkręcił się
chłopak.

– A co on wie o tobie?

– Nic. Nawet nie wie o moim istnieniu.

– Wobec tego uważam, że masz ogromną szansę, jeżeli wykorzystasz element zaskoczenia – powiedział Sun Tzu. Znasz jego słabe strony?

– Tak. Waży dużo więcej ode mnie. Jest trochę mało zwrotny. Dąży do zwarcia i ma słabą lewą nogę.

– To teraz zaplanuj jutrzejszą walkę tak, aby te słabości wykorzystać. *Pomyśl o twojej pięknej Mio, która być może będzie Cię jutro oglądać na arenie – zakończył Sun Tzu i wyszedł, zostawiając chłopaka w lekkim osłupieniu, ale w jakże innym wewnętrznym nastroju.*

Ponieważ Sun Tzu wiedział, że każda batalia musi być dobrze przygotowana i nie wolno poświęcać niczego przypadkom, bezzwłocznie wysłał posłańca do ojca pięknej Mio z zaproszeniem od Mistrza Wu na jarmark i jutrzejszy turniej.

Od samego świtu trwały przygotowania do walk. Przygotowywano arenę, miejsca dla zawodników i widzów, miejsca i loże honorowe dla dostojnych gości. Ze wszystkich stron zjeżdżali kupcy, kramarze, rolnicy. Panowała gorączkowa atmosfera oczekiwania na to najważniejsze wydarzenie jarmarku. Równo w południe zadęły trąby, oznajmiając początek zawodów.

Jakież było zdziwienie wszystkich, kiedy w pierwszej walce naprzeciwko najlepszego, największego i najsławniejszego zapaśnika szkoły Li stanął niko-

mu nieznany, niedoświadczony młokos (tu warto
wspomnieć, że Sun Tzu nie omieszkał wspomnieć
mu przed walką, że jego ukochana Mio z ojcem
i rodziną są na widowni). Wielki zapaśnik Li, kiedy
zobaczył, z kim ma walczyć, uznał to za obelgę,
lekceważenie i postanowił skończyć walkę najszyb-
ciej, jak potrafi – wyrzucić przeciwnika z areny.
Z ogromną nonszalancją i pewnością siebie ruszył
zaraz po sygnale sędziego na przeciwnika, aby
złapać go w morderczy uścisk i odrzucić daleko.
Zaniedbał przy tym wszystkie zasady obrony. Jego
szeroko rozstawione ręce trafiły jednak w pustkę.
Młokos zwinnie uskoczył w prawo, zablokował jego
lewą nogę i wykorzystując impet przeciwnika, jesz-
cze silniej pchnął z tyłu. Widzowie dobrze się jesz-
cze nie rozsiedli, a wielki zapaśnik Li runął na
arenę, a jego łopatki dotknęły ziemi. Aby nie było
wątpliwości, młody usiadł na nim i założył chwyt
duszenia. Nie było innej możliwości – wielki zapa-
śnik szkoły Li musiał się poddać, a sędzia ogłosił
sensacyjne zwycięstwo zapaśnika szkoły Wu. Pu-
bliczność wiwatowała i szalała – najkrótsza i naj-
błyskotliwsza walka w dziejach turniejów, która na
pewno przejdzie do historii, a młodego zapaśnika
okryje sławą. Chłopak patrzył w kierunku pięknej
Mio, która była wyraźnie dumna, a jej ojciec spon-
tanicznie klaskał ze wszystkimi.

Do drugiej walki wyszli: drugi zawodnik szkoły
Li i najlepszy zawodnik szkoły Wu. Ten drugi

w duchu zazdrościł młodszemu koledze wspaniałego zwycięstwa. Poczuł, że jego pozycja – pierwszego zawodnika w szkole jest zagrożona. Postanowił udowodnić wszystkim, że jednak jest najlepszy. Wyszedł maksymalnie skoncentrowany i skupiony, z silnym postanowieniem szybkiego skończenia walki. Upozorował atak w prawo, szybko założył swój ulubiony mistrzowski chwyt i walka skończyła się znowu błyskawicznie. Było dwa do zera dla szkoły Wu.

Trzecia walka była także bez historii. Najmłodszy zawodnik szkoły Li był tak przerażony porażkami swoich starszych i bardziej doświadczonych kolegów, że kiedy stanął naprzeciwko dużo sławniejszego drugiego zawodnika szkoły Wu, poddał się praktycznie bez walki.

Było trzy do zera dla szkoły Wu – tak jak obiecał Sun Tzu.

• sekunda mądrości:

Przeznaczenie to nie jest to, co dostajesz,
ale to, co planujesz i bierzesz.
Patrząc zawsze przed siebie, myśląc o tym,
jak zrobić jeszcze więcej, osiągniesz stan umysłu,
w którym nie ma rzeczy niemożliwych.

Henry Ford

2.

O powołaniu
i życiowej misji

Misja to inaczej najważniejsza sprawa w Twoim życiu. Ważniejsza od pozostałych. To główny kierunkowskaz Twojego życia. To nadrzędna zasada, której podporządkowujesz wszystkie inne dążenia i działania. To Twoja pasja. Wartościowy ideał, ale jednocześnie największa siła napędowa człowieka dająca mu znaczenie i wartość. To potrzeba realizacji i zaangażowania w coś wielkiego, wspaniałego, większego niż Ty sam. Najbardziej wartościowe cele i ideały, dla realizacji których warto czasami poświecić życie – co nie znaczy, że trzeba dla nich umierać. „Życie wymaga od nas wkładu, ale to ty sam musisz ustalić, co to ma być".

Misja życiowa jest jednak zdecydowanie czymś więcej niż celem. Ma wymiar mentalny, duchowy i filozoficzny. Jest określeniem idei, która dla Ciebie w życiu jest najważniejsza w każdym jego wymiarze – prywatnym, społecznym, zawodowym. Świadomość misji motywuje do działania, inspiruje; daje wewnętrzny ogień i niepokój; wiatr w plecy i światło w tunelu. Określa po co warto żyć i dlaczego w taki sposób. Przypomina o najważniejszych wartościach, najważniejszych ludziach, istotnych sprawach i kardynalnych zasadach bycia istotą ludzką.

Twój umysł nie jest jednak w stanie – w sposób świadomy – sam z siebie stworzyć życiowej pasji. Wywołać ją na zawołanie. Nie jest ona intelektualnym schematem poznawczym, który możemy sobie wyobrazić, potem przywłaszczyć i realizować. Dlatego też misja życiowa nie jest taka oczywista. Ale może ją w Tobie odnaleźć. Wtedy nazwiesz to swoim powołaniem, które da Ci poczucie głębokiego spełnienia i samorealizacji. Odkrycie swojej misji życiowej jest jak odnalezienie siebie i wyrażenie zgody na wewnętrzne procesy spójności z własnym JA. Podążanie za własną życiową misją to podróż w głąb siebie i w końcowym efekcie dotarcie do wewnętrznej wiedzy o samym sobie. Kiedy usłyszysz w końcu głos powołania, uwolnisz swoją energię twórczą i poczujesz przedsmak spełnionego życia. Nie musisz udawać kogoś, kim nie jesteś. Poczucie samorealizacji da Ci własną drogę do spełnienia i szczęścia z tego, że jesteś tu i teraz. Żeby tak jednak było musisz, sam przed sobą sformułować swoja misję. Aby świadomy umysł i nieświadome pragnienia podążały w tym samym kierunku. To, w jaki sposób sformułujesz swoją misję, zależy od Ciebie. Może to być myśl, chwila refleksji; możesz zapisać cały zeszyt lub kilka zdań; kilka kluczowych pojęć ważnych dla Ciebie lub jedno słowo. Pamiętaj, by zawrzeć w swojej misji nie tylko to, co chcesz robić, ale również to, kim chcesz być. Szukając własnej misji życiowej, patrz w głąb siebie, a nie na świat zewnętrzny. Tu chodzi tylko o Ciebie.

Zastanawiając się, co możesz zrobić dla innych, nigdy nie odnajdziesz swojej indywidualnej ścieżki, gdyż wciąż będziesz komuś podporządkowany.

Pomyśl już dzisiaj, co jest dla Ciebie źródłem największej satysfakcji, co sprawia Ci największą przyjemność, kiedy czujesz się tak naprawdę szczęśliwy bez żadnego ale. Jakie działania dają Ci poczucie pełni życia, sensu, znaczenia? I rób to.

Może kilka poniższych pytań, pomoże Ci w poszukaniu własnej życiowej misji:

- Co zawsze dawało Ci radość i poczucie spełnienia?
- Jakie działania dają Ci poczucie sensu?
- Do czego masz talent, predyspozycje?
- Gdybyś przez rok miał zapewniony byt i nie musiał martwić się o nic materialnego – co byś robił?
- Co sprawia, że pod koniec dnia twierdzisz, że to był dobry dzień?
- Za co byś zapłacił, żeby tylko móc to robić?
- Jakie jest 5 rzeczy, które najbardziej cenisz?
- Co byś zrobił, gdybyś wygrał 100 milionów?
- Wyobraź sobie swoje 90. urodziny, na których każda z ważnych dla Ciebie osób ma okazję podziękować Ci za to, jaki dla niej byłeś/jesteś. Co powiedzą o Tobie?
- Jeżeli miałbyś tylko 6 miesięcy życia, co byś zrobił lub zmienił?
- Co chcesz dać od siebie innym? Co chcesz dać światu?
- Kiedy myślisz o swojej pracy zawodowej, to które działania uważasz za najbardziej wartościowe?
- Kiedy myślisz o swoim życiu prywatnym, to które działania uważasz za najbardziej wartościowe?
- Co zawsze chciałeś zrobić, a nigdy nie zrobiłeś?
  - A. Co musiałbyś w to zaangażować?
  - B. Czy byłoby to tego warte?
- Kiedy patrzysz wstecz, co daje Ci największe poczucie własnej wartości?

• WYOBRAŹ sobie, że dostałeś możliwość spełnienia jednego życzenia – o jaką najważniejszą rzecz chciałbyś prosić?

Prawie nigdy odkrycie życiowej misji nie jest proste i łatwe. Bardzo często nasze warunki życiowe bądź to, czym się zajmujemy na co dzień, jest dalekie od tego, co tak naprawdę jest dla nas tym, co chcielibyśmy robić. Powoduje to, że brak nam energii, żeby cokolwiek zacząć. Niejednokrotnie popadamy we frustrację, przez co brak nam chęci do życia. W takim stanie nie jest łatwo znaleźć w sobie nagle mobilizację do aktywnego poszukiwania własnej pasji, zresztą samo poszukiwanie wydaje się bez sensu. Im bardziej jesteśmy ospali emocjonalnie bądź przeciwnie – chaotyczni i nadmiernie pobudzeni, tym trudniej nam odnaleźć subtelne połączenie z naszym najgłębszym wnętrzem, dostrzec ideę, która uskrzydli nas do satysfakcjonującego życia.

Są jednak takie chwile, kiedy przychodzi to łatwiej. Prawie zawsze zaczynamy się zastanawiać, co jest tak naprawdę w naszym życiu ważne, kiedy stajemy na życiowym zakręcie – przeżywamy kryzys lub traumę. Coś, na co stawialiśmy, zupełnie się zawaliło i dostaliśmy życie do poprawki. W takich momentach dociera do nas, jak ważna może być rodzina, zdrowie, spokój sumienia czy działanie dla dobra innych. Poszukiwanie satysfakcji z własnego życia nie warto odkładać na ostatnią chwilę – to tak, jakbyśmy odkładali życie na później, żyjąc z dnia na dzień, w biegu, według cudzego scenariusza. Warto to zacząć wtedy, kiedy możemy jeszcze coś zmienić.

Bronnie Ware, australijska pielęgniarka, poświęciła parę lat życia na poszukanie odpowiedzi: „Czego ludzie najbardziej żałują, stając w obliczu śmierci?". Pracując na oddziale opieki paliatywnej, prowadziła rozmowy z ludźmi, którym zostało kilka tygodni lub miesięcy życia. Pytała ich: „Czego żałują? Co by zmienili, gdyby mogli przeżyć życie jeszcze raz? Co robili by częściej?". Okazało się, że odpowiedzi pacjentów, niezależnie od pozycji społecznej i statusu zawodowego, były prawie identyczne. Dotyczyły emocji, uczuć, jakości życia, a nie pieniędzy, dóbr materialnych czy spektakularnych osiągnięć. Ludzie żałowali, że:

– nie mieli dość odwagi, żeby być w pełni sobą i żyć dla siebie, a nie tak, jak oczekiwali tego inni;
– pracowali za dużo, za ciężko i nie dla siebie;
– nie mieli odwagi wyrażać swoich uczuć i emocji;
– nie budowali relacji z osobami kochającymi, bliskimi, znajomymi;
– nie pozwolili sobie być szczęśliwymi.

Misja, kroczenie własną drogą i realizacja własnego celu życiowego przynosi człowiekowi najgłębszą satysfakcję i zadowolenie. Bywa, że pozwala przeżyć i przetrwać najgorsze.

Viktor Frankl, austriacki psychiatra, więzień obozów koncentracyjnych, w książce: „Człowiek w poszukiwaniu sensu" zauważa, że brak poczucia sensu w życiu to jeden z poważniejszych problemów współczesnego świata. Kiedy człowiek nie zna swojego powołania, żyje według wartości i celów innych: rodziców, społeczności, firmy, zewnętrznych ideologii. Póki nie zna swojej misji i nie postępuje zgodnie z nią, mniej lub bardziej świadomie cierpi, nie jest kreatywny, ma poczucie bezsensu. Zgadza się na relatywizmy moralne i żyje w niezgodzie z sobą samym.

Frankl zastanawiał się jednocześnie, dlaczego w obozach koncentracyjnych, w warunkach niewyobrażalnego cierpienia; upodlenia fizycznego i psychicznego, kiedy wszyscy tracili nadzieję i załamywali się, niektórzy więźniowie potrafili przetrwać i podtrzymywać innych na duchu. Sprawdzał różne czynniki i doszedł do wniosku, że tym więźniom w radzeniu sobie z tragedią życia w obozie pomagało przekonanie, że mają misję do zrealizowania i potrafią nadać sens temu, co się im w życiu przytrafia.

Wychodząc od traumatycznych doświadczeń więźniów w obozach, Frankl rozbudował swoją teorię i stworzył metodę pracy terapeutycznej z klientem pomagającą mu znaleźć sens życia – misję życiową.

Misja życiowa jest więc odpowiedzią na pytania: „Jak chcę przeżyć życie?", „Co chcę dać światu?", „Jaki jest sens mojego życia?", „Jaki/a chcę być?".

Powołanie życiowe jest czymś indywidualnym i niepowtarzalnym jak linie papilarne czy tęczówka oka. To kontakt z energią Źródła. To „DNA duszy".

●● chwila refleksji:

Mecenas Peter Jones zawsze odkąd pamiętał, chciał zostać prawnikiem. Pochodził z dobrej rodziny prawniczej z tradycjami kolejnych pokoleń. Urodził się z takim powołaniem, a paragrafy, kodeksy i kruczki prawne wysysał z mlekiem matki. Nie chciał jednak być takim zwykłym urzędnikiem od codziennych spraw czy problemów prawnych. Chciał być prawnikiem wybitnym. Widział w tym swój główny cel życia, swoją misję, której był w stanie poświęcić wszystko. I robił to z ogromnym przekonaniem i pasją.

W miarę upływu lat stał się człowiekiem sukcesu. Miał niekwestionowaną pozycję w palestrze i autorytet; sławne biuro adwokackie, pieniądze i nieograniczony dostęp do pierwszych stron gazet. Czuł się usatysfakcjonowany i spełniony. To wszystko osiągał dzięki sumienności, rzetelności, ogromnej wiedzy i niebanalnym pomysłom prowadzenia linii obrony swoich klientów. Stawiał przed sobą cały czas nowe wyzwania, nie zwracając uwagi na „beznadziejność" spraw.

W biurach prawniczych całych Stanów opowiadano o słynnych procesach, które posłużyły jako precedensy w wielu innych sprawach i przyczyniły się do korzystnych dla oskarżonych wyroków sądów. Prawnikom szczególnie zapadł w pamięć słynny proces o zabójstwo, w którym mecenas P. Jones wypowiedział tylko 10 słów i obronił swojego klienta. Pomimo że sprawa była ewidentna, zabójstwa dokonano przy świadkach, a oskarżony przyznał się do winy, to ława przysięgłych orzekła: Niewinny.

Sprawcą zabójstwa był drobny, niewysoki, szczupły, skromny sklepikarz z małego miasteczka w Pensylwanii, który w biały dzień przy kilku osobach w sklepie strzelił kilkakrotnie do jednego z klientów.

Ów klient – dla odmiany wysoki, barczysty, potężny mężczyzna – przez dwadzieścia lat niezmiennie i konsekwentnie nie zwracał się do sprzedawcy inaczej jak tylko: „Ty garbaty kulasie". Robił to ze szczególnym upodobaniem, nie stroniąc od innych szyderstw, kiedy w sklepie były inne osoby. Powtarzał to z ogromną satysfakcją wielokrotnie, zmieniając czasami określenie na: „Ty kulawy garbusie".

Faktycznie sklepikarz był lekko zgarbiony i utykał na lewą nogę. Były to jedyne pamiątki, obok medalu za odwagę, po wojnie w Wietnamie, gdzie służył jako snajper.

Owego feralnego dnia było dokładnie tak samo. Jednak tym razem sklepikarzowi puściły nerwy i nie wytrzymał. Wyjął spod lady strzelbę, którą trzymał dla ochrony przed rabusiami i oddał trzy celne strzały do swojego ciemiężcy. Potem odłożył strzelbę i czekał spokojnie na przyjazd policji.

Sprawa dla prokuratora wydawała się łatwa i oczywista. Zabójstwo z premedytacją – przygotowane wcześniej narzędzie zbrodni, i już pierwszy strzał był śmiertelny; dokonana przez zawodowca – snajper, oraz przy kilku świadkach, którzy złożyli bardzo spójne zeznania. Oskarżony nie zaprzeczył i przyznał się do winy. Prokurator zażądał kary śmierci.

59

Podczas procesu, obrona nie przedstawiła żadnych innych świadków, żadnych dodatkowych dowodów, a adwokat zachowywał się dosyć biernie. Przyszedł czas na mowy końcowe.

Peter Jones wstał, zapiął garnitur, poprawił krawat i zaczął tak jak wszyscy od inwokacji:

– Wysoki Sądzie! – ...ale na tych dwóch słowach skończył i usiadł.

Po mniej więcej minucie sędzia, patrząc pytająco na obrońcę, odezwał się spokojnie:

– Panie mecenasie, proszę kontynuować.

Mecenas wstał i ponownie wykonując te same gesty i ruchy, zaczął:

– Wysoki Sądzie – i znów przerwał.

Po sali przeszedł szmer zdziwienia. Milczenie, konsternacja.

Sędzia był lekko zaniepokojony. Korzystając ze swoich uprawnień, poprosił obrońcę o podejście do siebie.

– Czy może jest Pan nieprzygotowany? – zapytał.

– Nie, wręcz przeciwnie – odparł adwokat.

– Może chce pan przerwę?

– Nie, dziękuję.

– To w takim razie proszę kontynuować – powiedział głośno sędzia, ale był wyraźnie podenerwowany.

– Wysoki Sądzie – zaczął znowu adwokat i usiadł.

– Panie mecenasie, proszę kontynuować mowę obrończą – sędzia nie był już w stanie ukryć irytacji.

Mecenas wstał i tak jak poprzednio zaczął:

– Wysoki Sądzie! – i usiadł ponownie, i znów milczał jak zaklęty.

Tego już było za wiele. Sędzia nie wytrzymał i rąbiąc pięścią w stół, wybuchnął gniewem. Czerwony ze złości wyrzucał z siebie całą tyradę pouczeń i uwag, wyraźnie nakręcając się z każdym słowem. Było tam o obrazie sądu, niedopuszczalnych żartach z instytucji państwa, lekceważeniu urzędu, niewypełnieniu obowiązków obrońcy, itd. itd.

Zgromadzeni na sali patrzyli z narastającym osłupieniem na zachowanie sędziego.

Kiedy wydawało się, że skończył lub na chwilę przerwał, aby zaczerpnąć powietrza, adwokat wstał i z ogromnym spokojem zaczął:

– Wysoki Sądzie – ale sędzia nie wytrzymał, zerwał się z fotela i wpadł na środek sali rozpraw.

– Co znowu? – wrzasnął i ruszył w kierunku adwokata.

Dobrze, że oddzielały ich barierki i strażnicy byli w odpowiednim miejscu.

Tym razem jednak adwokat nie usiadł i kontynuował:

– Szanowna Ławo Przysięgłych, ja w zasadzie swoją mowę obrończą już skończyłem. Ale prosiłbym Was, abyście zwrócili uwagę, że ja tylko pięć razy wypowiedziałem te same słowa. I to szlachetne słowa: „Wysoki Sądzie" – tu sędzia wyrwał się z rąk strażników i ponownie ruszył na adwokata – ...a mój klient przez dwadzieścia lat codziennie słyszał te same słowa... o ileż bardziej ubliżające i poniżające.

Adwokat usiadł. Sędzia się uspokoił lekko zawstydzony swoim zachowaniem, a ława przysięgłych udała się na naradę. Po krótkiej dyskusji przewodniczący ławy przysięgłych orzekł:

– Niewinny.

Peter Jones tryumfował.

Ale jak to zwykle w życiu bywa, los postawił przed nim jeszcze trudniejsze zadanie.

W parę lat po opisywanym procesie, warto dodać, że lat pełnych chwały i sławnych rozstrzygnięć, Peter Jones znowu podjął się obrony w beznadziejnej sprawie o morderstwo.

Tym razem sprawa była typowo poszlakowa. Zginął właściciel dużej firmy maklerskiej, a wspólnik został oskarżony o morderstwo.

Jako ostatni widział zamordowanego; znał numery szyfrów skrytek bankowych i tajnych kont w bezpiecznych bankach, które nomen omen okazały się puste. Przejąć miał także znakomicie prosperującą firmę oraz pieniądze z ubezpieczenia na życie, bo rok wcześniej wspólnicy ubezpieczyli się wzajemnie.

Dla prokuratora były to wystarczające motywy do popełnienia zbrodni, tym bardziej, że alibi podejrzanego było raczej słabe.

Problem jednak w tym, że nie odnaleziono ciała. Samochód, którym w ową feralną deszczową noc jechał denat, uderzył w skałę, stanął w płomieniach, a potem spadł z dużego urwiska do morza. Sztorm uniemożliwił wydobycie wraku samochodu, a kiedy to zrobiono, nie odnaleziono zwłok.

Oględziny samochodu wykazały ewidentną ingerencję osób trzecich w układ hamulcowy i paliwowy pojazdu. Musiał to zrobić ktoś, kto miał dostęp do prywatnego garażu firmy, znał zwyczaje denata i miał wiedzę, że droga do rezydencji wiedzie krętą drogą nad morskim urwiskiem. Stąd podejrzenie padło na wspólnika.

Proces poszlakowy, jak to zwykle bywa, ciągnął się miesiącami. Świadkowie zdarzenia, dowody, biegli, oględziny miejsca i cały czas zagadkowy brak ciała i jakichkolwiek osobistych rzeczy.

W końcu przyszedł czas na mowy: oskarżycielską i obrończą.

Prokurator, co nie było zaskoczeniem, prosił o najwyższy wymiar kary i podkreślał premedytację, z jaka popełniona została zbrodnia. Następnie przyszedł czas na Petera Jonesa.

– Wysoki Sądzie, Szanowna Ławo Przysięgłych – zaczął dosyć swobodnie – nie będę Państwa zanudzać mową obrończą i zbijać po kolei argumenty mojego szlachetnego przedmówcy, ale chcę oświadczyć tylko jedno – tu wymownym gestem spojrzał na zegarek – za trzy minuty osoba, którą uważamy za zamordowaną, wejdzie na salę rozpraw tymi drzwiami – w tym momencie teatralnym gestem wskazał drzwi.

Wszyscy przysięgli, sędzia, dziennikarze, osoby zgromadzone na sali spojrzeli w stronę drzwi i wstrzymali oddech.

Na sali rozpraw zaległa kompletna cisza. Fotoreporterzy rzucili się do drzwi, a kamerzyści stacji telewizyjnych poprawiali ustawienie kamer, aby mieć jak najlepsze ujęcie.

Czas płynął powoli, a napięcie narastało. Kiedy minęły zapowiedziane trzy minuty i wszyscy z napięciem wpatrywali się jeszcze w drzwi, mecenas zaczął ponownie:

– Ten człowiek oczywiście nie wejdzie tymi drzwiami. To jest niemożliwe. Ale chcę zwrócić uwagę Szanownej Ławie Przysięgłych, że wszyscy patrzyliśmy na drzwi: pan przewodniczący, Wysoki Sąd, pan prokurator i Ty Ławo Przysięgłych, a to ewidentny dowód na to, że nie macie pewności, czy człowiek ten został zamordowany. Po kilku miesiącach procesu uznaliście, że jest możliwe, aby wszedł tymi drzwiami! – dobitnie zaakcentował ostatnią frazę.

– A zatem są w tej sprawie wielkie niejasności i wątpliwości. Zgodnie z obowiązującym prawem należy je rozpatrywać na korzyść oskarżonego, czyli mojego klienta. Jestem pewny, że to zrobicie – wtedy zakończył i usiadł.

Zaległa cisza, którą zaczęły przerywać pojedyncze oklaski z sali. Po chwili cała sala biła brawo. Sędzia z nietęgą miną uspokajał salę, stukając rytmicznie młotkiem i prosząc o ciszą, a ława przysięgłych udała się na naradę.

Werdykt miał być ogłoszony po południu, ale dla wszystkich było jasne, że to tylko formalność.

Peter Jones tryumfował i udzielał kolejnych wywiadów. Akcje jego kancelarii znowu poszły górę, a Internet aż kipiał od pochwał i pozytywnych komentarzy.

Po południu sala znowu wypełniła się do ostatniego miejsca.

– Czy ława przysięgłych ustaliła wyrok? – sędzia zwrócił się do przewodniczącego ławy przysięgłych.

Był to starszy mężczyzna ubrany w mocno znoszony garnitur.

– Tak, wysoki sądzie – odpowiedział spokojnie.

– Jaki jest zatem wasz werdykt?

– WINIEN, Wysoki Sądzie – odrzekł spokojnie przewodniczący.

– Przepraszam, nie dosłyszałem – zaczął wyraźnie zmieszany sędzia. – Proszę powtórzyć.

– WINIEN, Wysoki Sądzie.

Na sali zawrzało. Jak to winien, przecież... Adwokat był bardzo poruszony. Nikt na sali, pa-

miętając swoją reakcję, nie wierzył w taki werdykt.
Sędzia, stukając młotkiem, zwrócił się ponownie do
przewodniczącego ławy przysięgłych.

– Rozumiem, że decyzja została przemyślana
i przedyskutowana przez całą ławę...

– Tak, panie sędzio, i przegłosowana w głoso-
waniu tajnym. Wszyscy członkowie ławy uznali po
dyskusji, że oskarżony jest winien – kontynuował
spokojnie przewodniczący.

– No, ale reakcja sali – sędzia nie dawał za wy-
graną – ...nas wszystkich. Przecież wszyscy, nawet
pan prokurator, patrzyli na drzwi i trudno nie zgo-
dzić się z argumentacją pana mecenasa, jakkolwiek
w wielu innych przypadkach się z nim nie zgadzam...
– kontynuował sędzia.

– Tak, panie sędzio, wszyscy patrzyliśmy na
drzwi – w tym momencie przewodniczący zawiesił
głos – ...tylko nie oskarżony. Obserwowałem go
uważnie. On przez trzy minuty ani razu nie spoj-
rzał w tę stronę.

● sekunda mądrości:

Nie ma takiego mądrali,
który nie spotkałby jeszcze większego.

Peter Jones zdobywał coraz większy rozgłos i zyskiwał coraz większą sławę. Miał też coraz więcej bardzo ważnych zajęć i swoją działalnością obejmował coraz większe sektory biznesu. Z każdym dniem przybywało mu spraw ważnych, pilnych, koniecznych do załatwienia i coraz częściej o czymś zapominał.

Oczywiście dwie sekretarki jego rozrastającego się coraz bardziej biura adwokackiego i osobisty sekretarz cały czas utrzymywali gorącą linię na kilku telefonach komórkowych, ale niestety – gdzieś się nie stawił, z kimś się nie spotkał, czegoś nie dopilnował. Nie bardzo wiedział, co ma z tym zrobić, aż wpadł na genialny pomysł.

Moim problemem jest mały terminarz – pomyślał. – Po prostu nie mam gdzie zapisywać wielu spraw i ważnych spotkań. Muszę kupić większy. Żeby każdy dzień został podzielony na dwadzieścia cztery godziny, a godziny były podzielone na minuty. Będę zapisywał posiedzenia, zebrania, wokandy, konferencje, konsultacje, spotkania, jednym słowem wszystko. Niczego nie opuszczę, niczego nie zaniedbam.

Jak pomyślał, tak zrobił.

Im mniej spraw zaniedbywał, tym bardziej rosła jego powaga, prestiż i stanowisko w środowisku prawniczym. Do terminarza trafiały nazwiska coraz poważniejszych i coraz bardziej znanych osób, a jego nazwisko trafiało do termina-

rza innych. Wybrano go do jakiejś rady, zarządu, zaczął zasiadać w jakimś prezydium, został przewodniczącym, członkiem rady nadzorczej, sekretarzem, prezesem największej kancelarii prawniczej w kraju.

Do swego terminarza jego nazwisko wpisywali ministrowie, jeden z wicepremierów... Zarabiał coraz większe pieniądze, które ku uciesze bankierów składał na coraz liczniejszych kontach w coraz większych i odleglejszych bankach.

Bez wytchnienia i odpoczynku wspinał się coraz wyżej, wyżej i wyżej; był już tak wysoko, że pewnej nocy poczuł dotkliwy ból w mostku i Bóg powiedział do niego:

– Tej nocy trafiłeś do mojego terminarza.

I tak adwokat przeszedł zawał i trafił na Oddział Intensywnej Opieki Medycznej wspaniałego, drogiego, ekskluzywnego szpitala.

Tyle lat traciłem czas i zdrowie, aby zarobić pieniądze, a teraz będę je wydawał, aby to zdrowie odzyskać – pomyślał.

Leżał sobie spokojne podłączony do kroplówek, monitorów i rejestratorów. Pełny serwis i all inclusive.

Co prawda, kiedy salowa zapytała go, czy podać mu kaczkę, trochę zaskoczony odpowiedział:

– Tak, z frytkami – ale to tylko niegroźny epizod jego wspaniałego pobytu w tych luksusowych warunkach.

Był tylko jeden mały problem – naszego adwokata, który pomógł setkom ludzi, nikt nie odwiedzał. Nie miał nikogo bliskiego: żony, rodziny, dzieci. Nigdy dotąd nie było mu to potrzebne. Zresztą nie miał na to czasu i takich rubryk nie było w jego terminarzu.

Ale i ten problem wkrótce się rozwiązał. Zupełnie niespodziewanie zjawił się u niego jeden z wiceprezesów.

– Przynoszę panu, panie prezesie, najlepsze życzenia od całej kancelarii. – wyciągnął kartkę i odczytał: – „Dużo zdrowia i stu lat życia". Jest to oficjalna uchwała rady naszej kancelarii, która została podjęta na wczorajszym posiedzeniu większością głosów: 25 – za, 18 – przeciw, 2 osoby się wstrzymały.

Nie wiadomo, czy z tego, czy z innego powodu, ale jak to zwykle w życiu bywa, nawet tak znany i „wzięty" adwokat jak Peter Jones opuścił ten ziemski padół.

Ze względu na swoją ogromna sławę i nieprawdopodobne ziemskie zasługi trafił do Nieba.

Po pierwszych dniach zachłyśnięcia się spokojem i atmosferą Nieba znowu poczuł swoją „prawniczą misję" i postanowił wrócić do swojej profesji. Otworzył więc kancelarię adwokacką, ale chętnych do korzystania z jego usług jakoś nie było.

Postanowił zatem sam rozejrzeć się za jakąś ciekawą sprawą, która i tutaj w Niebie przysporzy mu sławy, a tym samym klientów.

Zaczął od Jana Chrzciciela. Po gruntownych studiach historycznych i analizie dawnych ksiąg doszedł do wniosku, że to Janowi należy się pierwsze miejsce wśród apostołów i tytuł klucznika Niebieskiego.

Udał się do Jana i zaczął go przekonywać, aby powierzył mu sprawę przeciwko Piotrowi.

– Trzeba unieważnić starą umowę pomiędzy Piotrem a Panem Jezusem, na mocy której Piotr piastuje ten urząd.

Jan trochę zaskoczony, trochę onieśmielony był zdecydowanie przeciwny zmianie utartego porządku.

Adwokat był innego zdania. Twierdził, że komu jak komu, ale właśnie jemu – weteranowi i zasłużonemu bojownikowi o prawdę – ten tytuł się prawnie należy. To on ma największe zasługi: on rozpoznał Pana Jezusa nad Jordanem, on zrezygnował z ziemskich zaszczytów i oddał pierwszy życie za wiarę.

– Ale czy nie byłby to klasyczny przykład nepotyzmu? – poddawał w wątpliwość słowa adwokata z właściwą sobie skromnością Jan. – W końcu jesteśmy z Jezusem rodziną.

Doświadczony prawnik był innego zdania, a wiadomo, kropla drąży skałę.

Stopniowo Jan zaczął podzielać zdanie adwokata co do tego zaszczytnego tytułu i powierzył mu sprawę. Adwokat poprosił o wszystkie zachowane *dowody, fakty i umowy, nawet te ustne, i zabrał się z werwą do pracy.*

Przestudiował wszystkie dokumenty, przewertował akta, znalazł różne nieścisłości w umowach. Sprawa była oczywista. Dla pewności znalazł jeszcze kilka „haków" na Piotra, co prawda znanych, ale jak przedstawi się je w nowym świetle to przydatnych, i sformułował stosowny pozew.

Po paru miesiącach na furcie niebieskiej leżał list polecony w niebiesko-białej kopercie zaadresowany do Piotra.

Piotr, prosty niewykształcony rybak, niewiele rozumiał z treści listu i prawniczego języka. Ale mając pewne doświadczenie w sądach niebieskich, wiedział jedno: musi mieć dobrego prawnika. Nie wygra bez adwokata. Wobec tego, niewiele myśląc, napisał do brata Jana prywatny list z pokorną prośbą, aby ten poczekał z terminem rozprawy do tego czasu, aż on Piotr nie znajdzie w Niebie swojego obrońcę.

Jan oczywiście wyraził zgodę.

Podobno do dnia dzisiejszego Piotr wyczekuje z utęsknieniem przed bramą Nieba na jakiegoś drugiego dobrego adwokata z prawdziwą misją.

● sekunda mądrości:

Każdy ma w życiu swoje powołanie, właściwą misję.
Dlatego nikogo nie można zastąpić
ani też powtórzyć niczyjego życia!

Victor Frankl

Chcę ci powiedzieć, że niezależnie od warunków i okoliczności,
w jakich żyjesz, możesz ZMIENIĆ ten świat na LEPSZE –
masz MISJĘ, która może wypełnić twoje życie
do ostatniego tchnienia.

Nick Vujicić

3.

O tym,
że myślenie logiczne
zawsze ma sens

Może wyda Ci się to dziwne, ale to, co robisz, zależy od tego, o czym myślisz i jak o tym myślisz. A na to, o czym myślisz, Twój stan umysłu ma podstawowy wpływ – na to, co robisz i jak to robisz.

Twój umysł może doprowadzić Cię na szczyt sukcesu i powodzenia albo pogrążyć w otchłani ubóstwa i niemożności.

W książce „Tak jak człowiek myśli" (*As a Man Thinketh*), która jest uznawana za klasykę samopomocy psychologicznej, James Allen pisze, że „umysł ludzki jest jak ogród. Można go inteligentnie uprawiać; można to robić od przypadku do przypadku lub nawet pozwolić mu zdziczeć. Ale uprawiany czy zaniedbany będzie rodził plony. Jeżeli nie zasadzi się pożytecznych roślin, nie będzie się o niego dbało, to chwasty rozsieją się w ziemi i jedynym efektem będą wspaniałe, niewłaściwe, bezużyteczne, szkodliwe, zaśmiecające zielska". Innymi słowy: wszystko, czemu pozwolimy wejść do umysłu, przyniesie owoce.

Autor tego porównania chyba w najbardziej naturalny i klarowny sposób wyraził to, czym jest umysł człowieka.

Idąc za tym tokiem myślenia, można zauważyć, że to my, tak jak ogrodnik, decydujemy, jak postępować z ogrodem: jakie będą nasadzenia, jak będą rozplanowane grządki i co na nich zasiejemy.

Ale jakie będą plony w przyszłości – nie mamy już na to wpływu. Możemy też nic nie robić – oddać ogród w dzierżawę. Niech ktoś inny uprawia za nas, od czasu do czasu dając nam jakąś rekompensatę. Nie musimy się wtedy niczym interesować, ale korzyści mamy też niewielkie.

Wiele lat później José Silva porównywał umysł do twardego dysku w komputerze – jakim jest człowiek. Dysku o niewyobrażalnej, wręcz nieograniczonej pamięci, najszybszym z możliwych mikroprocesorze i praktycznie nieograniczonych możliwościach.

Na tym twardym dysku są zainstalowane programy – to nasze myśli, a raczej schematy myślowe, przekonania, charakter. Według nich, rejestrujemy otaczającą rzeczywistość, wyciągamy wnioski i postępujemy.

Zdaniem Silvy, mózg jest oprogramowywany przez całe życie, ale najintensywniej w okresie dzieciństwa i młodości. Do 14. roku życia jesteśmy oprogramowani w 60%, do mniej więcej 21. w 80%.

Oprogramowanie to przede wszystkim efekt kontaktów z „programistami" – autorytetami: rodzicami, dziadkami, nauczycielami. Ich uwagi, zdania, poglądy, oceny naszego postępowania. To również nasze przeżycia, doświadczenia i własne myśli.

Ważne jest to, że dla „twardego dysku" jest zupełnie obojętne, kto i jakie programy tam instaluje. Zresztą nie ma on na to żadnego wpływu. Mogą one pomagać lub przeszkadzać; ułatwiać funkcjonowanie lub być agresywnymi wirusami niszczącymi wszystko dokoła. Możemy nasz umysł zaprogramować sami za siebie – albo inni zrobią to za nas. Jeśli wielokrotnie słuchamy wypowiadanej na głos myśli lub czytamy jakieś stwierdzenie, to bez względu na to, czy jest ono prawdziwe, czy jest najpodlejszym kłamstwem, utrwali się w końcu w naszym umyśle i stanie się cząstką naszej osobowości – tak silną, że w przyszłości będziemy nawet działać na ich podstawie bez rozwagi i zastanowienia.

Zbiór przekonań na temat własnego życia oraz na temat otaczającego świata Silva nazwał „Subiektywnym Punktem Odniesienia" (SPO).To taki główny program na tym dysku, który determinuje nasze postępowanie i zachowanie we wszystkich dziedzinach życia. Ale tu pojawia się pewien paradoks – to programiści wpłynęli w dominujący sposób na nasz SPO. Jest on „subiektywny", ale to ktoś zupełnie inny niż my o nim zadecydował.

Na przykład: mamy przekonanie, że jesteśmy osobą nieśmiałą, słabo radzącą sobie w życiu. Nie znam przypadku, aby z tego przekonania płynęły jakieś korzyści dla właściciela przekonania. A jednak ono istnieje, jest powtarzane i według niego postępujemy. Skąd takie przekonanie? Skąd wiemy, że jesteśmy nieśmiali? Bo ktoś kiedyś w młodości lub dzieciństwie dołożył starań, aby nas o tym poinformować i przekonać. Może dzisiaj także ktoś obok nas ciągle nam o tym przypomina.

Informatycy znają taką zasadę GIGO: *garbage in, garbage out* – „śmieci na wejściu, śmieci na wyjściu". Jeżeli wkłada się do komputera błędne informacje, podaje on błędne rozwiązania. Jeżeli instaluje się głupie programy, otrzymuje się bzdurne rozwiązania. Jeżeli napełnia się głowę negatywnymi myślami, to rzeczywistość wokoło będzie czarna.

„Człowiek sam tworzy albo gubi siebie. W kuźni myśli wykuwa broń, którą niszczy siebie, albo narzędzia, dzięki którym buduje niebiańskie pałace radości, siły i spokoju. Dzięki właściwemu wyborowi i rzetelnemu myśleniu człowiek pnie się wzwyż ku doskonałości".

Człowiek – komputer; umysł – twardy dysk; myśli – oprogramowanie. A drukarka? – w naturalny sposób chciałoby się zapytać. Drukarka to właśnie rzeczywistość wokół nas, która jest jak druk i zdjęcia pojawiające się na papierze – tak właśnie ona materializuje się w naszym życiu.

„Twoje myśli tworzą Twoją rzeczywistość", „Stajemy się tym, co myślimy", „Nie jesteś tym, czym myślisz, że jesteś – jesteś tym, co myślisz" – takie zdania można usłyszeć od wielu motywatorów, znaleźć w wielu księgach motywacyjnych, a nawet w tej największej – w Biblii.

José Silva ujął to tak: „Podstawą sukcesów i szczęścia w otoczeniu człowieka są jego dobre myśli, z kolei złe myśli tworzą porażki człowieka i tragiczny świat, w którym żyje". Pisał to ponad pięćdziesiąt lat temu.

Ty o wszystkim decydujesz, bo to Ty motywujesz siebie do działania! Czasami tak po prostu: „SPÓJRZ" Z BOKU NA SWOJE MYŚLI! I ODPOWIEDZ SOBIE SAM:

– czy mają sens?
– czy sens nonsensu?

I jeśli trzeba, to zmień swe nonsensowne, niezdrowe myśli na takie, które:

– oparte są na faktach;
– chronią Twoje życie i zdrowie;
– prowadzą Cię do osiągnięcia bliższych i dalszych celów;
– pomagają uniknąć niechcianych kłopotów i konfliktów;
– pomagają Ci czuć się SOBĄ.

●● chwila refleksji:

O kobiecie sukcesu, Mary Proud

Mary Proud ukończyła 60 lat. Odebrała pamiąt-kowy zegarek i dyplom, zdała maszynę do pisania i liczydło, podpisała obiegówkę i zamknęła za sobą drzwi gabinetu kierownika działu księgowo – finan-sowego dużej korporacji w San Francisco, w której spędziła 40 lat.

Trójka dzieci – dwaj synowie i córka – już daw-no dorosła, pies zdechł kilka lat temu, mąż – zawo-dowy oficer armii amerykańskiej – zginął w niewy-jaśnionych okolicznościach dziesięć lat wcześniej w Korei. Wolność i brak celu na resztę życia – te słowa dobrze oddają stan Mary.

Aby jednak w pełni korzystać z wolności, potrzeb-ne są finanse i przyjaciele, a z jednym i drugim u Mary nie było najlepiej. Pensja z trudem pozwa-lała zaspokajać codzienne potrzeby wielodzietnej ro-dziny, mimo że nie były wygórowane, a co dopiero odłożyć na starość. Emerytura też nie była najwięk-sza i pozostawała tylko ewentualność liczenia na pomoc dzieci. Na to z kolei nie pozwalała Mary duma. Próby podjęcia pracy dorywczej w swoim fachu nie dawały rezultatu, a na podjęcie pracy w barze czy sprzątanie domów nie pozwalała jej duma. Nie przyjaźniła się z nikim, bo dosyć trudno

przychodziło jej zawieranie osobistych znajomości.
Była zresztą zawsze zajęta albo pracą, albo dziećmi,
a bezsensowne rozmowy o chorobach, przepisach na
pudding i kazaniach pastora uważała za ewidentne
marnowanie cennego czasu.

W ogóle Mary była bardzo dumną, wyniosłą
osobą, przekonaną o swoich ogromnych możliwo-
ściach intelektualnych. Niczego się nie bała, miała
poczucie własnej wartości i przekonanie, że mimo
wszystko los jej sprzyja.

Pewnego dnia, przechodząc obok miejscowej
uczelni, zauważyła zaproszenie na prelekcję dla se-
niorów w ramach Uniwersytetu Trzeciego Wieku.
Z braku innego zajęcia poszła na wykład i jako jed-
na z bardzo nielicznych uczestników dotrwała do
końca. Wykład bardzo ją zainteresował i zaintrygo-
wał. Dotyczył filozofii, psychologii, przeżyć mistycz-
nych, a to wszystko połączone było z matematyką,
fizyką i mechaniką. Bohaterem wykładu był Blaise
Pascal – genialny francuski uczony. Ponieważ ma-
tematyka wyższa zawsze pociągała Mary, a logika
pozwalała wykonywać żmudną pracę księgowej,
Mary stała się pilnym uczestnikiem wszystkich wy-
kładów. Często wdawała się też w dyskusje
z wykładowcami i prelegentami, którzy byli pod
wrażeniem wiedzy i dociekliwości starszej pani pro-
szącej o dodatkową literaturę, wskazanie źródeł sze-
rzej omawiających poruszane zagadnienia. (tu wy-
pada nadmienić, że Internet jeszcze wtedy nie istniał,

telewizja była w powijakach, a największy komputer NASA miał mniej możliwości niż współczesny telefon komórkowy).

Jej ulubiony bohaterem stał się oczywiście Blaise Pascal, a gdy dowiedziała się, że on sam był twórcą teorii gier hazardowych współczesnej ruletki i uwielbiał różnego rodzaju zakłady – studiowanie rachunku prawdopodobieństwa stało się pasją jej życia.

Minęło parę lat, a Mary o ruletce wiedziała wszystko. Pozostała pełna pokory wobec faktu, że prawdopodobieństwo wygranej kasyna jest zawsze od 1,5 do 8% większe niż gracza, ale z drugiej strony brzmiało jej w duszy stwierdzenie Pascala: „Trudno jest przegrać w ruletkę i trudno wygrać". Co to znaczy?

Poznała strategie obstawiania i śledzenia koła, strategie sygnatur i systemy gier. Takie nazwy systemów obstawiania planszy jak Martingale *czy* D'Alambert *nie tylko nie robiły na niej wrażenia, ale była w stanie wskazać na błędy założeń i braki w teorii tych systemów.*

Mary nie była hazardzistką. Hazard to było dla niej coś zupełnie obcego. I tak zapewne by pozostało, gdyby nie chęć sprawdzenia swoich dociekań teoretycznych. Pewnego dnia Mary trafiła do kasyna. Starsza kobieta – pogodna, uśmiechnięta, skromnie, ale elegancko ubrana – siedząca przy kole ruletki początkowo nie zwracała na siebie niczyjej uwagi. Jej oszczędne obstawiania i niskie wygrane też nie robiły na nikim specjalnego wrażenia. Ale jedno jest ważne – Mary wygrywała. Były to co prawda niewielkie sumy, ale – jak mawiają specjaliści od finansów – „od małego zarobku nikt nie umarł, byleby trafiał się często".

Z czasem wizyty w kasynach zaowocowały znajomościami z wieloma wpływowymi i bogatymi ludźmi i zaproszeniami na przyjęcia, bankiety, rauty, imprezy charytatywne, do klubów biznesmena. Lekarze, prawnicy, biznesmeni, politycy i dziennikarze – wszyscy pochłonięci hazardem – dobrze się czuli w towarzystwie starszej pani i chętnie korzystali z jej rad, byli zachwyceni jej dociekliwością i przenikliwością umysłu, a także specyficznym poczuciem humoru. Uwielbiali też jej różne propozycje zakładów, przy których zawsze było wiele śmiechu i zabawy. Zakłady dotyczyły różnych rzeczy: tego, czy spadnie deszcz, czy nie; czy facet przy barze zamówi piwo, czy gin; czy do ginu doda tonik, czy nie; czy do toalety pierwsza pójdzie blondynka, czy brunetka itd.

Mary dogłębnie znała charakter hazardzistów i wiedziała, że zawsze podejmą ryzyko postawienia 20 dolarów na cokolwiek. Właśnie 20, bo 5 to za mało i nie warto się angażować, a 50 za dużo. Powoli Mary stała się duszą i ozdobą towarzystwa.

Pamiętała jednak słowa swojego mistrza – „z dwóch osób, które się o cokolwiek zakładają, jedna jest głupcem, a druga oszustem" – i dbała, żeby być zawsze po tej drugiej stronie.

Najważniejsze, że zawsze wygrywała. Stopniowo grono bogatych znajomych pęczniało, sumy, o które się zakładano, rosły, a Mary stawała się coraz bardziej sławna.

Częste wyjścia z domu wieczorową porą zostały zauważone przez rodzinę, która – gdy poznała powód tych wyjść – wpadła w panikę. Synowie postanowili przeprowadzić z matką poważną rozmowę, którą można streścić krótko: hazard to straszny nałóg, można stracić resztki oszczędności i dom rodzinny, skończyć w przytułku lub na ulicy.

– Ale ja tak gram od paru lat – spokojnie odpowiedziała staruszka.

– O Boże! – synowie nie kryli przerażenia. – I ile przegrałaś?

– Nic. Mam własny system zakładów i obstawiania i...

– Tak, tak. Każdy hazardzista tak mówi... – wtrącił starszy syn.

– Kiedy naprawdę idzie mi bardzo dobrze – spokojnie kontynuowała.

– No to w takim razie ile wygrałaś? – zapytał młodszy.

– Sądzę, że jakieś 300 tysięcy dolarów – oświadczyła z nutką zawahania.

W tym momencie starszemu synowi szklanka wypadła z ręki, a młodszy o mało nie spadł z krzesła.

– Ile?! – obaj wrzasnęli jak na komendę.

– No, może 320. Zresztą sami policzcie – powiedziała i podała im dużej wielkości walizkę.

– Tutaj trzymasz te pieniądze? – synowie nie potrafili ukryć zdziwienia.

– Tutaj, a gdzie mam trzymać? Banki nie są do końca pewne.

Synowie przeliczyli pieniądze. Było 321 tysięcy dolarów. Postanowili, że jutro jeden z nich pójdzie z matką do banku i założą konto.

– I to wszystko zarobiłaś, grając w ruletkę? – zapytał młodszy syn, gdy następnego dnia jechali samochodem do banku.

– Nie, nie wszystko. Część pochodzi z zakładów z przyjaciółmi.

– Nie rozumiem. Jakich zakładów?

– Mam grono przyjaciół z kasyna, z którymi uwielbiamy się zakładać o różne rzeczy.

– O co na przykład?

– O wszystko. Bo ludzie uwielbiają zakłady i hazard.

– Czyli uważasz, mamo, że każdy człowiek jest hazardzistą i uwielbia się zakładać, jak tylko ma odpowiednią propozycję?

– Dokładnie tak.

– No dobrze, a co się dzieje, jak przegrywasz? Przecież jak zakładasz się z drugim człowiekiem, to prawdopodobieństwo wygranej wynosi 50, a nie 100 procent?

– Ja nigdy nie przegrywam, bo nauczyłam się zwiększać prawdopodobieństwo wygranej.

– Do ilu procent: 60? 70?

– Do 100. Mówiłam ci, ja nie przegrywam.

– To niemożliwe – westchnął zupełnie zdezorientowany syn.

Dotarli do banku. Kiedy recepcjonistka dowiedziała się, w jakiej sprawie przybyli i jaką kwotę chcą zdeponować, natychmiast poprosiła ich do dyrektora banku. Ten przyjął ich w swoim gabinecie i częstując kawą, zaczął ostrożnie wypytywać starszą panią, w jaki sposób weszła w posiadanie 300 tysięcy dolarów.

– Panie dyrektorze, nie wdając się w szczegóły – zaczęła kobieta – uprawiam hazard i jestem w tym naprawdę dobra.

– A czym konkretnie się pani zajmuje? – dopytywał z zainteresowaniem mężczyzna.

– Gram trochę w ruletkę, obstawiam na wyścigach konnych, ale głównie zajmuję się zakładami.

– Zakładami? A to ciekawe. Ma pani firmę bukmacherską?

– Nie, robię to prywatnie i zakładam się z ludźmi. Chcę też pana uspokoić, że to zgodne z prawem i objęte umowami kodeksu prawa cywilnego.

– Bardzo ciekawe. A z kim i o co się pani zakłada? – dyrektor był wyraźnie zaintrygowany.

– Z każdym i o wszystko. Mogę na przykład teraz założyć się z panem – uśmiechnęła się kobieta.

– Ze mną? A o co?

– Mogę na przykład założyć się z panem o 20 tysięcy dolarów, że jutro w południe... – kobieta wstrzymała głos i chwilę się zastanawiała – będzie pan miał na prawym pośladku wytatuowaną jaszczurkę – i znowu się uśmiechnęła. – Bo chyba pan jeszcze nie ma?

Dla syna, który przysłuchiwał się całej rozmowie, tego było już za wiele.

– Mamo, przestań – poprosił półgłosem.

– Nie, dlaczego? – uspokoił go bankier, też się serdecznie uśmiechając. – To zabawny zakład i chętnie bym przystał na pani propozycję, ale po prostu mi pani szkoda. Szkoda mi pani 20 tysięcy. Nie widzę przeszkód, by za tę sumę nie wytatuować sobie jaszczurki na pośladku. To bez sensu.

– Proszę pana – kobieta zmieniła ton głosu – powiedzmy, że jeżeli pan się ze mną teraz nie założy, to ja nie otworzę w pana banku konta i nie ulokuję na nim 320 tysięcy dolarów. Mówię to jak najbardziej poważnie. Ten młody człowiek, mój syn, jest świadkiem.

– Więc dobrze – bankier wyraźnie zaczął się krygować. – Przyjmuję zakład.

Kiedy wychodzili z banku, zupełnie oszołomiony i zdenerwowany syn miał tylko jedno do powiedzenia:

– O Boże, mamo, co ty robisz? Przecież to czyste szaleństwo. Facet za 20 tysięcy dolarów wytatuuje sobie na dupie wszystko!

– Nie podnoś głosu na matkę i ucz się.

Następnego dnia tuż przed godziną dwunastą w południe w towarzystwie syna i znanego w mieście prawnika do gabinetu dyrektora banku wchodzi kobieta i pytająco patrzy na mężczyznę. Ten bez słowa rozpina pasek, opuszcza spodnie i pokazuje całej trójce wytatuowaną na prawym pośladku jaszczurkę.

– W porządku, ale czy mógłby pan jeszcze trochę się pochylić, żebyśmy mogli mieć pewność? – prosi spokojnie kobieta.

Bankier posłusznie pochyla się i wypina goły tyłek do zgromadzonej trójki. Kiedy zaczyna się prostować i powoli ubierać, kobieta bez komentarza wyjmuje z torebki kopertę z 20 tysiącami dolarów i kładzie na biurku.

Kiedy bankier chowa z uśmiechem kopertę w szufladzie biurka, prawnik – blady jak ściana – osuwa się na krzesło i zaczyna jęczeć, trzymając się za serce. Bankier spogląda na niego zdziwiony, a syn Mary, nie ukrywając zdziwienia, pyta:

– Co się panu stało?

– Nic wielkiego – odpowiedziała spokojnie Mary. – Nie umie przegrywać. Założyłam się z nim wczoraj wieczorem o 100 tysięcy dolarów, że dzisiaj w południe dyrektor banku zdejmie spodnie i w obecności osób trzecich pokaże gołe pośladki...

Porażka rodzi się z wielkości pożądania

– jak uczy Sy-Man Cien.

Dzięki ewidentnym sukcesom osiąganym w zakładach Mary uważała, że rozsądek poparty logicznym myśleniem może zmienić to, że hazardzista zawsze jest skazany na porażkę. Statystycznie zgoda, na pewno częściej przegrywa, zapewniając zysk kasynom i bukmacherom, ale w pojedynczych przypadkach może być zupełnie inaczej.

Mary uważała, że na hazardzie można zbić fortunę. Często przedmiotem jej przemyśleń była sentencja Pascala: „Pieniądze bardzo trudno zgromadzić, a bardzo łatwo stracić. Najlepszą metodą na utratę pieniędzy jest hazard" (jako kobieta celowo i taktownie pomijała drugą przyczynę utraty pieniędzy, czyli kobiety), ale nie do końca chciała się z tą myślą zgodzić.

Zauważyła również, że hazardziści są bardzo przesądni, zabobonni, wierzą w ezoterykę, sny i jasnowidzów. Z pozornie nic nieznaczących codziennych zdarzeń potrafią wyciągać wnioski co do szczęśliwych liczb, które mają wypaść/wypadać na kole, czy numerów koni, które mają akurat wygrać gonitwę. Kiedy jednak coraz bardziej wchodziła w to środowisko, zauważyła, że ogromna większość z tych „objawień" i nadnaturalnych sugestii to czyste bzdury, a wiara w nie kończy się przegraną i totalnym bankructwem. Chociaż nie rozumiała zjawisk prekognicji, proroczych snów, zagięcia czasu i czasoprzestrzeni, to zdawała sobie sprawę, że nie wszystko, czego nie rozumie, jest głupie i nie warto się tym zajmować. Trzeba tylko do tego umiejętnie podejść.

Bardzo wcześnie w piątek rano, czyli przed dobrze zapowiadającym się weekendem, zadzwonił telefon. Zaskoczona Mary usłyszała w słuchawce głos znajomego prawnika. Był podekscytowany i prosił o natychmiastowe spotkanie w ważniej dla niego sprawie. Nie mógł powiedzieć przez telefon, o co chodzi, ale ponoć pilnie potrzebował rady.

Nie było jej to specjalnie na rękę, bo miała swoje plany, ale z drugiej strony lubiła miłego i sympatycznego prawnika, który wiele przegrywał w kasynie i na wyścigach.

Po godzinie siedzieli w przytulnej kawiarence, popijali kawę i przegryzali ją rogalikiem.

– Miałem sen („I have a dream") – zaczął prawnik, a Mary parsknęła śmiechem.

Było to tak głośne i spontaniczne, że wszyscy popatrzyli na starszą panią, która rozbawiona zaczęła się aż krztusić.

– Już gdzieś to słyszałam.

– Proszę, nie śmiej się, bo to dla mnie bardzo ważne.

Prawnikowi wyraźnie nie było do śmiechu.

– Chciałem cię zapytać o radę, bo nie wiem, jak to mam traktować – ściszył głos.

– Był to bardzo osobliwy sen. Jak jakiś omen.

– A co ci się śniło i w czym mogę ci pomóc? Zaznaczam, że nie znam się na snach ani na ich interpretacji – Mary spoważniała.

– Ale znasz się na ruletce, zakładach i pieniądzach.

Był cały czas tajemniczy, a ostatnie słowa zainteresowały Mary.

– Miałem dzisiaj bardzo realistyczny sen, wręcz prawdziwy i rzeczywisty. Śniły mi się trzy anioły.

Grymas uśmiechu przeszedł przez twarz Mary.

– Trzeci, który wszedł do pokoju, dał mi trzy sztabki złota.

– Jeżeli mi powiesz, że jak się obudziłeś, to te sztabki leżały koło twojego łóżka, to nie uwierzę – przerwała wesoło Mary.

– Nie, nie leżały i aniołów też nie było – prawnik podniósł głos i zaczął się lekko denerwować drwinami Mary, ale brnął dalej:

– Kiedy zszedłem do kuchni, zauważyłem, że żona przed wyjściem przygotowała mi trzy tosty i usmażyła trzy jajka na trzech kawałkach szynki.

– I co w tym dziwnego? – wtrąciła Mary.

– Od piętnastu lat smaży mi dwa jajka i podaje dwa tosty! Kiedy wyszedłem przed dom po gazetę, na ulicy stały trzy samochody. Podniosłem gazetę... Wiesz, który jest dzisiaj? – zwrócił się do Mary.

– Zaraz... 2 albo... 3 marca. Tak, 3 marca.

– Właśnie, dzisiaj jest 3 marca. Zacząłem przeglądać gazetę jak zwykle od kolumny sportowej i wiesz co?

– Co? – Mary już się nie śmiała i była wyraźnie zainteresowana.

– Dzisiaj w Led o godzinie 3 po południu rozpoczynają się wiosenne wyścigi. W gonitwie numer 3, koń z numerem 3 nazywa się... – prawnik zawiesił głos – Trzeci Anioł! Mary, dzieje się coś niezwykłego. Ja tego nie rozumiem, ale wiem, że to jakiś znak. Co byś zrobiła?

– Jak to co? Obstawiłabym tego konia – powiedziała zdecydowanie Mary.

Tym razem nie śmiała się i nie żartowała. Wręcz przeciwnie, była skupiona i poważna.

Przy stoliku zapadła cisza. Widać było, że historia prawnika zrobiła na niej wrażenie.

– Wiesz co? – Mary zwróciła się łagodnie do prawnika – opowiedz mi jeszcze raz dokładnie całą tę historię.

Prawnik jeszcze raz opowiedział sen i wszystkie poranne zdarzenia. Mary uważnie słuchała, analizowała każdą sytuację i coś rozważała w myślach.

Po rozmowie z Mary prawnik udał się prosto do swojego banku, podjął z konta 3 tysiące dolarów i pojechał na wyścigi. W trzecim okienku kasowym postawił 3 tysiące dolarów na wygraną konia numer 3, który startuje w trzecim wyścigu. Spokojnie oczekiwał na gonitwę i liczył wygrane pieniądze – płacili jeden do trzech. Taki sen nie mógł się nie spełnić. Cyfra 3, która prześladowała go od rana, nie mogła być przypadkiem.

Zapewne myślisz teraz, Drogi Czytelniku, że jak to w bajkach bywa – koń wygrał, prawnik zainkasował okrągłą sumę, po czym żył długo i szczęśliwie. Niestety nie.

Nie wiem, czy uwierzysz, ale koń przegrał i prawnik stracił 3 tysiące dolarów. Był zupełnie zdruzgotany.

Kiedy przed koszem na śmieci darł w złości bukmacherskie kupony, zauważył Mary Proud w otoczeniu innych rozentuzjazmowanych graczy z podziwem i zazdrością gratulujących jej fantastycznej intuicji, odważnego obstawiania i ogromnej wygranej, która na pewno przejdzie do historii wyścigów konnych.

– Co ty tu robisz? – zapytał zdziwiony.

– Jak to co? Gram na wyścigach.

– Mary, obstawiałaś trzecią gonitwę? – pytał coraz bardziej zdziwiony.

– Oczywiście, przecież nie mogłam odpuścić takiej ewidentnej okazji.

– I wygrałaś, stawiając na Trzeciego Anioła?

– Oczywiście.

– Nie, to czyste szaleństwo. Jak to możliwe? – prawnik był coraz bardziej poirytowany. – Przecież ja też obstawiłem wygraną Trzeciego Anioła i przegrałem – prawnik prawie krzyczał.

– Uspokój się i nie irytuj. Nie rób z siebie pośmiewiska i nie miej pretensji do nikogo, że nie potrafisz myśleć.

– A co tu było do myślenia? Sen i inne podpowiedzi były ewidentne.

– Masz rację. Ja obstawiłam trzy razy po 3 tysiące dolarów, że w gonitwie trzeciej koń z numerem 3, Trzeci Anioł, będzie trzeci. I tak było!

● **sekunda mądrości:**

Pomyślność to zdolność rozpoznawania i wykorzystywania nowych możliwości

– twierdzi Zig Ziglar.

Z początkiem lat 70. XX wieku cała Ameryka była zafascynowana genialnym szachistą Bobbym Fischerem i żyła zbliżającym się pojedynkiem szachowym Bobby'ego z Borysem Spasskim.

Oczywiście, był to również temat rozmów i dyskusji w gronie stałych bywalców kasyna i starych przyjaciół Mary.

– Fenomenalny jest ten Fischer. Taki młody i tak genialny – zachwycał się prawnik.

– A jak zdobył mistrzostwo kraju! Jedenaście zwycięstw w jedenastu turniejach. Fenomenalne – zachwycał się bankier.

– No i tę koalicję Ruskich też pokona. Zobaczycie. A Spasskiemu nie da wygrać nawet partii – popierał kolegów przedsiębiorca budowlany. – Fantastyczny umysł, taktyka, logika i te chytre, niekonwencjonalne posunięcia.

– Ja nie byłabym taka pewna – Mary miała odmienne zdanie. – I nie jestem do końca przekonana, że Bobby Fischer pokona Spasskiego i czy naprawdę jest tak dobrym szachistą.

Nikt nie krył wesołości.

– Pewnie Mary będzie chciała się z nami założyć – żartował prawnik.

– Proszę bardzo, mogę się z wami założyć, ale wcale nie o to, że Spasski pokona Fischera.

– A o co? – zapytał z zainteresowaniem.

– O to, że ja zagram z Fischerem i ja go pokonam.

Mimo że przyjaciele traktowali Mary poważnie i wiedzieli, że na jej propozycje zakładów trzeba uważać, tym razem wszyscy gruchnęli gromkim śmiechem. Tego było już za wiele i wszyscy uznali to za dobry żart.

– Mary, przecież ty w świecie szachowym jesteś nikim. Nawet się do niego nie zbliżysz, a co dopiero mówić o wyzwaniu go na pojedynek – próbował załagodzić sprawę lekarz. – To nie ma sensu. A czy ty w ogóle umiesz grać w szachy?

– Umiem i to całkiem nieźle. Wystarczająco dobrze, by pokonać Fischera.

Znowu ryknęli śmiechem. Wszyscy świetnie się bawili.

Mary była jednak cały czas poważna i przedstawiła konkretne propozycje i konkretne sumy.

Chciała się założyć o 100 tysięcy dolarów, że Bobby Fischer znajdzie czas i zgodzi się z nią zagrać. Mecz będzie się składał z pięciu partii. Jeżeli wygra cały mecz, otrzyma kolejne 100 tysięcy, jeżeli zremisuje – 75. Jeżeli przegra, to ona wypłaca 200 tysięcy.

Zapadła cisza. Propozycja dla wielu uczestników rozmowy wydawała się niezwykle kusząca i pozbawiona ryzyka. Prawdopodobieństwo, że Fischer zagra z Mary, była bliskie zeru, a to, że Mary wygra z Fisherem, bliskie cudu.

Takiej okazji do zarobienia pieniędzy przedsiębiorca na pewno nie może przepuścić.

– Zgoda, przyjmuję zakład – powiedział przedsiębiorca budowlany. Był najszybszy.

Pozostali uczestnicy dyskusji pluli sobie w brodę, że przepuścili taką okazje do zarobienia niezłych pieniędzy.

Pewnego pięknego majowego poranka w biurze Bobby'ego Fischera na stole leżało kilkanaście kopert. Sekretarz otwierał beznamiętnie po kolei każdą z nich, rzucał okiem na treść dotyczącą: propozycji małżeństwa, uznania ojcostwa dziecka, wsparcia finansowego fundacji charytatywnej, sfinansowania pomysłu technicznego zbawiającego świat itp. i wrzucał do kosza. Treść jednego listu była całkiem inna i wręcz intrygująca swoją „bezczelnością".

Zupełnie nieznana osoba Mary Proud z San Francisco proponowała mistrzowi świata rozegranie meczu szachowego. Nie jakiegoś pokazowego, charytatywnego, ale zawodowego – za pieniądze, i to poważne, bez specjalnego rozgłosu. Coś w formie zakładu.

Pani Proud opracowała, jak pisze w liście, własną oryginalną strategię gry w szachy i chce ją wypróbować przeciwko mistrzowi. Ponieważ zdaje sobie sprawę, że mistrz jest bardzo zajęty, proponuje rozegranie pięciu partii drogą korespondencyjną. Warunki finansowe są następujące: kiedy mistrz wygra partię – otrzymuje natychmiast 200 tysięcy dolarów, kiedy zremisuje (co byłoby dla autorki listu ogromnym sukcesem) – to on wypłaca 75 tysięcy, kiedy zaś przegra (co jest praktycznie niemożliwe), płaci 100 tysięcy. Pieniądze – milion dolarów – są zdeponowane na koncie znanego w USA biura prawniczego i przez to biuro będzie przechodziła korespondencja, potwierdzenie wyników, protokoły z partii, wpłaty i wypłaty. Tam też jest przygotowana umowa do podpisania. Jeżeli mistrz będzie zainteresowany, wystarczy podpisać. Na każdy ruch strony mają trzy dni.

Sekretarz kilka razy przeczytał pismo. Wynikało z niego jasno, że jakaś nie do końca przy zdrowych zmysłach milionerka chce się pozbyć miliona dolarów i oddać je mistrzowi. Sekretarz nie spotkał w swoim życiu człowieka, który by taką propozycję odrzucił.

Bez konieczności specjalnej namowy Bobby Fischer podpisał umowę, a sekretarz wystosował do Mary oficjalne pismo o zgodzie mistrza na proponowany mecz (pismo było podstawą do wyegzekwowania od przedsiębiorcy budowlanego 100 tysięcy dolarów).

Pierwszą partię rozpoczęła Mary białymi i... niespodziewanie zremisowała. Coś niesamowitego – nikomu nieznana osoba remisuje z mistrzem świata.

Po stronie mistrza i wśród kolegów Mary zapanowała prawdziwa konsternacja, a na jej konto wpłynęło 75 tysięcy.

W drugiej partii wszystko wróciło do normy, Bobby Fischer wygrał i to wyraźnie. Emocje opadły, a z konta Mary ubyło 200 tysięcy. Trzecia i czwarta partia zakończyły się remisem, a prawdziwa sensacja nastąpiła w ostatniej piątej partii. Mary wygrała, a raczej mistrz poddał partię, będąc w beznadziejnej sytuacji.

Cały mecz zakończył się remisem, a konto Mary wzbogaciło się o 300 tysięcy dolarów – 125 od mistrza i 175 od przedsiębiorcy budowlanego.

Czy jednak na pewno tyle?

W pamiętnym meczu stulecia w 1972 roku w Islandii Bobby Fischer pokonał Borysa Spasskiego. Mecz obfitował w różne skandale i nieprzewidywalne zdarzenia.

Mimo że oba kraje wykorzystywały to spotkanie do podgrzewania atmosfery zimnej wojny, dwaj panowie zaprzyjaźnili się.

Po 20 latach, w 1992 roku, mimo zakazu władz USA i Szachowej Federacji Rosyjskiej rozegrali rewanż. Fischer znowu wygrał, ale tym razem bardzo minimalnie. Kiedy emocje opadły, dwaj arcymistrzowie chętnie spotykali się ze sobą, rozmawiali i dzielili różnymi wspomnieniami.

– Nie wiem, czy wiesz, ale przed tym naszym meczem w 1972 roku rozegrałem inny bardzo nietypowy mecz – wspominał Bobby.

– A nie, nic nie wiem – zainteresował się Borys.

– Tak, zaproponowano mi rozegranie pięciu partii, za których wygranie miałem otrzymać łącznie milion dolarów.

– A wiesz, że to bardzo ciekawe, bo ja otrzymałem taką samą propozycję i było to chyba w tym samym okresie. Tak, na pewno tuż przed naszym meczem – zainteresowanie Borysa rosło. – Napisała do mnie jakaś milionerka z USA...

– Tak, chyba ta sama co do mnie – przerwał Bobby – i za remis miałem zapłacić 75 tysięcy.

– A za przegraną 100 tysięcy – dokończył Borys.

– Dokładnie tak samo. A jak ci poszło?

– No *wiesz, ku mojemu zaskoczeniu pierwszą partię zremisowałem.*

– *Ja też. Ale za to drugą wygrałem i to bardzo szybko –* uśmiechnął się Bobby.

– *U mnie było znacznie gorzej. Ja drugą partię przegrałem, i to wyraźnie. Muszę ci powiedzieć, że byłem w szoku. Dobrze, że nikt nie wiedział o tym meczu.*

– *No ale chyba odkułeś się w pozostałych partiach? –* zapytał Bobby.

– *No nie bardzo. Obie zremisowałem.*

– *To tak jak ja –* Bobby był coraz bardziej zdziwiony.

– *Odegrałem się jednak w ostatniej partii. Powiedziałem sobie, że tak być nie może i tak zagoniłem jej króla do narożnika, że nie pomogła jej obrona sycylijska. Po dwudziestu czterech ruchach poddała partię.*

– *Ja ostatnią partię przegrałem –* mówił coraz wolniej Bobby i patrzył z zakłopotaniem na Borysa. *Miałem króla w rogu szachownicy i zastosowałem obronę sycylijską, ale byłem zmuszony poddać partię po dwudziestu czterech ruchach.*

Mniej więcej w tym samym czasie grupa znajomych stała nad trumną Mary Proud. Właśnie

*odeszła z tego świata w bardzo poważnym wieku
i przyjaciele żegnali się z nią, dbając również o to,
aby powiedzieć o niej coś dobrego i miłego. Nie było
to zresztą trudne. Wszyscy wspominali jednak ten
słynny mecz szachowy z Bobbym Fischerem.*

*– Widzę, że nic nie wiecie o takim samym meczu
z Borysem Spasskim – zaczął nieśmiało prawnik.*

*– Jak to? – wykrzyknął przedsiębiorca budowla-
ny. – To ona też grała ze Spasskim?*

*– Tak. Po tym pamiętnym zakładzie z tobą, gdy
zobaczyła, że byłem lekko zawiedziony, że to nie ja
się założyłem. Zaproponowała mi, po cichu, iden-
tyczny zakład, ale dotyczący meczu ze Spasskim.
Pomyślałem wtedy, że z dwoma arcymistrzami to
nawet Mary nie wygra, i się założyłem. Jednak
zremisowała i, tak jak ty, straciłem 175 tysięcy.*

● **sekunda mądrości:**

Inteligentna, logiczna koncepcja to najważniejszy krok do
sukcesu.

4.

O relacjach z ludźmi
i zaufaniu do podwładnych

Ważnym elementem na drodze Twojego sukcesu to udane relacje z otaczającymi ludźmi. To otwartość na dawanie i niesienie pomocy międzyludzkiej, ale także na branie i jej otrzymywanie. Twoje stosunki z otaczającymi Cię ludźmi są miarą Twojego człowieczeństwa, mówią o tym, kim jesteś, kim byłeś oraz o tym, jak spędzisz resztę życia.

Problemy i negatywne relacje z ludźmi bardziej niż jakikolwiek inny czynnik atakują Twój spokój wewnętrzny i zdrowie. Niszczą je wbrew zdrowemu rozsądkowi i wszystkim obiektywnym przesłankom. Problemy w życiu to zawsze problemy z ludźmi, a raczej naszymi wyobrażeniami o nich.

Mędrzec chiński Czuang Tse mawiał, że człowiek spotyka w swoim życiu tylko dwóch ludzi: tego, którego kocha i tego, którego nienawidzi (czasami jest to ta sama osoba, tylko spotkania dzieli pewien czas). Reszta ludzi, najliczniejsza, to ludzie obojętni, przypadkowo spotkani, pozornie nic nie znaczący. To, jak ich traktujesz, jak do nich podchodzisz, jest kwintesencją Twojego człowieczeństwa, najsubtelniejszym rysem twojej osobowości.

W wielu podręcznikach dotyczących motywacji i współczesnych technik sprzedaży można znaleźć zdania mówiące o tym, aby traktować każdego klienta jak potencjalnego, wymarzonego, wartego wiele milionów. Podawane są też przykłady, kiedy niepozorna gospodyni domowa w hipermarkecie okazała się milionerką, a klient w dżinsach i kraciastej koszuli w salonie mercedesa dyrektorem wielkiej korporacji. Uprzejme ich potraktowanie przez sprzedawcę przyniosło w końcowym efekcie wielotysięczne zyski firmie i, oczywiście, znaczną prowizję dla uprzejmego sprzedawcy.

Można by tę zasadę przetransponować na całe życie. Nigdy nie będziesz pewien, kto tak naprawdę stoi na Twojej drodze. Świat może nie jest pełen księżniczek zaklętych w żaby i brzydkich kaczątek, ale warto pamiętać, że przypadki zdarzają się tylko tym, którzy są przygotowani na zaistnienie przypadku.

●● chwila refleksji:

Opowieści o władcy, który chciał poznać sekrety sławy, bogactwa i sukcesu

Był sobie pewien bardzo mądry władca, który słynął ze swojej sprawiedliwości, mądrości, uczciwości i – co równie ważne – przebiegłości. Wszyscy obywatele tego królestwa w pełni korzystali z tak wspaniałego władcy, bo zawsze miał dla nich czas, a każdego, kto prosił o posłuchanie, przyjmował natychmiast i starał się załatwić jego sprawę.

Starzy ludzie w królestwie mówili, że wiele lat temu poprosił mądrego mnicha z gór o radę, jak podejmować dobre decyzje, a ten kazał królowi zastanowić się nad odpowiedziami na trzy pytania:

– Kiedy jest najlepszy moment dla tej sprawy?

– Kto jest w tej sprawie najważniejszy?

– Co jest w tej sprawie najważniejsze?

Król wiele lat medytował, ale podobno odpowiedział na wszystkie pytania.

Tak się złożyło, że śmierć zabrała do siebie jednego z najbardziej zaufanych doradców króla i w najwyższej radzie królewskiej zwolniło się jedno miejsce. Starało się o nie kilku naczelników prowincji, książąt i duchownych. Szczególnie dużo pozytywnych opinii docierało do władcy o pewnym księciu z górskiej prowincji. Był podobno niezwykle mądry, hojny i bardzo gościnny. Zawsze na pierwszym miejscu stawiał sprawy ludu i swoich obywateli. Opowiadano, że każdy może przyjść do jego pałacu ze skargą na urzędników; że podejmuje u siebie w pałacu każdego nieznajomego tak wystawnie i tak serdecznie jak najlepszego przyjaciela.

„Ktoś taki przydałby mi się w radzie" – pomyślał król i – co nie było dla nikogo zaskoczeniem – skierował do księcia list zapowiadający swoją wizytę. Nie ukrywał też celu wizyty, którym było sprawdzenie, czy kandydat nadaje się do rady.

Chcąc jednak przekonać się o prawdziwości zasłyszanych opinii o niezwykłej empatii i gościnności księcia, postanowił pójść tam w przebraniu ubogiego rolnika i poprosić o wsparcie. Tak się szczęśliwie złożyło, że książę był przed pałacem i osobiście doglądał przygotowań na przyjazd króla, a na pokornie proszącego o posłuchanie wieśniaka nie zwrócił najmniej-

szej uwagi. Nie wykazał nim żadnego zainteresowania, nie mówiąc już o jakiejkolwiek hojności czy serdeczności. Na odchodnym król dowiedział się od służby, że jako tak natrętny wieśniak powinien się cieszyć, że nie został obity i poszczuty psami, co nie było podobno rzadkością na dworze księcia.

– Przyjdź kiedy indziej – usłyszał król od służby – może za tydzień.

Następnego dnia król – również w przebraniu – we wspaniałych szatach, obwieszony ozdobami i skropiony pachnidłami zsiadł z pięknego konia i stanął przed obliczem księcia.

Tym razem było rzeczywiście tak, jak niosła dworska fama: książę podjął gościa z głębokimi ukłonami, zaprosił do środka, usadził na miękkich jedwabiach, poczęstował herbatą miętową i daktylami; długo i serdecznie rozmawiał, okazując ogromne zainteresowanie. Potem wydał na cześć gościa ucztę z wyszukanymi przysmakami i winami.

Gość z ogromną wdzięcznością przyjął zaproszenie do stołu, ale zamiast jeść i pić, wszystkie potrawy wyrzucał na swoje drogie ubranie, a winem z kielichów polewał rękawy szaty i pierścienie na rękach.

Książę przestraszył się, że gość dostał pomieszania zmysłów, i zapytał z ogromnym lękiem w głosie, co to ma znaczyć. Wtedy król zdjął przebranie i został rozpoznany. Zobaczywszy ogromny przestrach w oczach księcia, powiedział do niego bardzo spokojnie i bez najmniejszego wyrzutu:

– Byłem u ciebie wczoraj w chłopskich łachma-
nach, ale nie miałeś dla mnie czasu i nie dałeś mi
nawet okruszyny chleba. Dla twojej sprawy wczoraj był najlepszy czas. Ten ubogi wieśniak, który
stanął przed tobą, powinien być wtedy dla ciebie
najważniejszy. A co ty powinieneś zrobić? Okazać
mu troskę i współczucie. Dzisiaj, kiedy się porząd-
nie ubrałem, jesteś hojny i masz dla mnie czas, oka-
zujesz zainteresowanie. Ponieważ dzisiaj jestem tym
samym człowiekiem, którym byłem wczoraj – twoim nieznajomym, to zadałem sobie pytanie, co się
zmieniło od wczoraj. I tak sobie myślę, że jedyne,
co się zmieniło, to moje szaty. A zatem twoja uwaga, troska i ta uczta nie są dla mnie przeznaczone,
ale dla moich szat i moich pierścieni. A zatem niech
one ucztują.

● sekunda mądrości:

Kiedy jest najlepszy moment dla tej sprawy? Właśnie teraz.
Kto jest w tej sprawie najważniejszy? Ten, kto jest z tobą.
Co jest w tej sprawie najważniejsze? Troska i współczucie.

Są wokół Ciebie ludzie zupełnie Ci obojętni, ale od Ciebie zależni: pracownicy, współpracownicy; ci, od których kupujesz i którym płacisz. A jak płacisz, to wymagasz. To dobrze, wymagaj, ale bądź sprawiedliwy.

Nie wykorzystuj swojej pozycji do zmiany warunków i reguł gry. Nie zmieniaj jednostronnie umowy, nie oszukuj; nie dopisuj czegoś drobnym drukiem z tyłu strony. Od tego będzie zależała opinia o Tobie.

Każdy człowiek pragnie mieć poczucie ważności i dumy ze swojej pracy. Każdy nosi w sobie emocjonalną potrzebę „ważności". Dlatego powinien wiedzieć, w jaki sposób jego praca – nawet na najniższym szczeblu – wpisuje się w większą całość planów i strategii całej firmy.

Pracownicy muszą także wiedzieć, jakie kryteria i wartości są dla firmy najważniejsze i jak wyglądają dobrze wykonane obowiązki. Potrzebują znać nie tylko bieżące zadania i cele, ale także dalekosiężne ambicje przedsiębiorstwa, jego wizję i misję.

Wyznaczanie jasnych celów i oczekiwań oraz zauważanie wysiłków i wyrażanie szczerego uznania dla każdego Twego pracownika powinno być dla Ciebie priorytetem w relacjach z nimi.

Powinieneś zawsze zauważać, doceniać i wyrażać uznanie pracownikom nie tylko za wyrastające ponad przeciętną niekonwencjonalne, innowacyjne myślenie, za dążenie do doskonalenia w sposobie wykonywania swoich zadań, ale także za zwykłe, codzienne, rutynowe wykonywanie obowiązków. Powinieneś wysyłać wyraźnie komunikaty, że widzisz i szanujesz ich wysiłek.

Zajmując znaczące stanowisko, zaczynasz mieć tzw. złudzenie kontroli, czyli przekonanie, że możesz wpływać na takie wydarzenia, które w rzeczywistości są poza Twoją kontrolą i zależą od przypadku lub innych ludzi.

Z Twojego wysokiego miejsca, jakie zajmujesz w hierarchii firmy, hierarchii społecznej, nie doceniasz trudności, jakie są na dole. Stąd bierze się dość irytujący dla podwładnych fakt, że szefowie nie przyjmują do wiadomości, że czegoś nie da się zrobić.

Posiadając władzę, będziesz miał tendencję, aby myśleć o swoich podwładnych w sposób stereotypowy i powierzchowny; aby postrzegać swoich pracowników jako mało kompetentnych. Dzięki temu sam poczujesz się bardziej kompetentny i zasługujący na władzę. Oni często odwdzięczają się tym samym.

Twój charakter jako przełożonego ma ogromne znaczenie dla efektów pracy Twoich podwładnych i warunków pracy, w jakich pracują. To tak zwana „atmosfera w pracy". Niestety, bardzo często zdarza się, że szefowie są apodyktyczni, nietolerancyjni oraz niewyrozumiali dla swoich pracowników.

Zapamiętaj sobie typy szefów, których podwładni nie darzą sympatią i miej się na baczności:

- **właściciel** – oczekuje tylko poświęcenia dla firmy – ten typ szefa dotyczy osoby, która swoją ciężką pracą tworzyła tę firmę od podstaw. Dlatego też, jeśli pracownik nie traktuje swojej pracy jako jedynego powołania, które wymaga poświęcenia, ma jakieś życie rodzinne – to nie powinien liczyć na uznanie, awans czy podwyżkę;

- **perfekcjonista** – wiecznie niezadowolony z efektów – nie ma dla niego żadnych granic i terminów, jeśli chodzi o poprawianie najdrobniejszych szczegółów oraz doskonalenie;
- **pracoholik** – taki szef charakteryzuje się stawianiem przed podwładnymi wygórowanych wymagań. Sam pracuje zaledwie 24 godziny na dobę i tego samego oczekuje od innych. To ten szef wymyślił biurko z funkcją rozkładanego miejsca do spania pod blatem, aby nie tracić czasu na dojazdy do domu;
- **choleryk** – nie mówi, tylko krzyczy z szybkością karabinu maszynowego. Żyje w przekonaniu, że nic tak nie motywuje ludzi do pracy, jak regularne sztorcowanie, pionowanie i krytyka. Uznanie i pochwała to słowa, których nie ma w jego słowniku;
- **podejrzliwy** – stara się monitorować pracownika na każdym kroku, ma bardzo ograniczone zaufanie wobec podwładnych, dlatego wszędzie instaluje kamery „dla bezpieczeństwa". Liczy zużycie spinaczy i rolki papieru toaletowego;
- **niekomunikatywny geniusz** – nie potrafi w jasny sposób wytłumaczyć danej rzeczy, która dla niego jest „prosta jak bułka z masłem", dla innych jednak niekoniecznie. Używa skrótów myślowych i zupełnie nie mówi, o co mu chodzi, a potem ma ogromne pretensje, że pracownikom nie udało się tego odgadnąć.

●● chwila refleksji:

*Król miał pewną słabość – uwielbiał smoki.
Wszystkie komnaty w jego pałacu były ozdobione
obrazami przedstawiającymi smoki. Smoki wień-
czyły też wszystkie kolumny. Na pałacowych dzie-
dzińcach stały smoki w kamieniu i odlane z brązu.
Każda ulica stolicy nosiła imię jakiegoś smoka,
a każde miasto w królestwie musiało mieć w herbie
smoka.*

*Pewnego dnia władca dowiedział się, że w jego
królestwie żyje wybitny artysta, który specjalizuje
się w malunkach tuszem, a smoka namalowanego
tą techniką władca jeszcze nie miał w swoich zbiorach.*

*Niewiele myśląc i łamiąc dworska etykietę, wy-
brał się z najbliższymi dworzanami do malarza.*

*– Namaluj mi smoka, bo bardzo lubię te stwo-
rzenia – polecił krótko władca. – I zrób to tak, aby
wywarł na mnie wrażenie.*

*Artysta, nieco przestraszony niespodziewaną wi-
zytą, przytaknął z ogromną pokorą, a król powrócił
do pałacu i swoich licznych obowiązków.*

*Mijały dni i miesiące. Król był tak zajęty spra-
wami państwowymi, że dopiero po trzech latach
przypomniał sobie o malarzu i o fakcie, że do tej
pory nie otrzymał smoka. To go bardzo zdener-*

wowało, bo poczuł się zlekceważony. Postanowił natychmiast pociągnąć malarza do odpowiedzialności.

– Dlaczego do tej pory nie namalowałeś mojego smoka?! Gdzie jest mój smok?! – krzyczał cesarz już od progu domu malarza.

– A... tak, twój smok, panie... – zaczął się jąkać artysta. – Już, już... chwileczkę... Rysuję...

Następnie wziął duży arkusz papieru ryżowego, tusz, pędzelek i w ciągu paru sekund kilkoma niezwykle sprawnymi pociągnięciami namalował wspaniałego smoka.

Król tak się przeraził, że zaniemówił i zdrętwiał ze strachu, kiedy go zobaczył. Ale z drugiej strony był zachwycony. Stał i patrzył oniemiały. Na jego twarzy malowały się przerażenie i zachwyt. Widział wiele rysunków smoków, ale czegoś równie pięknego jak dotąd nie. Widać było, że rysunek zrobił na nim ogromne wrażenie.

Jeszcze większe wrażenie zrobiła na królu kwota, jakiej zażądał artysta. Nawet jak na państwową kieszeń była to suma wręcz astronomiczna.

Tym razem władca był oburzony:

– Jak możesz żądać tak wygórowanej kwoty za rysunek?

– To jest moja cena, panie. Jestem najlepszym malarzem w kraju – odparł z pokorą artysta.

– Tak, wiem – zgodził się król – ale tego smoka namalowałeś w ciągu paru sekund bez większego *wysiłku. Dlaczego chcesz za to tyle pieniędzy? – kręcił głową zbulwersowany. – To niedopuszczalne.*

– Czy masz, panie, równie trafny rysunek smoka w swoich zbiorach? – zapytał.

– Nie – odparł nieco zaskoczony władca.

– Czy znasz istniejący gdziekolwiek, w jakichkolwiek zbiorach na świecie równie piękny rysunek?

– Nie.

– Czy znasz kogoś, jakiegokolwiek malarza, który namalowałby równie pięknego i groźnego smoka za pomocą tych paru linii?

– Nie.

– To w takim razie mój smok jest najwspanialszy; ja jestem najlepszym malarzem i jest on wart wszystkich pieniędzy – zakończył pewnie artysta.

– No dobrze, może masz rację, ale żądać takiego honorarium za parę sekund pracy? – król wciąż nie mógł się z tym pogodzić.

Wtedy artysta poprosił króla, aby zechciał wejść do jego domu. Król był nieco zaskoczony, ale wszedł – i to, co zobaczył, jeszcze bardziej go zaskoczyło. Wszędzie, we wszystkich pomieszczeniach znajdowały się stosy papierów z rysunkami, a na wszystkich widniały smoki. Tysiące nieudanych rysunków smoków.

– Widzisz, panie – zwrócił się do niego malarz – moja cena jest uczciwa i sprawiedliwa. To, co wydawało ci się rzeczą niezwykle prostą, niewymagającą wysiłku, kosztowało mnie bardzo wiele: trzy *lata wytężonej pracy. Potrzebowałem wiele czasu, pracy, papieru i tuszu; wiele godzin przemyśleń i medytacji; tysiące nieudanych prób i tysiące momentów zwątpienia, aby teraz, w ciągu paru chwil, na poczekaniu narysować smoka, który tak ucieszył twoje oko i serce.*

● sekunda mądrości:

Praca na drodze do celu jest jak woda w wierconej studni –
na początku długo mętna, ale później się klaruje

– *uczy Mencjusz.*

Będziesz spotykał się także z ludźmi, których z jakiegoś powodu nie lubisz, nie cierpisz, którzy mają nad Tobą władzę. Władzę ekonomiczną, hierarchiczna, duchową, emocjonalną. Którzy Twoim zdaniem będą chcieli Cię zniszczyć, upokorzyć, ośmieszyć. Którzy będą odczuwali małpią satysfakcje, kiedy Ci dokuczą, powiedzą coś złego, sprawią Ci przykrość. Będziesz ich uważał za swoich wrogów i przeciwników. Ale czy tak jest naprawdę?

Bardzo często nasze problemy z drugim człowiekiem wynikają z tego, że nie możemy zaakceptować nie tego człowieka, ale pewnego wyobrażenia o nim, które sami stworzyliśmy w naszym umyśle. Tworzymy takie wyobrażenia na podstawie obserwacji zachowań, opinii innych ludzi, analizy sytuacji. Często widzimy w tym człowieku swoje cechy i coś nas odpycha. A sam człowiek, kiedy z nim porozmawiamy, poznamy bliżej, okazuje się zupełnie inny.

Jeszcze częściej nie akceptujemy poglądów tego człowieka. Bo są inne od naszych – przez to gorsze i głupsze. Ma inne zdanie – krytyczne i nieentuzjastyczne – przez to wrogie i zawistne. Nie pochwala tego, co robimy i ośmiela się mieć pretensje.

Bywa, że nosimy w sercu zadrę i ból, bo coś nam zrobił. Jak mógł? Czemu nie przyjdzie i nie przeprosi? A on o tym nic nie wie. Nie zdaje sobie z tego sprawy. Gdyby wiedział, na pewno postąpiłby inaczej.

Naucz się wybaczać, odpuszczać, nie zajmować błahostkami i nieistotnymi problemami. Nie utrzymuj i nie pielęgnuj w sobie żalu i smutku, bo po pewnym czasie ulokują się w Twoim ciele jako choroby. Nigdy też nie zajmuj się swoimi nieprzyjaciółmi i wrogami. Nie myśl o nich, nie obmawiaj i nie osądzaj. Nie poświęcaj im czasu Nie warto. Nie będziesz miał i tak na nich wpływu.

Ważne, aby zdać sobie sprawę, że do określonych relacji między dwojgiem ludzi potrzebne są dwie strony. On i Ty. Na kogo masz wpływ? Oczywiście na siebie. Zmieniając swój stosunek do zagadnienia, sytuacji, osoby, zmienisz te relacje. A o to chodzi...

Jeżeli będziesz wiedział, jakie relacje mają Cię łączyć z daną osobą, nie znajdziesz się nigdy w niechcianej, kłopotliwej, dwuznacznej sytuacji. Jeżeli będziesz sobie „życzył" jakiejś sytuacji, nigdy nie znajdziesz się w sytuacji, której sobie nie życzysz.

●● chwila refleksji:

Ale to nie była jedyna słabość króla. Król był wysoki, bardzo przystojny i dobrze zbudowany. Z tego zaś powodu nieco próżny, co jednak nie znaczy, że nie był mądry.

Pewnego dnia, stojąc przed lustrem i poprawiając ułożenie swoich szat, przyjrzał się sobie i zapytał żonę:

– Jak myślisz, czy jestem piękny?

– O tak – z zapałem odpowiedziała żona – jesteś bardzo piękny.

– A czy książę z Burgundii nie jest piękniejszy ode mnie?

– O nie. Jesteś o wiele piękniejszy od niego. Książę nie może się z tobą porównywać.

Żona jeszcze raz rzuciła fachowym okiem na króla i potwierdziła bardzo stanowczo: – Jesteś dużo piękniejszy.

Ponieważ jednak książę Burgundii słynął w całym królestwie z urody, król nie dowierzał żonie i zapytał swoją nałożnicę.

– Jesteś najprzystojniejszy i dużo piękniejszy. Książę nie może ci podać nawet szklanki wody – odparła.

Ale ta odpowiedź, o dziwo, też nie uspokoiła króla. Na najbliższym posiedzeniu rady ministrów *zarządził głosowanie – tajne – nad punktem, czy jest najpiękniejszy w królestwie.*

Wszystkie głosy były na tak, przy jednym głosie wstrzymującym się. Głosie samego króla.

W kilka dni później książę Burgundii zjawił się na dworze. Król przyglądał mu się bardzo uważnie i doszedł do wniosku, że jednak to on jest najpiękniejszy. Popatrzył jeszcze raz w lustro i doszedł do wniosku, że trudno mu się z nim porównywać. O dziwo, to go bardzo uspokoiło. Ale inna myśl zaczęła kołatać mu się w głowie: dlaczego tak wielu ludzi i to ludzi mu najbliższych, nie powiedziało mu prawdy w tak błahej sprawie? To co dopiero musi być w sprawach ważnych. Nie znalazł na to wytłumaczenia i zwrócił się – jak to zwykle robią królowie – do swojego najmądrzejszego doradcy. Ten bez zastanowienia odparł:

– Królu. Twoja żona jest w tobie zakochana, a przez to zaślepiona z miłości. Twoja nałożnica chce wyciągnąć z tego związku korzyści i sowitą nagrodę. Jesteś dla niej najpiękniejszy, bo stoisz przy niej „na swoim portfelu". Twoi ministrowie lękają się twojego gniewu, a jeszcze bardziej boją się o swoje stanowiska.

– Ale głosowanie było przecież tajne – przerwał mu król – mogli więc zagłosować szczerze.

– Królu, twoi ministrowie dobrze znają stare powiedzenie: „Nieważne, kto głosuje, ważne, kto zbiera i liczy głosy" – dlatego byli bardzo przezorni.

Jeżeli chcesz choć trochę zbliżyć się do prawdy,
powinieneś pytać ludzi, nad którymi nie masz władzy,
którzy od ciebie nie zależą,
a nawet tych, którzy są ci nieprzychylni.

Relacje między ludźmi dobrze określa śmiech, humor i dowcip. Jeżeli ludzie potrafią śmiać się ze sobą, we dwoje, w rodzinie, w firmie – to jest to najlepszy miernik dobrych stosunków między nimi. Śmiech jest takim swoistym komunikatem: „dobrze mi z tobą", „jestem sobą", „lubię ciebie".

Jeżeli w firmie ludzie są uśmiechnięci, nie stronią od dowcipów, mówią tym samym: lubię swoją pracę, jestem z niej zadowolony, otwarty na nowe koncepcje, jestem twórczy i elastyczny. Jestem zaangażowany w moją pracę, bo czuje się w niej dobrze. Jest to moja decyzja wewnętrzna i nikt nie musi zmuszać mnie do pracy.

Poczucie humoru jest wielkim darem od Boga i nie ma nic wspólnego z głupotą, ośmieszaniem, durnowatymi żartami robiącymi drugiemu człowiekowi krzywdę.

Poczucie humoru jest zawsze związane z inteligencją, poczuciem własnej dużej wartości. Ludzie, którzy potrafią śmiać się ze swoich przywar, cech, potrafią żartować z siebie, rzadko na tym tracą. Wręcz przeciwnie, zyskują. Funkcjonują w różnych zespołach bez zgrzytów i z radością są tam witani jako stabilizatory optymizmu, elastyczności, swoiste zawory bezpieczeństwa.

Jeżeli kierujesz ludźmi, zawsze dbaj o to, aby czuli się dobrze ze sobą i z Tobą. Pracownicy potrzebują czuć się dobrze w obecności swoich liderów. Obserwują, czy ich słowa mają odzwierciedlenie w czynach i czy podejmowane decyzje są sprawiedliwe. Stworzenie środowiska, w którym pracownicy będą szczęśliwi, zadowoleni, usatysfakcjonowani, to twoje zadanie.

Skuteczne budowanie „atmosfery" wśród pracowników wiąże się przede wszystkim z otwartą komunikacją. Powinna ona być jasna na każdym szczeblu Twojego przedsiębiorstwa, tak aby każdy pracownik był świadomy, co wokół niego się dzieje. Najlepsi menedżerowie są przywódcami dbającymi o nieustanny, bezpośredni dialog ze swoimi podwładnymi. Wyczuwają wtedy szybko nastroje w zespole; szybko reagują, a to przekłada się na skuteczność i efektywność.

Dla swoich podwładnych musisz być mentorem, a nie tyranem, który każe po godzinach zostawać w pracy. Presja nie zwiększa efektywności działań, ale zachęci do jej pozorowania i wejścia w bierny opór. Zrywa się relacja między przełożonym a podwładnymi. A przecież nie o to chodzi. Jeśli pracownik wie, że robi coś dobrze i spotka się z Twoim uznaniem, będzie to kontynuował lub jeszcze bardziej dążył do doskonałości. Błędy nie mogą być jedynym punktem uwagi menedżera, a jeżeli wystąpią, warto nauczyć się metod krytyki konstruktywnej – motywującej. I tu może być przydatny śmiech, humor i dowcip.

Sukces firmy wynika z motywacji i zaangażowania pracowników; z ich nastawienia emocjonalnego, a na to wpływa atmosfera w miejscu pracy. Kluczowym czynnikiem tej atmosfery jest szef, jego inteligencja emocjonalna, umiejętność „zarażania" pozytywnymi emocjami i optymizmem. Jeżeli szef jest uważny, otwarty i pomocny, co nie wyklucza jego wymagań i stanowczości, kiedy trzeba, to budowane w ten sposób relacje będą miały decydujący wpływ na współpracę i osiągane rezultaty.

Zadbanie o odpowiednią atmosferę entuzjazmu, wzajemnej pomocy i zdrowej konkurencji przyczyni się zawsze do wysokiego morale, sprawności działania i dochodowości firmy. To, jak często ludzie śmieją się ze sobą, jest miernikiem, w którym miejscu na drodze budowania tej atmosfery jesteś. Kiedy relacje między ludźmi się psują, pierwszy znika śmiech.

Zaplanuj – jako jeden z elementów sukcesu – idealne stosunki z otaczającymi Cię ludźmi, współpracownikami, przyjaciółmi, znajomymi, dalszą rodziną. Aby mogli to być dla Ciebie zawsze pomocni ludzie. Zastanów się, czego pragniesz, czego oczekujesz.

Przeanalizuj sytuacje już istniejące i zacznij wprowadzać do nich – konsekwentnie – zaufanie, szczęście, zadowolenie, obopólną satysfakcję.

Wyobraź sobie sytuacje, które mogą nadejść. Ale też nie oczekuj w zamian zbyt wiele. Nie licz na wdzięczność i zrozumienie swoich starań. Oszczędzisz sobie wielu frustracji i chwil rozczarowań. Kieruj się zawsze zasadą ograniczonego zaufania. W pracy – tak jak w relacjach z drugim człowiekiem – bez zaufania obu stron sukces jest niemożliwy. Podwładni

powinni ufać pracodawcy, a i on musi darzyć zaufaniem podwładnych.

Co jednak w sytuacji, kiedy szef nie do końca jest przekonany do lojalności pracownika albo odwrotnie: bezgranicznie
mu ufa?

Istnieje subtelna różnica pomiędzy zaufaniem a naiwnością.
Prędzej czy później naiwność zostanie ukarana – gdyż świat
jest „normalny", czyli bezwzględny. Świat nie jest idealny,
ludzie nie są kryształowi i nie ma prostych rozwiązań na
wszystko.

Naiwność zawsze związana jest ze stratą. Nie można być
naiwnym bez konsekwencji. Musimy umieć zauważyć kolejne
przypadki oszukiwania nas przez ludzi, kolejne niepowodzenia w misji naprawy świata i najbliższego otoczenia, kolejne
porażki we wdrażaniu genialnie prostych pomysłów.

Jeżeli nie, możemy stać się życiowymi głupcami, dla których prawo grawitacji czy konieczność wzięcia pokwitowania
za wpłatę pieniędzy będzie niemoralna i aspołeczna.

Stosuj zasadę ograniczonego zaufania wobec wszystkiego
(nawet siebie). Ufaj, ale nie bezgranicznie. Zawsze zostaw sobie margines na to, że zostaniesz oszukany przez los, przez
ludzi, przez siebie.

Za każdym razem wkalkuluj w sprawę koszty swojego zaufania. Zabrzmi to nieprzyjemnie, ale nawet wobec najbliższych zostaw sobie możliwość tego, że Cię zawiodą. Ufaj, że
nie zrobią tego ze złej woli – ale mogą to zrobić.

Ludzie z bagażem doświadczeń często przestają ufać przy-
padkowym ludziom, ale mają grono najbliższych osób, którym
ufają bezgranicznie. I nie daj boże zawieść to zaufanie. Naj-

drobniejsza rysa czy potknięcie to koniec przyjaźni! Koniec wszystkiego! Nienawiść, ból i odwet.

Ufaj ludziom, ale nawet najbliższym zostaw prawo do nadużycia zaufania. „To nieetyczne, bo mu nie ufam, bo dopuszczam myśl o oszukaniu".

Nazwij to inaczej: ufaj, że są normalnymi ludźmi. Więc mają prawo do słabości, do błędu, do ulegania skłonnościom. I dlaczego to nie mieliby popełnić błędu wobec Ciebie?

Kim jesteś, żeby od kogokolwiek wymagać idealności? „Errare humanum est". Takie podejście może zaszokować Twoich bliskich, współpracowników, ludzi, których kochasz:

– Jak to? To podejrzewasz mnie o nieuczciwość? Podejrzewasz mnie, że mogę zrobić Ci świństwo?

– Nie, zupełnie nie, ja tylko jestem pewny, że jesteś normalnym człowiekiem i akceptuję to.

● ● chwila refleksji:

Te wszystkie zdarzenia uczyły króla mądrości i rozwagi. Pomimo, że rządził on małym państwem, zwanym Królestwem Cabernet Sauvignon, starał się to robić dobrze i mądrze.

Jak się nie trudno domyśleć, jego królestwo żyło z wina, bardzo dobrego wina i było bardzo bogate. Jak okiem sięgnąć, wzgórza pokryte były winnica-

mi, a wszyscy jego poddani pracowali przy uprawie winorośli i produkcji tego znakomitego wina.

Jak już wspomniałem, wino było cenione w sąsiednich krajach i bardzo dobrze się tam sprzedawało. Eksport umożliwiał dwudziestu tysiącom rodzin zamieszkujących Cabernet Sauvignon bardzo dostatnie życie. Zarabiali wystarczająco dużo, aby mogli spokojnie płacić podatki, zagwarantować sobie odpowiednie wykształcenie i opiekę medyczną, a także pozwolić sobie od czasu do czasu na różne luksusy.

Ulubionym zajęciem króla było studiowanie finansów swego królestwa i opracowywanie różnych regulacji podatkowych. Król był sprawiedliwy i wyrozumiały, i nie lubił sięgać do kieszeni swoich poddanych, dlatego usilnie pracował nad podatkami, ale – co bardzo nietypowe dla władcy – nad sposobem ich obniżenia.

Któregoś dnia wpadł na pewien pomysł. Ponieważ rządził tak mądrym, pracowitym i uczciwym ludem, postanowił znieść podatki. Jednak, aby pokrywać niezbędne wydatki stanu, wprowadził pewną kontrybucję. Raz w roku każdy poddany będzie zobowiązany – w okresie rozlewania wina – przynieść do ogrodów królewskich pięciolitrowy dzban najlepszego wina ze swojej winnicy i wlać go do ustawionej tam w danym dniu wielkiej kadzi.

W ten prosty sposób ze sprzedaży i eksportu stu tysięcy litrów wina zostaną uzyskane pieniądze potrzebne na budżet kraju: potrzeby króla, wydatki sanitarne i edukację ludu.

Król wydał więc dekret, który niezwłocznie porozwieszano na głównych ulicach miast. Radość poddanych była nieopisana. W każdym domu chwalono mądrość króla i śpiewano pieśni na jego cześć. W każdej winiarni wznoszono kielichy za zdrowie i długie życie sprawiedliwego władcy. Obywatele nie ukrywali, że są dumni z obdarzonego zaufania i że nigdy nie zawiodą króla.

Nadszedł dzień kontrybucji. Przez cały tydzień w osiedlach, na rynkach, placach i w kościołach mieszkańcy przypominali sobie nawzajem i zaznaczali, aby nikogo nie zabrakło. Ta w pełni obywatelska postawa mieszkańców była najlepszą zapłatą za prawdziwie królewski gest władcy.

Od najwcześniejszych godzin porannych przybywały z całego królestwa rodziny winiarzy. Przedstawiciele, głowy rodzin trzymali w rękach stosownej wielkości dzbany. Jeden za drugim powoli i ostrożnie wspinali się po wysokiej drabinie na wysoką platformę, ze szczytu której wlewali wino do ogromnej kadzi królewskiej. Po wlaniu wina schodzili drugą drabiną, gdzie u podnóża czekał na nich królewski skarbnik, który na liście odnotowywał obecność i dawał każdemu z wieśniaków metalowy herb ze znakiem króla.

Po południu, kiedy ostatni z poddanych opróżnił swój dzban, skarbnik ogłosił, że nikogo nie zabrakło. Ogromna kadź napełniła się stoma tysiącami litrów wina. Począwszy od pierwszego i skończywszy na ostatnim, każdy z poddanych zjawił się na czas w królewskich ogrodach, opróżniając swój dzban wina.

Król był szczęśliwy: dumny i usatysfakcjonowany. Po zachodzie słońca, kiedy cała ludność skupiła się na placu przed pałacem, ukazał się na balkonie. Wszyscy byli uszczęśliwieni. Trzymając w dłoni piękny kryształowy kielich, dziedzictwo rodowe, rozkazał służbie nalać sobie na spróbowanie zebranego wina i podczas, kiedy służący z kielichem podążył w kierunku kadzi, przemówił:

– Ludu Cabernet Sauvignon. Tak jak się spodziewałem, jesteście wspaniali. Wszyscy przybyliście dzisiaj do pałacu wypełnić obowiązek. Chcę podzielić się z wami moją radością, radością całego królestwa, w którym lojalność ludu do swego króla jest tak samo wielka, jak lojalność króla do poddanych. Nie przychodzi mi do głowy żaden lepszy sposób, aby to uczcić, jak wznieść toast za was – moich poddanych, pierwszym kielichem tego waszego wina, które z pewnością przypomina królewski nektar. Jest kwintesencją najlepszych winogron świata podlewanych największym dobrem królestwa, to znaczy, miłością ludu.

To krótkie przemówienie wzruszyło wszystkich. Ludzie płakali i wiwatowali na cześć króla. Służący podał kielich władcy, który wziął go do ręki i chciał wznieść toast za euforycznie oklaskujący go lud, ale zdziwienie nie pozwoliło mu na podniesienie ręki. Biorąc kielich, król zauważył, że wypełniony był bezbarwnym płynem. Powoli zbliżył kielich do nosa przyzwyczajonego do wąchania aromatu najlepszych win i stwierdził, że nie ma żadnego zapachu.

Natychmiast obok zjawił się nadworny degustator. Podobnie jak król, zbliżył kielich do ust prawie automatycznie i pociągnął łyk wina. Jego zdziwiona mina mówiła wszystko. Wino nie miało smaku wina ani niczego podobnego!

Król posłał po drugi kielich wina z kadzi, następnie jeszcze jeden i na koniec sam wdrapał się na platformę, aby osobiście spróbować z górnej jej powierzchni. Za każdym razem płyn był bezwonny, bezbarwny i bez smaku. Rozkazał, aby wezwano natychmiast królewskich alchemików w celu przebadania składu wina. Wynik ekspertyzy był jednoznaczny – kadź była wypełniona wodą. Najczystszą wodą. Sto procent wody. Sto tysięcy litrów wody.

Władca rozkazał wezwać natychmiast wszystkich mędrców i magów królewskich na naradę. Trzeba znaleźć przyczynę, jakieś wytłumaczenie tego niezwykłego zdarzenia. Czy to jakieś zaklęcie, reakcja chemiczna czy czary spowodowały, że ta mieszanka win zamieniła się w wodę?

Kiedy rada radziła, a jej członkowie prześcigali się w próbach wyjaśnienia przemiany wina w wodę, najstarszy z ministrów rządu podszedł do króla i szepnął mu do ucha:

– Panie, to nie cud, nie zaklęcie ani alchemia. Nic z tego, Panie, nic z tego. Obywatele Cabernet Sauvignon. – Twoi, Panie, poddani – to przede wszystkim normalni ludzie. I to wszystko.

– Co chcesz przez to powiedzieć? Nie rozumiem – odrzekł król.

– To, że mając okazję, postanowili ją wykorzystać.

– Dalej nie rozumiem – odparł król.

– Weźmy na przykład Bertucia – powiedział minister. – Bertucio posiada największe winnice w naszym księstwie. Winogrona, które uprawia, należą do najlepszych w całym królestwie, a jego wino sprzedaje się najlepiej i najdrożej.

Dzisiejszego ranka, kiedy wybierał się ze swoją rodziną do miasta, żal mu się zrobiło tego dzbana wina. Pomyślał: „A jeśli naleję do dzbana wody, zamiast wina? Kto wyczuje różnicę? Tylko jeden dzban wody na sto tysięcy litrów wina. Nikt nie poczuje różnicy! Nikt!".

I nikt by nie wyczuł, gdyby nie jeden szczegół, Wasza Wysokość, gdyby nie jeden szczegół: wszyscy Twoi szlachetni i uczciwi poddani pomyśleli tak samo.

Te drobne niepowodzenia w zarządzaniu dobrami królestwa nie podważyły zaufania do podwładnych, nie zniechęciły władcy do innych ciekawych eksperymentów fiskalno-finansowych i nie spowodowały zmiany pewnych zwyczajów w królestwie.

Król miał mądrych doradców i urzędników, którym dawał duże uprawnienia i powierzał różne samodzielne zadania. Śmiech, dowcip i humor gościły często na obradach rady ministrów, a sam król nie wtrącał się w wiele spraw i wszyscy byli zadowoleni.

Posunął się nawet do tego, że kanclerzowi i kilku ministrom godnym najwyższego zaufania, nie zważając na protesty królewskiego skarbnika, powierzył klucze do skarbca. Co warto zaznaczyć, miał bardzo duży i dobrze zamykany skarbiec. Król ufał im bezgranicznie, dając pełnomocnictwa do swobodnego dysponowania dobrami – oczywiście dla potrzeb królestwa, co zawsze powinno być zaksięgowane i dobrze udokumentowane. Całą pieczę nad skarbcem sprawował królewski skarbnik, który był wieloletnim wiernym sługą króla i człowiekiem o nieposzlakowanej uczciwości i opinii.

Pewnego jednak dnia skarbnik królewski poinformował króla, że comiesięczna inwentaryzacja wykazała brak kilkunastu sztuk złota.

Król w pierwszej chwili zarządził powtórne przeliczenie złota, a wszystko złożył na karb pomyłki. Tych kilkanaście sztuk złota stanowiło zresztą minimalny ułamek promila bogactwa znajdującego się w skarbcu. Powtórne przeliczenie wykazało jednak, bez cienia wątpliwości, brak złota.

Król, nie chcąc rzucać podejrzenia na kogokolwiek, całą sprawę postanowił zatuszować i nie nagłaśniać, a skarbnikowi polecił pilną obserwację skarbca. Minął spokojny miesiąc i nie zaobserwowano niczego dziwnego. Do skarbca wchodziły tylko uprawnione osoby, wpisywały, co wnoszą i wynoszą, i było to potwierdzane w stosownej księdze.

Kiedy jednak przyszła kolejna inwentaryzacja, brakowało ponownie kilkunastu sztuk złota. Nie było wątpliwości: w najbliższym otoczeniu króla, w gronie najbardziej zaufanych jest złodziej, który zakrada się potajemnie do skarbca.

Król był w nie lada kłopocie. Śledztwo policji królewskiej nie wchodziło w grę ze względu na pozycję podejrzanych i rozgłos, jaki nadałoby to sprawie.

Jak zatem znaleźć złodzieja, nie rzucając podejrzeń na uczciwych ludzi? Co z zaufaniem, którym ich obdarzył? Nie może teraz odebrać wszystkim kluczy.

Po wielu dniach przemyśleń i konsultacji ze skarbnikiem, który jako jedyny wiedział, co wydarzyło się w królewskim skarbcu, król zdecydował się wezwać do siebie wszystkich posiadających klucze do skarbca. Najtaktowniej, jak potrafił, poinformował o obserwacjach skarbnika, a jego samego poprosił o dokładne zreferowanie sprawy. Na sali zapanowało „święte" oburzenie.

– To znaczy, że ktoś z nas kradnie – krzyczał kanclerz – podejrzenie pada teraz na każdego nas, to oburzające.

Podobnie zachowywali się pozostali ministrowie. Wszyscy byli zbulwersowani sytuacją i posądzeniami.

W zdenerwowaniu i silnym afekcie ministrowie zaczęli zwracać klucze, rzucając je na stół i podając się przy tym do dymisji.

Atmosfera była niezwykle napięta. Król nie dosyć, że został okradziony, to jeszcze tracił znakomitych ministrów i przyjaciół, i zyskiwał wrogów.

Król, pomimo że nie była to jego wina, chciał jakoś załagodzić całą sprawę i wysnuł przypuszczenie, że być może ktoś obcy dorobił klucze do skarbca.

„Może skorzystał z okazji, nieuwagi i jest w posiadaniu dodatkowych kluczy". Takie postawienie sprawy spodobało się wszystkim zebranym i rozpoczęto dyskusję na ten temat.

Przypominano sobie różne sytuacje, zdarzenia, dziwne zachowania giermków, paziów, służby. To było jedyne rozsądne wytłumaczenie i co najważniejsze nierzucające podejrzeń na dostojnych zebranych.

Król zarządził natychmiastową wymianę drzwi i zamków, a każdemu ze swoich ministrów, wręczając nowy pęk kluczy, przykazał szczególną o nie troskę.

Po miesiącu w skarbcu znowu było mniej o kilkanaście sztuk złota.

Problem wydawała się nie do rozwiązania. Król zupełnie zrezygnowany zwrócił się po pomoc do swojego nadwornego maga – astrologa i alchemika. Ten wysłuchawszy króla, powiedział:

– Powinieneś, Królu, zamontować do skarbca „gadające drzwi", które powiedzą, kto jest złodziejem. Wymień jeszcze raz drzwi i klucze, i poproś mnie na spotkanie z ministrami.

Na spotkaniu, gdy król po raz kolejny wręczył nowe klucze, alchemik poinformował wszystkich, że drzwi zamontowane do skarbca są jego specjalnej konstrukcji. Są to „gadające drzwi", które wskażą ewentualnego złodzieja.

Pomimo napiętej atmosfery wywołało to ogólną wesołość i pokpiwanie. Nie trudno się domyśleć, że alchemik nie cieszył się wśród zdroworozsądkowych ministrów poważaniem i sprawy nie potraktowano poważnie.

Minął miesiąc, a ze skarbca zginęło kolejne kilkanaście sztuk złota. Alchemik rozkazał wymontować drzwi i wnieść na salę na przesłuchanie.

Król i ministrowie z zainteresowaniem patrzyli, jak alchemik zbliża się do drzwi i przykłada do nich ucho.

Na sali zrobiło się bardzo cicho. Pomimo bezsensowności całej sytuacji wyczuwało się pewne napięcie i oczekiwanie: „A jeżeli coś w tej magii alchemika jest?".

Niestety drzwi nie chciały nic powiedzieć. Alchemik rozzłościł się i nakazał wymierzyć drzwiom karę chłosty. Kat wymierzał chłostę, a alchemik

*pouczał drzwi, że jeżeli nie zaczną mówić, to przej-
dzie do kolejnej fazy tortur, czyli palenia ogniem.*

*W końcu uznał, że drzwi gotowe są do mówie-
nia. Jeszcze raz zbliżył ucho i powiedział:*

*– Drzwi mówią, że nie wiedzą, kto jest złodzie-
jem, bo są nowe i nie znają nazwisk, ale... – tu
zawiesił głos – złodziejem jest mężczyzna, który ma
dzisiaj pajęczynę na kapeluszu.*

*Król ze zdziwieniem zauważył, jak jego ministro-
wie, kanclerz, a nawet skarbnik nerwowo i z dziwnym grymasem twarzy bezwiednie sięgają ręką do
kapeluszy.*

Tak oto wszystko stało się jasne.

● s e k u n d a   m ą d r o ś c i :

Nawet w najlepiej działającej firmie
szef powinien raz dziennie spojrzeć w serce swojego
pracownika.

Obok Ciebie są ludzie, których kochasz i na których Ci
bardzo zależy. Ludzie, którzy kochają Ciebie i którym zależy
na Tobie.

Jeżeli kogoś takiego nie ma obok Ciebie, to jest to poważny sygnał alarmowy. Taka czerwona lampka kontrolna, która sygnalizuje zbliżające się niebezpieczeństwo, nieuniknioną awarię.

Nie możesz jej zbagatelizować, bo ze wszystkich związków i relacji, w jakie wchodzisz z ludźmi, te właśnie związki są najważniejsze.

Często życzymy sobie nawzajem różnych rzeczy. Z okazji świąt, imienin, urodzin. Życzymy sobie zdrowia, pieniędzy, szczęścia, powodzenia w interesach itd.

Składając życzenia, życz zawsze, aby osoba, której je składasz, miała zawsze przy sobie kogoś bliskiego. Zawsze, przez całe życie.

Jaki jest pożytek z pieniędzy i powodzenia w interesach, jaki ze zdrowia i długiego życia, kiedy nie ma przy Tobie kogoś bliskiego?

Koło Ciebie są też przyjaciele i znajomi. Długotrwałe przyjaźnie, trwałe związki łączą Cię z innymi ludźmi. To, jak do nich podchodzisz, jak je nawiązujesz i utrzymujesz, mówi o Twoim funkcjonowaniu w społeczeństwie.

W sposobie i umiejętności współżycia z innymi ludźmi wyraża się Twój stosunek do świata. Jeżeli będą to kontakty nacechowane życzliwością, empatią, tolerancją i zrozumieniem, zawsze będziesz miał koło siebie przyjaciół i pomocnych ludzi. Zawsze będzie obok Ciebie ktoś gotowy Ci pomóc.

Zawsze miej czas dla swoich bliskich, przyjaciół i znajomych. Poświęcaj im jak najwięcej swoich myśli.

Władca Cabernet Sauvignon miał cztery żony. W królestwie panowało wielożeństwo i dziwne mogło być wyłącznie to, że miał je tylko cztery.

Kiedy zbliżał się do końca swoich dni i leżał na łożu śmierci otoczony medykami i służbą, przywołał do siebie swoją czwartą żonę.

Była młodsza od innych i wiekiem, i stażem małżeńskim, ale to ona w ostatnich latach wszędzie towarzyszyła władcy, który lubił się pokazywać w jej towarzystwie.

Dbał o nią i ją dopieszczał. A ona była bardzo piękna i niezwykle pociągająca. Miała w sobie coś tajemniczego, nieznanego. Lubiła blask reflektorów i błysk fleszy, przepadała za szumem kamer; uwielbiała rauty, bankiety, przyjęcia i koktajle; najchętniej nie schodziłaby z pierwszych stron gazet i tygodników.

– Moja droga żono – mówił król, głaszcząc jej piękne ciało i dotykając jej boskich szat – za parę dni, może za tydzień umrę. Po tamtej stronie będę czuł się bez ciebie bardzo samotny i chyba nieszczęśliwy. Może odejdziesz ze mną?

– Mimo że jestem z tobą bardzo związana, muszę zdecydowanie odmówić i stanowczo odrzucić twoją propozycję – powiedziała piękność. – Nie na-

mawiaj mnie i nie zachęcaj, to nie ma sensu. Będzie lepiej, jak tu zostanę. Wygłoszę mowę na twoim pogrzebie i starannie przygotuje całą ceremonię. Zadbam o zaproszenie na twój pogrzeb najdostojniejszych władców z całego świata. Potem muszę zadbać, by stawiano twoje pomniki; ulice i place nazywano twoim imieniem; abyś patronował szkołom i różnym instytucjom. Dobrze by było ufundować parę nagród literackich twojego imienia. Nie mogę odejść z tobą do grobu. Zdecydowanie nie.

Król już nie słuchał. Odmowa ukochanej żony bardzo go zabolała. Tak wiele uwagi poświęcał jej w ostatnich latach życia. Był z niej dumny i cieszyła go zazdrość innych władców, kiedy na nią patrzyli.

Dodawała mu godności, towarzyszyła w królewskich obowiązkach, podnosiła jego prestiż. Ale chyba kochał ją za bardzo, skoro ona nie kochała go równie mocno.

Król pomyślał o trzeciej żonie: „Ta zapewne mi nie odmówi". Złączył się z nią wiele lat temu i przeżyli razem różne chwile: radości i smutku, narodzin i śmierci; patrzyli na dorastające dzieci i cieszyli się z ich sukcesów; głęboko przeżywali ich porażki.

Niezwykle długo i mozolnie zabiegał o jej rękę, ale po wielu latach zrozumiał, że była tego warta. Gorąco ją kochał za to, że dawała mu wiele radości.

Była też bardzo atrakcyjna i wielu mężczyzn próbowało ją posiąść, ale ona dochowała mu wierności i dawała poczucie bezpieczeństwa. Jak sięgał pamięcią, zawsze mógł na nią liczyć.

– Kochanie – powiedział król, obejmując ją czule – niedługo umrę. Po śmierci będę czuł się bez ciebie bardzo samotny i nieszczęśliwy. Może odejdziesz ze mną?

– Nie, to niemożliwe – bez chwili wahania odparła trzecia żona. – Takie rzeczy nie mogą się zdarzać. Obiecuje ci, że przyjdę na twój pogrzeb najpiękniej ubrana i wystrojona. Przyprowadzę wszystkie twoje dzieci, a nawet tego syna, którego wydziedziczyłeś. Wyprawię bogaty pogrzeb i wystawne przyjęcie, ale potem odejdę z twoimi synami. Zadbam, byś miał stosowny grobowiec. Będę przychodziła na twój grób przynajmniej raz w roku i składała kwiaty z twoimi synami, a potem z synami twoich synów. Ale nie oczekuj, że teraz z tobą odejdę. Wykluczone, to byłoby zaprzeczeniem naturalnego porządku rzeczy.

Odmowa trzeciej żony bardzo króla poruszyła. Potraktował to jako zdradę i doszedł do wniosku, że niepotrzebnie poświęcił jej wiele lat, rezygnując z wielu, bardzo wielu uciech tego świata.

Posłał po drugą żonę. Poznali się w czasach młodości i razem z sobą pracowali. Była to atrakcyjna businesswoman. Niektórzy mówili, że zimna i chłodna; inni, że bezwzględna i przebiegła.

On w pewnych latach swojego życia był nią zauroczony i poświęcał jej wszystko. Zawsze stała u jego boku, kiedy podpisywał ważne umowy i kontrakty, kiedy negocjował pokoje i wypowiadał wojny. Pomagała w wielu kłopotach i służyła cennymi radami. Była jego najbardziej zaufanym przyjacielem i łączyło go z nią wiele wspólnych tajemnic i sekretów.

Kiedy usłyszała propozycję króla, odrzekła:

– Wykluczone. Odprowadzę cię do samego grobu, ale ani kroku dalej. Tam nie ma dla mnie miejsca. Chcę i muszę zostać tutaj. Będę oczywiście kontynuowała twoje dzieło, ale nie zamierzam przed tobą ukrywać, że chcę się związać z kimś innym, i zrobię to zaraz po twojej śmierci.

Stary król był załamany i przygnębiony. Bardzo mocno przeżył styl tej chłodnej, wręcz lodowatej i bezwzględnej odmowy. Posłał więc po pierwszą żonę.

Znał ją od zawsze i ona od zawsze była przy nim. Ostatnio, niestety, trochę o niej zapomniał. Było to szczególnie widoczne, kiedy wiązał się z drugą żoną i poświęcał coraz więcej uwagi czwartej, niezwykle urzekającej i wytwornej.

Gdyby się jednak zastanowił, to tak naprawdę pierwsza żona była dla niego najważniejsza. Wiedział, że zza kulis, z drugiego planu zawsze go obserwuje i dyplomatycznie oraz z ogromnym wyczuciem kieruje jego działaniami.

Ostatnio jednak jakby o niej zapomniał. Było to widoczne, kiedy podeszła do jego łoża. Skromnie ubrana i zaniedbana. Król patrzył na nią zażenowany. „To moja żona?". Było mu wyraźnie wstyd przed służbą i otoczeniem.

Chciał teraz wynagrodzić jej to zaniedbanie i obdarować prezentami, ale na to było już za późno. Był bardzo słaby. Ujął ją za rękę i słabym głosem powiedział:

– Najdroższa, umieram. Po śmierci będę czuł się bez ciebie bardzo samotny. Może odejdziesz ze mną? – słowa przeszły w błagalny szept.

– Oczywiście, że odejdę z tobą – odpowiedziała pierwsza żona i ujęła go czule za rękę. – Zawsze będę z tobą podążała, z każdego kolejnego życia w następne.

Imię czwartej żony to Sława, trzeciej żony – Rodzina, drugiej – Bogactwo, a pierwszej – Przeznaczenie.

● sekunda mądrości:

Gdybym dostał kwiat za każdą chwilę, w której pomyślę o Tobie, to szedłbym przez piękny wspaniały ogród.

5.

O marzeniach
i receptach na życie

● ● ● minuty wiedzy:

Każdy z nas ma jakieś życiowe marzenia. Każdy człowiek chce wierzyć, że jest kimś wyjątkowym, szczególnym; na czymś się wyjątkowo zna, w czymś jest najlepszy; że może wywrzeć niepowtarzalny wpływ na losy rodziny, znajomych; narodu, państwa.

Każdy z nas miał też w życiu taki moment, chwilę, swoje pięć minut, w których wiedział dokładnie, czego chce, co jest tak naprawdę wart i na co zasługuje w przyszłości. Potrafił dokładnie powiedzieć i sprecyzować swoje marzenia. Ale to była chwila.

Potem przyszły życiowe problemy, szary dzień; pojawiło się zwątpienie; zapomnieliśmy o aspiracjach, odrzuciliśmy marzenia, straciliśmy wiarę i nadzieję. Drobne porażki i błędy urosły do ogromnych tragedii.

Zamartwiamy się tym, co było i tym, co może się wydarzyć. Rozpamiętujemy straty, liczymy blizny, chwalimy się klęskami. Jako dominujące uczucie codzienności towarzyszy nam lęk ze swoimi twarzami: obawami, frustracjami, autodestrukcją, nałogami, wyuczoną bezradnością i myśleniem „magicznym" (o myśleniu magicznym będzie dalej).

Zapominamy, że to od nas zależy nasza przyszłość i tylko to powinno nas interesować. Dlaczego? Bo w niej spędzimy resztę swojego życia. A w życiu najważniejszy jest cel. Ale ten najważniejszy. Twoja życiowa misja. Taka najważniejsza recepta – przepis, który powinieneś wybrać i konsekwentnie się go trzymać.

Jeżeli dobrze wybierzesz, dołożysz do tego pracę, cierpliwość, wiarę i oczekiwanie, to wtedy wszystkie siły Wszechświata sprzysięgną się, aby Ci pomóc.

„Bóg pomaga tym, co chcą sobie pomóc" – pisze Norman Vincent Pale, ale nie jest w tym zdaniu odkrywczy. „Módl się tak, jakby wszystko zależało od Boga, a działaj tak, jakby wszystko zależało od ciebie" – pisał kilka wieków przed nim Św. Ignacy Loyola. Obaj mają rację. Tylko w Tobie samym drzemie ta ogromna siła, a jedyne, czego potrzebujesz, to wiara, że możesz to zmienić. Przeszłość już była. Przeszłość się nie liczy. Cokolwiek nie udało Ci się w przeszłości, nie ma żadnego wpływu na to, co zrobisz dzisiaj. A to, co zrobisz dzisiaj – w sferze mentalnej, duchowej i fizycznej, ukształtuje Twoje przyszłe życie. Nigdy jednak nie rezygnuj z marzeń. Myśląc o pięknej, wspaniałej, wielkiej przyszłości, sprawiasz, że teraźniejszość staje się bardziej znośna.

Na początku lat 90. XX wieku w Polsce literatura motywacyjna, kursy, wykłady czy nagrania dotyczące „pozytywnego myślenia" były prawdziwą rzadkością.

Skończyłem kurs Metody Silvy w Lublinie i przygotowywałem się do powrotu samochodem do Wrocławia. Kiedy pakowałem rzeczy, podeszła do mnie jedna z uczestniczek kursu:

– Posłuchaj sobie. Fajne nagranie. Długo jedziesz i tak nie masz nic do roboty – powiedziała z uśmiechem, wręczając mi kasetę magnetofonową z wykładem jakiegoś amerykańskiego motywatora, który parę dni temu miał właśnie wykład u nich w „sieci sprzedaży bezpośredniej".

Wykład był o celach, marzeniach i sile wewnętrznej, a inspirację wykładowca czerpał – obowiązkowo – z Biblii. Wykład był nudny, rozwlekły, typowo amerykański. Tłumaczony przez kogoś, kto raczej słabo opanował terminologię psychologii pozytywnej.

Wykład amerykański to taki, w którym wykładowca po obowiązkowym dowcipie wprowadzającym najpierw pyta słuchaczy, czy znają ten problem. Kiedy audytorium odpowiada, że zna, to omawia to zagadnienie z lewej strony, z prawej, z przodu i z tyłu. Potem pyta, czy jest to zrozumiałe i w odpowiedzi na kolejne potwierdzenie słuchaczy kontynuuje omawianie z góry i z dołu. Potem, kiedy już sam zrozumie, kończy puentą.

Tym razem było dokładnie tak samo, a inspiracją była przypowieść biblijna o Dawidzie i Goliacie. Ponieważ jechałem sam, pozwoliłem sobie na „aktywne" uczestnictwo w wykładzie, komentując głośno i odpowiadając na pytania wykładowcy.

Domyślasz się, Drogi Czytelniku, że nie miało to najmniejszego wpływu na wykładowcę, który niezrażony moimi uwagami kontynuował swoją opowieść.

Omówił podłoże konfliktu pomiędzy Izraelitami i Filistynami, opisał miejsce stacjonowania wojsk, przypomniał dzieje Dawida i kiedy moja cierpliwość była na granicy wytrzymałości, przeszedł do barwnego opisu Goliata, podkreślając jego wzrost, umięśnienie, wielki miecz i generalnie – ogrom postaci.

Potem przeszedł do podchwytliwych pytań do słuchaczy:

– A gdybyś był w wojsku Izraelitów i zobaczyłbyś takiego Goliata, to co?

– Jak to, co? – odpowiedziałem. – Bałbym się i tyle.

– Bałbyś się – odpowiedział prelegent, bo inni jego słuchacze pewnie też tak odpowiedzieli.

– No a czemu byś się bał?

– To oczywiste – bo jest wielki, ogromny i zaraz by mi dokopał. Jak tu się nie bać – prowadziłem moją prywatną dyskusję z wykładowcą.

On oczywiście powtórzył:

– Bo był wielki, silny i ogromny, i pewnie by ci dołożył! A co pomyślał Dawid – kontynuował wykładowca?

– Co pomyślał Dawid? Boże, nie wiem, skąd mam wiedzieć – odparłem sam do siebie.

– Dawid pomyślał: „Boże, jaki on wielki... trudno w niego nie trafić kamieniem z procy!" – usłyszałem głos wykładowcy. – Pamiętaj, twoje cele i marzenia powinny być wielkie, bo łatwiej w nie trafić.

Zatrzymałem samochód i cofnąłem kasetę: „Twoje cele i marzenia powinny być wielkie, bo łatwiej w nie trafić".

To wydarzyło się 30 lat temu, ale to jedno zdanie pamiętam do dzisiaj i zawsze wraca do mnie, kiedy coś planuję, o czymś marzę.

Jednak same marzenia nie wystarczą, aby odmienić swoje życie. Oczywiście odmienić na lepsze. Musisz zmienić sposób myślenia, skupiać się na rozwiązaniu problemu, a nie na problemie; nauczyć się znosić porażki i wyciągać z nich wnioski. Ale musisz także mieć strategię działania. Plan, mapę i odpowiednią nawigację, która nie tylko doprowadzi Cię krok po kroku do realizacji Twoich marzeń, ale będzie Cię także informowała o każdej porze dnia i nocy, gdzie jesteś na tej drodze. To bardzo ważne. Wiedza i świadomość tego, dokąd zmierzasz, jest bardzo ważna, ale wiedza, gdzie się aktualnie znajdujesz, jest jeszcze ważniejsza, bo pozwala czynić drobne

korekty kursu, korzystać z nadarzających się okazji i przypadków, i najważniejsze – nie minąć tego najważniejszego
celu.

● ● chwila refleksji:

O pewnych dialogach samochodowych

*Było już dawno po zachodzie słońca – zresztą
w marcu słońce zachodzi bardzo wcześnie. Obok zakutanej w kurtkę i kolorową chustę machającej ręką
dziewczyny zatrzymał się jasnosrebrzysty zachodni
samochód. Podbiegła, przerzucając torbę z ręki do
ręki. Otworzyła niepewnie drzwi i zapytała:*

*– Podrzuci mnie pan do... – silny wiatr i deszcz
zagłuszyły ostatnie słowa.*

*– Tak, proszę – mężczyzna za kierownicą skinął
głową i nawet na nią nie spojrzał.*

*Wsiadła i odetchnęła z ulgą. Nareszcie. Poczuła
się pewniej. Przeszło godzinne oczekiwanie w strugach deszczu i wietrze nie należało do przyjemnych.
Nikt nie chciał się zatrzymać, chociaż wysyłała
błagalne spojrzenia w kierunku każdego zbliżającego się samochodu i pogróżki za każdym oddalającym się.*

*Ostatni autobus nie zabrał jej z przystanku. Kie-
rowca uznał za stosowne zostawić kilku pasażerów:*

– „Brak wolnych miejsc" – te słowa jak wyrok brzmiały jej jeszcze w uszach.

W końcu jednak doczekała się okazji i to jakiej. W samochodzie unosił się delikatny zapach dobrych kosmetyków. Było czysto i sucho, ciepło i przyjemnie. Z głośników dobiegała rytmiczna, niezbyt głośna muzyka najmodniejszego obecnie na rynku muzycznym zespołu angielskiego SMOKIE.

Mężczyzna patrzył cały czas przed siebie. Ręce pewnie i mocno trzymały kierownicę. Czuło się od niego ogromny spokój i opanowanie. Samochód przyspieszał. Strzałka szybkościomierza pięła się w górę – 80 – 90 – 120, zatrzymując się na 160 km/godz. Zakręt – 120, prosta – 160. Wewnątrz nic nie wskazywało na taką prędkość. Samochód płynął jak po wodzie prowadzony pewną ręką i tylko delikatne mruczenie silnika przypominało o szybkości.

Zespół śpiewał:

„…losy ludzi, nasze losy i drogi, po których chodzą są pełne niespodzianek. Zmiany są cząstką naszego życia. Niekiedy bywa źle, czasem bardzo źle, ale potem zawsze wstaje słońce i wraca wszystko, co najlepsze. Trzeba wierzyć i być przygotowanym na to, co niesie los".

Dziewczyna powoli tajała. Zdjęła mokrą chustę – ciemne włosy spłynęły na ramiona. Rozpięła kurtkę i przełożyła torbę na tylne siedzenie. Miała 16 może 17 lat. Wesołe, ciekawe wszystkiego oczy, duża znajomość życia i własne widzenie świata nastolatki – były ozdobą jej twarzy.

Bluzka, którą miała na sobie nosiła widoczne ślady pilnej potrzeby dopasowania się do obowiązującej mody. Ślady przeróbek nie dały się pokryć kolejnymi farbowaniami. Inne elementy jej stroju czasy świetności miały także dawno za sobą. Była przy tym tak ładna, jak mogą być ładne kobiety w jej wieku.

Mężczyzna obok milczał. Ona miała ochotę „zagadać", coś powiedzieć, zacząć rozmowę, ale mężczyzna jakoś ją dziwnie onieśmielał. Trwało to dobrą chwilę.

I wtedy jej wzrok padł na bukiet przepięknych ciemnoczerwonych róż, leżących wprost przed nią na półeczce przed szybą. Róże były wspaniałe. Pełne ukrytej naturalnej tęsknoty i piękna, a drobniutkie kropelki deszczu na płatkach sprawiały wrażenie, jak gdyby obsypał je ktoś maleńkimi diamentami. Patrzyła na nie długo. Jeszcze nigdy od nikogo nie dostała takich wspaniałych kwiatów. Czy kiedykolwiek dostanie?

– Dla kogo te róże? – zapytała trochę odruchowo. Zabrzmiało to dość ostro i bezpretensjonalnie.

– Dla ciebie – usłyszała w odpowiedzi spokojny, miękki głos.

Mężczyzna nie wydawał się zaskoczony.

– Ale się pan wygłupia. Pytam poważnie – wypaliła wyraźnie zdziwiona i trochę jak gdyby poiry-

towana zupełnie inną odpowiedzią niż ta, którą spodziewała się usłyszeć. Nikt nie będzie sobie robił żartów jej kosztem.

– A ja poważnie odpowiadam – Dla ciebie! – spokojnie odpowiedział, nie odrywając wzroku od drogi.

Ciszę, jaka zapanowała, przerywał tylko rytmiczny ruch wycieraczek i dzwonienie deszczu o szyby. Nawet z głośników dobiegała spokojniejsza muzyka. Trwało to minutę, może dwie. Dziewczyna cały czas nie odrywała wzroku od róż. Widać było, że jest zupełnie zdezorientowana i myśli intensywnie.

– Dlaczego dla mnie? – zapytała cicho i trochę niepewnie.

– Bo kobieta, dla której były te róże, nie mogła ich przyjąć. Prosiła, abym podarował je komuś, kogo może będę podwoził. Są zatem dla ciebie – powiedział, nie zmieniając tonu głosu, i lekko się uśmiechnął. Po raz pierwszy spojrzał też w jej stronę. W świetle mijającej latarni zobaczyła jego ciemne zamyślone oczy.

Miał 40–45 lat. Pociągłą twarz pooraną mocnymi zmarszczkami i krótko przycięte włosy. Był szczupły, wysoki, o czym świadczył daleko odsunięty od kierownicy fotel. Ubrany w jasnoszary, drogi golf, który opinał jego szerokie barki, ramiona i dżinsy.

– Jak można nie chcieć takich róż? – dziewczyna nie kryła swego zdziwienia. – Są takie piękne i na pewno drogie. Trzeba być bardzo głupim, żeby ich

nie chcieć – zawyrokowała. Sięgnęła ręką po róże i zbliżyła je do twarzy.

– Jak ładnie pachną – dodała tak, jakby na potwierdzenie swojej opinii.

– Nie powiedziałem, że nie chciała. Powiedziałem, że nie mogła, a to różnica – zauważył spokojnie mężczyzna, nie odrywając oczu od drogi.

W samochodzie znowu zapanowało milczenie. Widać było, że dziewczyna myśli i analizuje usłyszane słowa. „Co to znaczy nie mogła? Bo co? Nie ma gdzie je wstawić? Jest uczulona?". W końcu nie wytrzymała.

– Dlaczego nie mogła? Nie rozumiem.

– Ta kobieta ma dom, rodzinę i męża. Jej mąż byłby bardzo zaskoczony, gdyby wróciła do domu z takimi kwiatami. Miałaby z tego powodu kłopoty. Musiałaby kłamać. Dlatego nie mogła – w głosie mężczyzny zabrzmiała nuta smutku. – I to wszystko.

Znowu zapanowała cisza. Odpowiedź zamurowała dziewczynę na kilka minut.

Zespół śpiewał:

„O Alicji i sąsiedzie mieszkających obok siebie drzwi w drzwi przez 24 lata. On ją kochał i czekał na swoją szansę. Wiedział o niej wszystko, śledził jej kroki, znał jej przyzwyczajenia. Nie starczyło mu jednak odwagi, aby o tym powiedzieć. Alicja wyjechała wielką limuzyną, a on został sam. I wtedy przyszła Sally i powiedziała, że ona też czekała 24 lata na swoją szansę i teraz ona nadeszła".

– Pan ją bardzo kocha – wystrzeliła nagle dziewczyna. Sama była zaskoczona tym pytaniem i ugryzła się w język. Ale było już za późno.

– Bardzo – padła krótka odpowiedź.

– To dlaczego się pan z nią nie ożenił? – kolejne pytanie było oczywistym następstwem poprzedniego.

Dialog nabierał charakterystycznego bezpośredniego tempa.

– Bo się spóźniłem.

– Ile?

– 20 lat.

– O, k...wa – wyrwało się spontanicznie i głośno z ust dziewczyny. – Przepraszam pana, wyrwało mi się.

– Nie szkodzi. Czasami myślę tak samo.

I znowu pogrążyli się w milczeniu. Mężczyzna spokojnie patrzył na drogę. Samochód pędził w strugach deszczu. Tego spokoju coraz bardziej brakowało dziewczynie. Widać było, że odpowiedzi mężczyzny są dla niej czymś nowym, zaskakującym i niepasującym do jej problemów. Jej widzenia świata.

Zespół śpiewał:

„... o połamanych marzeniach i straconych miłościach. O tym, jak łatwo ludzie rezygnują. O połamanych sercach. O tym, że nie jest ważne to, co na zewnątrz, ale to, co w środku człowieka".

– Pan jest bardzo bogaty, prawda?

Nie wiadomo, dlaczego zadała takie pytanie.

– To zależy – padła krótka odpowiedź, a mężczyzna lekko się uśmiechnął.

– No myślę o forsie, drogich ubraniach, domu, imprezach i lokalach. Samochód ma pan ekstra, widać, że bardzo drogi. Ciuchy też, wszystko zagraniczne i chyba drogie. Z PEWEX-u?

– Jeżeli o to pytasz, to tak. Mam wszystko, jestem bogaty – zaakcentował słowo wszystko.

– I jest Pan szczęśliwy? – zabrzmiało to bardziej jak stwierdzenie lub potwierdzenie myśli dziewczyny niż pytanie.

– Myślę, że chyba tak – w odpowiedzi słychać było lekkie zawahanie.

– Dlaczego powiedział pan „chyba”? Nie jest pan pewny, mając to... to – szukała odpowiedniego słowa – forsy jak lodu.

Nie była w stanie ukryć po raz kolejny swojego zdziwienia.

– Bo widzisz, są takie chwile, że jestem bardzo szczęśliwy i wtedy to „wszystko” nie jest mi do niczego potrzebne. I takie chwile, gdy to „wszystko” mam, a nawet jeszcze więcej i nie jestem szczęśliwy. Oddałbym wtedy to „wszystko” za to, czego pragnę... kogo pragnę – poprawił się. – Ale nikt nie chce jakoś brać – znowu lekko się uśmiechnął.

– To znaczy, że można mieć wszystko, czego człowiek pragnie i jednocześnie nie mieć wszystkiego – zauważyła dziewczyna z autentyczną zadumą. –

Mieć wszystko, żeby być szczęśliwym i jednocześnie nie być?

– Można.

– No to co jest najważniejsze? Czy jest jakaś recepta na życie, na wszystko? Recepta, której można się trzymać? – w głosie dziewczyny słychać było lekkie podenerwowanie.

– Myślę, że jest.

– Jaka? – strzeliła już wyraźnie poirytowana.

Mężczyzna zaczął powoli mówić:

– „Podaj mi ręce na dzień dobry, pocałuj mnie, aby dzień jak młodość pochylił się nisko. Przytul się i z trosk codziennych, przepytaj wieczorem. Weź mnie ze sobą na noc. Bardzo, bardzo blisko. Potem mi powiedz: dobranoc kochany. Taka jest recepta na wszystko".

– Boże, jakie to ładne. Kto to napisał? – zapytała szeptem, czując, jak oczy robią się jej lekko wilgotne.

– Ja.

W samochodzie zrobiło się zupełnie cicho. Dziewczynę zupełnie zamurowało.

– Widzisz – ciągnął powoli mężczyzna – każdy dostaje od życia to, o co je prosi. Czas pokazuje, że nie zawsze wiemy, o co prosić. Ta recepta też nie jest dla wszystkich. Jest tylko dla tych, którzy mają odwagę zgłębić najskrytsze zakamarki duszy i zrobić pewien rachunek. O tym rachunku najczęściej pragniemy zapomnieć. Jest dla tych, którzy nie boją

się pragnąć, podążać za swym marzeniem i... – za-wiesił głos – wracać silniejszymi, by stawiać czoła zwykłej rzeczywistości. Jeżeli będziesz o niej pamię-tała – zwrócił się bezpośrednio do dziewczyny – pozwoli ci dotrzeć do samej siebie... jeśli wystarczy ci odwagi, by stawić czoła prawdzie o życiu, miło-ści, przemijaniu.

– No właśnie mówi pan o przemijaniu, czy tyl-ko wystarczy czasu, bo podobno to dopiero na starość mądrzejemy i wiemy, co byśmy chcieli – dziewczyna próbowała lekko ironizować, ale jakoś zaczepka nie wyszła zbyt autentycznie, bo słowa mężczyzny wyraźnie zrobiły na niej wrażenie.

– Na starość, mówisz? – podchwycił jednak jej ton mężczyzna.

– No właśnie – powtórzyła celowo. Pan najmłod-szy nie jest! Zabrzmiało to zdecydowanie, jak wyrok.

– Ale widzisz, nie ma czegoś takiego jak sta-rość.

– Jak to nie ma? – dziewczyna była znowu zu-pełnie zdezorientowana. – A moi rodzice, babcia?

– Ludzie starzeją się – zaczął powoli mężczyzna – tylko wtedy, gdy porzucają swoje marzenia i ide-ały... Lata mogą ci pomarszczyć skórę, ale porzuce-nie ideałów pokrywa zmarszczkami duszę... Jesteś tak młoda, jak twoja wiara i tak stara, jak twoje zwątpienia; tak młoda, jak twe zaufanie we własne siły i tak stara, jak twój lęk... Tak młoda, jak twa

nadzieja i tak stara, jak twoja rozpacz... Kiedy śniegi zwątpienia przysypią ci serce, wtedy się zestarzejesz.

– ...tak młoda, jak moja wiara... jak zaufanie we własne siły... jak moja nadzieja – powtarzała po cichu dziewczyna. Nagle w charakterystyczny dla siebie sposób wypaliła:

– A jak mi tego zabraknie, to co? Starzeję się, umieram? I do piachu?

– Kiedy byłaś ostatnio na cmentarzu?

Pytanie wyraźnie ją zaskoczyło.

– Gdzie?

– Na grobach, na cmentarzu?

– No, niedawno. Na grobie dziadka. A czemu pan pyta?

– Przyglądałaś się nagrobkom? Co jest na nich napisane?

– Nie rozumiem?

– No, co jest napisane na nagrobkach?

– Imię nazwisko, urodzony, zmarł i... – zamyśliła się – czasami jakaś myśl.

– A czy nie pomyślałaś, że na niektórych nagrobkach powinno być napisane: urodzony, zmarł... – mężczyzna zawiesił głos – ...pochowany.

W samochodzie zaległa zupełna cisza.

– To dlatego, że wielu ludzi umiera dla innych, rezygnuje z życia na wiele lat, zanim tak naprawdę odejdą – skomentowała prawie szeptem i do siebie dziewczyna.

W samochodzie zrobiło się bardzo cicho. Mężczyzna skupił się na drodze, dziewczyna nie miała ochoty nic powiedzieć.

Zespół śpiewał:

„Jeżeli pomyślisz, że cię bardzo kocham, a ja pomyślę, że ty mnie kochasz, to wtedy wszystko, o czym myślimy, czego pragniemy, stanie się rzeczywistością. Trzeba tylko gorąco pragnąć, myśleć i chcieć".

Po długiej chwili milczenia dziewczyna, patrząc przed siebie, odezwała się bardzo cicho.

– Jest pan bardzo, hm... – zawahała się przez moment – ...dziwnym człowiekiem. Jeszcze nikogo takiego nie spotkałam.

– Dlaczego dziwnym? – spytał, ale w głosie nie było zaskoczenia. – Chyba przesadzasz?

– Ma pan tyle lat, co mój ojciec – zaczęła bardzo powoli, ważąc w głowie każde słowo – a może i więcej. A tak można z panem inaczej porozmawiać. Z ojcem nigdy tak nie rozmawiałam. Zresztą z nikim – przerwała i znowu zamyśliła się.

– Wie pan o życiu chyba bardzo dużo. Doszedł pan też chyba do wielu rzeczy. Mówią o tym pana smutne oczy, te głębokie zmarszczki na twarzy i zniszczone ręce... Jest pan taki inny na zewnątrz i inny w środku – znowu przerwała. – Ma pan przy tym taki miły spokojny głos, jak... jak z radia. Mówi pan tak niewiele, a jak pan coś powie, to... to... to – nie mogła znaleźć odpowiednich słów – to tak ściśnie w dołku i człowiek musi zacząć myśleć. Zresztą,

jak pan nic nie mówi, to też jest tak fajnie. Tak,
jakby pan mówił... Jakbym słyszała pana myśli. Jak-
by to były moje myśli, ale takie tam... ze środka...
których czasami nawet się boję.

– Dojeżdżamy. Gdzie chcesz wysiąść? – zmienił
temat wyraźnie zaskoczony analizą dziewczyny.

– Trochę dalej – ocknęła się jak z transu – obok
przystanku PKS.

Owinęła się chustą. Zaczęła zapinać kurtkę i prze-
chyliła się po torbę.

– Róże naprawdę mogę zabrać?

– Są dla ciebie, już powiedziałem.

Samochód zaczął zwalniać i zatrzymał się.

– Chciałam panu bardzo podziękować i... – za-
wahała się, spuszczając głowę – życzyć, aby był pan
z tą kobietą. Żeby był pan szczęśliwy, bez „chyba"
– dokończyła prawie szeptem.

Oczy mężczyzny dziwnie się zaszkliły, a krople
deszczu wpadły niespodziewanie do środka.

– Chciałabym też – powiedziała weselej i gło-
śniej, ale znowu się zawahała – ...pana pocałować.

– Nie widzę przeszkód – teraz był już wyraźnie
zaskoczony i to, co powiedział, zabrzmiało bardzo
niepewnie.

– Ale się wstydzę – krzyknęła wesoło i wysko-
czyła z samochodu. Trzasnęła drzwiami i pobiegła
w deszcz.

Samochód jeszcze dobrą chwilę stał w bezruchu,
potem wolniutko ruszył i zniknął.

Zespół śpiewał:

„...pomyśl o nocy. Pamiętam Twoje oczy. Nie myśl o pożegnaniu. Posłuchaj rytmu mojego serca, a zrozumiesz wszystko. Pamiętaj zawsze, słuchaj serca. SŁUCHAJ TYLKO SERCA".

Było już dawno po zachodzie słońca – zresztą w marcu słońce zawsze zachodzi bardzo wcześnie. Obok zakutanej w długi płaszcz i kolorowy szal, stojącej obok luksusowego samochodu i machającej ręką młodej kobiety, zatrzymał się jasnosrebrzysty minivan na zagranicznych rejestracjach. Podeszła szybko, przerzucając z ręki do ręki skórzaną torbę – aktówkę. Otworzyła niepewnie drzwi i zapytała po angielsku:

– Could you give me a lift to the... – silny wiatr i deszcz zagłuszyły ostatnie słowa.

Mężczyzna za kierownicą skinął głową i spojrzał w jej stronę. Kobieta siedząca obok niego miło się uśmiechnęła.

– Tak, oczywiście, bardzo proszę – odpowiedziała po polsku.

Wsiadła i odetchnęła z ulgą. „Nareszcie". Poczuła się pewniej.

Ponad godzinne oczekiwanie w strugach deszczu i wietrze nie należało do przyjemnych. Nikt nie chciał się zatrzymać, chociaż wysyłała błagalne spojrzenia w kierunku każdego zbliżającego się samochodu i pogróżki za każdym oddalającym się.

Zapomniała w porę zatankować paliwo, a obsługa stacji benzynowej uznała za stosowne przypomnieć jej o tym: – „Do 18-tej, kochana. Już zamknięte" – te słowa jak wyrok brzmiały jej jeszcze w uszach. Nie mogła uwierzyć, na zegarku było trzy minuty po 18-tej.

W końcu jednak doczekała się okazji.

Samochód przyspieszał. Strzałka szybkościomierza pięła się w górę – 80 – 90 – 120, zatrzymując się na 160 km/godz. Zakręt – 120, prosta – 160. Wewnątrz nic nie wskazywało na taką prędkość. Samochód płynął jak po wodzie prowadzony pewną ręką i tylko delikatne mruczenie silnika przypominało o szybkości. Znała to mruczenie bardzo dobrze. Też tak jeździ.

W samochodzie unosił się delikatny zapach dobrych kosmetyków. Było czysto i sucho, ciepło i przyjemnie. Z głośników dobiegała rytmiczna, niezbyt głośna muzyka dosyć starego zespołu angielskiego SMOKIE. Też go słucha podczas jazdy.

– Jakieś problemy z samochodem? Może zadzwonić po pomoc drogową albo odholować panią do stacji obsługi? – zapytał mężczyzna.

Jego głos spowodował, że kobieta znieruchomiała i zaniemówiła. Dosłownie zastygła w bezruchu.

– Ten głos. Znam. Boże, skąd go znam? – myśli zaczęły się kłębić z nieprawdopodobną szybkością.

– Pytam, czy może coś pomóc pani z samochodem? – zaskoczony milczeniem mężczyzna ponowił pytanie i odwrócił się lekko do tyłu.

Zobaczyła jego ciemne oczy z blaskiem, trochę nie pasujące do twarzy pooranej zmarszczkami. Mógł mieć 55, może 60 lat, krótko obcięte włosy i szczupłą, mocną sylwetkę.

– Nie nie, dziękuję – ocknęła się z zamyślenia. – Zabrakło po prostu benzyny. Zapomniałam w porę zatankować, ale zaraz podjadę z mężem drugim samochodem i wszystko będzie w porządku. Mieszkam tutaj niedaleko. Rodzina się już pewnie trochę niepokoi, a nie zabrałam telefonu komórkowego.

– Kochanie, podaj pani gorącej kawy, to na pewno dobrze zrobi po tym staniu na deszczu – mężczyzna zwrócił się do siedzącej z boku kobiety.

– Właśnie o tym samym pomyślałam – odwróciła się i podała kubeczek z już nalaną gorącą kawą.

– Proszę, to panią rozgrzeje – i znowu się uśmiechnęła.

Miała na pewno tyle lat co on, ale wyglądała dużo młodziej. Jej wspaniała uroda, delikatność i wdzięk nie tylko nie znikły wraz z młodością, ale nabrały swoistego blasku podkreślonego piękna biżuterią. Ciemne włosy, przepiękne szare oczy i uroczy, ciepły uśmiech. Była po prostu śliczna.

Młoda kobieta na tylnym siedzeniu znowu znieruchomiała i patrzyła jak urzeczona.

– Jaką ma pani śliczną biżuterię – wykrztusiła trochę zmieszana.

– Dziękuję, wielu osobom bardzo się podoba. To prezent od męża z okazji... pewnej rocznicy – zawahała się i z lekkim uśmiechem położyła rękę na dłoni mężczyzny. – Wtedy jeszcze nie byliśmy małżeństwem i mieszkaliśmy w kraju. Mężczyzna też się uśmiechnął.

– Ale teraz już jesteśmy i od wielu lat w każdą rocznicę musimy przyjechać w rodzinne strony. Pamiętamy o niej i obchodzimy tak samo – zakończył.

Zapanowała cisza. Samochód toczył się szybko i pewnie. Wszyscy zatopili się w swoich myślach i trwało to dobrą chwilę.

– Chyba dojeżdżamy – zauważył mężczyzna.

– Tak, jeszcze kawałeczek. O gdyby mógł pan zatrzymać się przy tym domu z ogrodem.

– Oczywiście. O jaki piękny dom – w głosie dał się słyszeć autentyczny zachwyt.

– Dziękuję, projektowaliśmy go i budowali razem z mężem. Mieszka się tu wspaniale.

– I pewnie szczęśliwie?

– Tak, jestem szczęśliwa. Bardzo szczęśliwa. – I teraz ona się uśmiechnęła.

Samochód stanął. Kobieta jednak nie wychodziła. Widać było, że o czymś intensywnie myśli.

– Chciałam państwu bardzo podziękować – głos dziwnie się jej załamał. – A panu... – znowu chwilę się zamyśliła – jeszcze raz... za to podwiezienie 15 lat temu. I za tę receptę. Pamięta pan?

Teraz mężczyzna był wyraźnie zaskoczony.

– Stosuję ją do dzisiaj. Jest wspaniała i zawsze skuteczna. Miał pan wtedy rację i często o panu myślę, chociaż nie podejrzewałam, że jeszcze się w życiu spotkamy.

Sięgnęła do torebki i z dokumentów wyciągnęła dwa płatki róży.

– Te róże wtedy były dla pani, proszę niech je pani weźmie. Teraz pani może.

Zamknęła drzwi i pobiegła w deszcz. Na jej spotkanie wybiegł z domu mężczyzna z parasolem.

– Kochanie, trochę się martwiłem, co się stało?

Dalszą część rozmowy zagłuszył padający deszcz.

● sekundy mądrości:

Słuchaj rytmu swojego serca, swojego sumienia,
a zrozumiesz wszystko.
Jeżeli w końcu się opamiętasz i zrozumiesz,
komu naprawdę na Tobie zależy,
tej osoby już nie będzie obok Ciebie.
I nie musisz mieć wszystkiego w życiu,
wystarczy ze masz Kogoś, kto jest dla Ciebie wszystkim.
Pamiętaj, zawsze słuchaj serca. SŁUCHAJ TYLKO SERCA.

6.

O „myśleniu magicznym"

Najdramatyczniejszym objawem blokady mózgu jest „myślenie magiczne". Myślenie magiczne to powtarzanie tych samych działań i spodziewanie się innych wyników – to nie jest możliwe.

Jeżeli zachorowałeś, to znaczy, że coś z twojego życia doprowadziło Cię do choroby. Trafiłeś do szpitala, terapeuty; dostałeś leki, przeszedłeś operację i wróciłeś do domu. A w domu jesz to samo, pijesz to samo, tak samo się stresujesz, nie dbasz o siebie i żyjesz w tym samym toksycznym środowisku, chodząc do tej samej znienawidzonej pracy. To jak myślisz? Gdzie trafisz po paru miesiącach? Jeśli Twoje działanie doprowadziło Cię do porażki, to co osiągniesz, jeśli będziesz postępował tak samo?

Albert Einstein ujął to jeszcze mocniej: „Trudno o pewniejszą oznakę nienormalności jak powtarzanie w kółko tego samego i oczekiwanie, że otrzyma się inne wyniki. Jeśli coś robisz i to nie działa – zmień sposób działania!".

Aby były inne rezultaty, musisz coś zmienić. Od siebie dodam, że najlepiej zmienić sposób myślenia. Dlaczego? Bo wszystko „zaczyna się" od myśli, które powstają w naszej głowie. Ten rozdział książki – że może będzie komuś potrzebny; kawa na twoim biurku – że warto ją było zrobić; ubranie, które mamy na sobie i samochód, którym jeździmy – powstały najpierw w naszych myślach.

Każde zadanie, rzecz, czynność, wszystko w otaczającym świecie ma swój początek w naszych myślach i potem – materializuje się w rzeczywistości. Od planu subiektywnego, od tego, jak to zadanie przemyślimy i zaplanujemy, zależy podobno 70% naszego powodzenia.

„Twoje myśli tworzą Twoją rzeczywistość", „Stajemy się tym, co myślimy" – takie zdania można usłyszeć od wielu motywatorów, znaleźć w wielu księgach motywacyjnych, a nawet w tej największej – w Biblii. Jeżeli jednak przyjrzymy się bliżej tym zdaniom, włączymy rozsądek i logikę, możemy wysnuć następujący wniosek:

„To jeżeli zmienię treść swoich myśli, zmienię rzeczywistość wokół siebie, tak?".

Oczywiście, i to jest właśnie najważniejszy wniosek, kończący z „myśleniem magicznym".

Ale z drugiej strony uważaj! Jeżeli dotychczasowe myślenie i postępowanie przyniosło Ci sukces, to niczego nie zmieniaj. No, może powoli udoskonalaj. Bo szczęście i powodzenie będzie do Ciebie płynęło tak samo. Pamiętaj: Lepsze jest wrogiem dobrego.

●● chwila refleksji:

O tym, że warto przestać cieniować

Parę lat temu zadzwonił do mojej żony znajomy z Katowic i poprosił o przenocowanie i zaopiekowanie się córką Kasią, która będzie zdawała do Akademii Sztuk Pięknych we Wrocławiu. Nie ma już

miejsc w akademikach; czy może u nas zatrzymać się tych parę dni? Wieczorem odebraliśmy z dworca miłą, sympatyczną, mocno przestraszoną dziewczynę. Następnego dnia rano, jadąc do pracy, podwożę ją na egzamin do ASP. Oczywiście rozmawiamy o egzaminie. Okazuje się, że zdaje już po raz piąty. Trzy razy nie zdała do ASP we Wrocławiu, a raz w Krakowie (!).

– A dlaczego cztery razy nie zdałaś? Jak wygląda egzamin do ASP? – pytam zaciekawiony.

– Pierwszy dzień to jest rysunek odręczny. Najczęściej postać kobiety. W ogóle, to ja świetnie rysuję. Wszyscy mówią, że mam fantastyczną kreskę – odpowiada.

– No to czemu, jeżeli tak świetnie rysujesz, różne komisje konsekwentnie cztery razy cię odrzucają? – przerwałem zdziwiony jeszcze bardziej.

– Bo potem, jak narysuję, to mam taką manierę, że cieniuję, cieniuję i cieniuję. To cieniowanie tak bardzo mi się podoba, że...

– Chcesz zdać? – przerwałem jej dość obcesowo.

– No oczywiście – odpowiedziała zaskoczona

– To przestań cieniować! – powiedziałem głośno, dobitnie i wyraźnie.

Gdybym pokazał jej, że przed nami jedzie UFO – byłaby chyba mniej zaskoczona.

– Jak to, nie rozumiem? – wydusiła z siebie zaszokowana.

– Posłuchaj – zacząłem spokojniej – jeżeli cztery razy cieniowałaś i cię oblali, to bądź pewna, że za piątym razem, jak pocieniujesz, to też cię obleją. Będziesz sobie cieniować, jak skończysz studia. Zastanów się: chcesz się dostać na studia, czy mieć satysfakcję z pocieniowania rysunku?

W samochodzie zapadła cisza. Po twarzy Kasi było widać, że myśli i walczy ze sobą...

Po południu odbieram ją sprzed budynku ASP.

– Panie Zbyszku, jeszcze wyników nie ma, ale rysunek na pewno przeszłam. I chyba bardzo dobrze, bo jestem w pierwszej dwudziestce.

– A generalnie, jak było? – zapytałem zaczepnie. – Cieniowałaś?

– No właśnie nie – i spuściła głowę.

Następnego dnia sytuacja się powtarza, jedziemy na drugi dzień egzaminu. Po dłuższej chwili milczenia spytałem:

– A co jest dzisiaj na egzaminie? Co robicie?

– Dzisiaj jest „scenografia" i bardzo się denerwuję, jaki będzie temat.

– Przyznam, że nie rozumiem. Co to znaczy „scenografia"?

– Prowadzący egzamin czyta jakiś wiersz lub fragment prozy, a my mamy do tego zaproponować scenografię teatralną. Technika jest dowolna: obraz, rysunek, rzeźba, ale komisja zawsze preferuje kolaż. Jest na to aż osiem godzin. Ja to zawsze mam tysiące pomysłów – Kasia wyraźnie się roz-

*kręciła. – Rzucam się od razu do pracy, bo zaraz mi
coś wpada do głowy i boję się, że zapomnę, zrobię
coś, potem poprawiam, poprawiam, ulepszam. Chcę
zrobić coś innego; niszczę to, co zrobiłam i wychodzi z tego wszystkiego coś nie tak... i zawsze brakuje mi czasu...*

*– To, jeżeli chcesz zdać, musisz postąpić inaczej.
Przez pierwszą godzinę nic nie rób...*

– No co pan, jak to mam nic nie robić?

*– Tak, masz godzinę siedzieć i myśleć. Nie bierz
niczego do ręki; no chyba, że zegarek – zażartowa-
łem. – Siedź i myśl. Będziesz miała jeszcze siedem
godzin, aby zrobić pracę.*

*Po południu, podjeżdżając pod ASP, widzę uśmiech-
niętą i szczęśliwą Kasię. Z daleka widać, że zdała.*

*– I wie pan co? Jestem w pierwszej dziesiątce,
na pewno się dostanę, a scenografia została najlepiej oceniona. Ale były z tym egzaminem niezłe hece.
Mówię panu, szok. Przez pierwszą godzinę, tak jak
pan kazał, nic nie robiłam. Każdy asystent, a nawet
członkowie komisji podchodzili do mnie i pytali,
co mi jest. A ja – „nic mi nie jest, tylko myślę".
Miałam kilkadziesiąt pomysłów. Przelatywało to
przeze mnie i nagle jeden został, i tylko o nim my-
ślałam. Wszystko stawało się coraz wyraźniejsze, do-
kładniejsze, a ja jeszcze nigdy w życiu nie byłam
taka spokojna, pewna siebie i opanowana. I jeszcze
coś panu powiem – skończyłam jako jedna z pierwszych.*

● sekunda mądrości:

Trudno o pewniejszą oznakę nienormalności
jak powtarzanie w kółko tego samego
i oczekiwanie, że otrzyma się inne wyniki.

Albert Einstein

●● chwila refleksji:

O tym, że możesz wszystko zmienić

Żył sobie kiedyś w Chinach, w prowincji Xian sklepikarz bardzo biedny i skromnie żyjący. Nie załamywał się niepowodzeniami i zawsze starał się wszystko robić jak najlepiej.

Miał sklep, który dzięki jego ciężkiej pracy, zaradności i uprzejmości miał coraz więcej klientów i coraz lepiej prosperował. Potem otworzył jeszcze kilka podobnych sklepów, zatrudnił ludzi do pracy i stał się zamożnym kupcem.

Rodzinie kupca żyło się coraz lepiej, bo on zarabiał coraz więcej. W końcu przeprowadził się do większego domu w lepszej dzielnicy, urządził wspaniale sypialnię, salon i gabinet. Zatrudnił ogrodnika do ogrodu i służącą do sprzątania.

Jedna sprawa pozostawała niezmienna – posiłki, na które nieodmiennie od wielu lat składała się miseczka ryżu i woda. Jego żona, pamiętając dokładnie czasy ich nędzy, ubóstwa i głodu, przygotowywała zawsze taki sam posiłek, starając się oszczędzać na wszystkim. To nic, że kupiec wielokrotnie mówił jej, że stać ich na warzywa i mięso, na owoce i słodycze – kiedy wracał do domu, żona podawała mu miseczkę ryżu.

Nie pomagały rozmowy, prośby, błagania: żona kiwała głową, obiecywała, że jutro będzie inaczej, a kiedy kupiec wracał z pracy, na stole pojawiała się miseczka ryżu i woda.

W końcu zrezygnowany udał się do Mistrza z prośbą o pomoc i jakąś interwencję. Mistrz wysłuchał kupca i zapytał, kiedy jutro wraca z pracy do domu.

– Jak zwykle o zmierzchu – odpowiedział kupiec.

– Muszę o tym porozmawiać z tobą i twoją żoną w waszym domu. Proszę, uprzedź swoją żonę, że będę u was jutro o zmierzchu, niech przygotuje jakiś posiłek. Ale, proszę, nie mów, po co przychodzę – powiedział Mistrz.

Kupiec ucieszony pobiegł do domu i od razu zapowiedział, że będą jutro mieli wspaniałego gościa, który zostanie na wieczornym posiłku. Poprosił żonę, aby przygotowała coś ekstra.

Nazajutrz rano żona rozpoczęła intensywne przygotowania do przyjęcia Mistrza. Długo zastanawia-

ła się, co podać na kolację i po wielu fantastycznych pomysłach, po rozważeniu wszystkich za i przeciw wielu potraw, doszła do wniosku, że zwykły ryż i woda to będzie to, co Mistrz doceni. W końcu w prostocie jest całe piękno.

W południe ktoś niespodziewanie zadzwonił do drzwi. Zupełnie jeszcze nieprzygotowana, w domowym niestarannym stroju otworzyła drzwi. Za drzwiami stał Mistrz i uśmiechał się.

– Jestem umówiony z twoim mężem na rozmowę – zaczął.

– Taaak, wiem – powiedziała zupełnie zaskoczona żona – ale chyba trochę później?

– Tak, oczywiście, ale nie mam co robić, to pomyślałem, że poczekam na niego – i uśmiechnął się serdecznie. – Chyba nie masz nic przeciwko temu?

– Nie, ależ skąd. Proszę do salonu – otworzyła drzwi, kryjąc wyraźne zmieszanie. – Proszę, wejdź.

Mistrz wszedł i usiadł. Nic nie mówił i w pokoju zaległa cisza. Siedział spokojnie i rozglądał się.

– Może herbaty? – spytała.

– Nie dziękuję – z uśmiechem odpowiedział Mistrz. I znowu zapanowała długa cisza.

– Ładny dzień dzisiaj.

– Ładny – odparł.

– Wczoraj okropnie lało.

– Tak.

Rozmowa nie kleiła się. Kobieta chciała za wszelką cenę zająć czymś dostojnego gościa, ale nie

bardzo wiedziała, jak i czym. On sam nie przeja-
wiał żadnej inicjatywy. Minuty na zegarze płynęły
bardzo wolno. Do zmierzchu pozostało jeszcze parę
godzin.

– Mój mąż wróci dopiero o zmierzchu – zagad-
nęła.

– Tak wiem... ale poczekam, nie spieszy mi się –
i znowu serdeczny uśmiech.

– Ale to jeszcze parę godzin.

– Chyba ci nie przeszkadzam.

– Nie skądże, tylko tak chciałabym Mistrza czymś
zająć.

– Nie ma takiej potrzeby, posiedzę spokojnie
i poczekam.

Mistrz siedział spokojnie, a kobiecie coraz bar-
dziej tego spokoju brakowało.

– A może zagramy w jakąś grę? – zaczęła znowu.

– Dobrze, zagrajmy. A w jaką?

– Może w papier, kamień i nożyczki.

– A co to za gra? Nie znam jej.

– Nie zna Mistrz takiej starej chińskiej gry to-
warzyskiej?

– Nie, nie znam, ale chętnie się nauczę.

– Gra polega na tym – zaczęła kobieta – że na
dany znak pokazuje się jednocześnie dłonie. Otwar-
ta to papier, *zamknięta w pięść –* kamień, *a rozsta-*
wione palce wskazujący i środkowy – nożyczki.

– Interesujące, i co dalej – Mistrz wydawał się
być bardzo ożywiony.

– Papier *owija* kamień *i wygrywa*. Nożyczki *tną* papier *i wygrywają, ale tępią się na* kamieniu *i wtedy przegrywają. A kiedy oboje pokażemy to samo, jest remis. Czy reguły są jasne dla Mistrza?*

– *Tak, jasne, grajmy już* – Mistrz *był podekscytowany.*

– *To na trzy cztery pokazujemy. Uwaga! Trzy cztery* – *zaczęła kobieta.*

Mistrz pokazał papier, *kobieta* kamień.

– *Świetnie, Mistrzu, wygrałeś. No to dalej: trzy cztery.*

Mistrz pokazał papier, *kobieta* nożyczki.

– *Teraz przegrałeś. Trzy cztery.*

Mistrz pokazał papier, *kobieta* papier.

– *Teraz jest remis, ... ale Mistrzu, cały czas pokazujesz* papier, *możesz i powinieneś coś zmienić.*

– *Aha, to mogę zmienić ułożenie ręki? – dopytywał się Mistrz.*

– *Tak, możesz zmienić. No to jeszcze raz: trzy cztery.*

Mistrz pokazał papier, *kobieta* nożyczki.

– *Mistrzu, możesz zmienić – była lekko podenerwowana.*

– *Tak, wiem, mogę zmienić – przytaknął spokojnie Mistrz.*

– *No to jeszcze raz: trzy cztery.*

Mistrz pokazał papier, *kobieta* kamień.

Gra trwała. Mistrz konsekwentnie pokazywał papier, *a kobieta była coraz bardziej poirytowana, coraz natarczywiej zwracając Mistrzowi uwagę. Po głowie przebiegały jej różne myśli dotyczące poziomu umysłowego Mistrza i tego, że nie potrafi zrozumieć, że może zmienić. W końcu nie wytrzymała i zaczęła krzyczeć:*

– Możesz zmienić! Możesz zmienić! Możesz zmienić!

A Mistrz spokojnie odpowiadał:

– Tak, wiem, mogę zmienić – i pokazywał papier.

Aż nagle kobieta uspokoiła się, uśmiechnęła, skłoniła głowę i podziękowała Mistrzowi za naukę i wspaniałą lekcję.

Kiedy kupiec wieczorem wrócił do domu, minął się w drzwiach z Mistrzem, który właśnie wychodził. Na stole przygotowany był posiłek: pierożki, ryż, owoce, jarzyny, mięso, piwo i wino ryżowe. Pamiętaj: Możesz zmienić!

● **s e k u n d a   m ą d r o ś c i :**

Logika nie może zmienić emocji, natomiast działanie tak.

O konsekwentnym postępowaniu

Trzech bogatych myśliwych z Europy wybrało się na afrykańskie safari. Najlepsze tereny łowieckie były po drugiej stronie wielkiej rzeki pełnej krokodyli. Wynajęli więc przewoźnika, który bezpiecznie przewiózł ich na drugi brzeg. Poprosili go, aby za tydzień o tej porze przypłynął, by ich z powrotem zabrać. Po tygodniu przewoźnik zjawił się po myśliwych, którzy – jak można było sądzić – patrząc na wspaniałe trofea spędzili bardzo owocny tydzień. Rzucił okiem na upolowane zwierzęta i powiedział:

– Moja łódź nie zabierze na raz wszystkich tych zwierząt. Może zatonąć w prądach rzeki. Będę musiał przypłynąć tu dwa, a może trzy razy. Nie możecie załadować więcej jak dwie antylopy na raz. Będziecie mi musieli dużo więcej zapłacić.

– Chyba przesadzasz – odrzekli myśliwi – w ubiegłym roku przewoźnik pozwolił nam zabrać do takiej samej łodzi cztery antylopy.

Przewoźnik powątpiewał:

– Może łódź była większa?

– Nie, taka sama.

– Może was było mniej?

– Nie.

W końcu z dużymi oporami zgodził się, mówiąc:

– No cóż, jeżeli w tamtym roku zabraliście cztery antylopy, to myślę, że w tym roku też się uda.

Załadowali łódź sprzętem oraz czterema antylopami, wsiedli i odbili od brzegu. Natychmiast porwał ich prąd i łódź straciła sterowność. Niesiona prądem niepokojąco kołysała się na falach, aż w końcu zaczęła nabierać wody i zatonęła.

Myśliwi i przewoźnik zaczęli w ogromnym strachu i napięciu płynąć do brzegu, bo już z daleka zbliżały się krokodyle. W końcu wyczerpani do granic możliwości z trudem wydostali się na brzeg. Rozejrzeli się dookoła, a jeden myśliwy zapytał kolegę:

– Jak myślisz, gdzie jesteśmy?

Ten jeszcze raz zlustrował okolicę i powiedział:

– Myślę, że jesteśmy jakieś sto metrów dalej od miejsca, w którym zatonęła nam łódź rok temu.

● sekunda mądrości:

Zawsze można działać, ale każde działanie najpierw warto przemyśleć.

Sun Tzu

O tym, że warto zmienić strategię

Na ruchliwym deptaku w nadmorskiej miejscowości pośród tłumu spacerujących zrelaksowanych ludzi siedział niewidomy żebrak. Mimo wielkiego kartonu z napisem: Jestem ślepy, proszę o pomoc kapelusz, do którego zbierał datki, był zupełnie pusty.

Pewien mały chłopczyk, który przechodził obok niego, pociągnął ojca za rękę i cicho zapytał:

– Co tam jest napisane?

– Ten pan napisał, że nic nie widzi i prosi o pomoc – odpowiedział ojciec.

– Tatusiu, to pomóżmy temu panu. Skoro on nie może zobaczyć słońca i kwiatów, to musi mu być bardzo smutno.

Chociaż wypowiedział to bardzo cicho, żebrak usłyszał i lekko się uśmiechnął. Mężczyzna rzucił parę monet do kapelusza i poszli dalej.

Następnego dnia znowu mijali niewidomego żebraka i znowu chłopczyk zauważył, że kapelusz jest pusty, a ojciec wrzucił parę monet. Kiedy jednak trzeciego dnia sytuacja się powtórzyła, ojciec tak jak poprzednio wrzucił kilka monet, po czym – ku zaskoczeniu syna i bez pytania niewidomego o zgodę – wziął jego karton, odwrócił na drugą stronę i coś napisał.

Tego samego dnia późnym popołudniem, kiedy wracali, chłopczyk zauważył, że tym razem kapelusz niewidomego jest pełen monet i banknotów. Niewidomy rozpoznał ich kroki i głos dziecka, i zapytał:

– Proszę pana, czy to pan odwrócił karton i coś na nim napisał?

– Tak.

– A co, jeśli wolno zapytać? – rzekł wyraźnie ucieszony.

– Nic, co nie byłoby prawdą. Przepisałem pana zdanie, tylko troszkę inaczej – uśmiechnął się i oddalił, a z daleka krzyknął wesoło: – I niech tak zostanie.

– Tatusiu, ten niewidomy pan nigdy się nie dowie, co napisałeś na jego kartonie, ale mnie możesz powiedzieć.

– Napisałem: Podobno świeci słońce i kwitną kwiaty, a ja nie mogę tego zobaczyć...

● sekunda mądrości:

Zmień swoją strategię, jeśli coś nie jest tak, jak być powinno, a zobaczysz, że będzie lepiej...
Bo mimo wszystko zasługujemy na to, by dostrzec piękno tego świata, nawet jeśli czasem jest to trudne.

●● chwila refleksji:

Stary myśliwy i lisy

Tę historię opowiedział mi kiedyś mój lekarz rodzinny, kiedy prosiłem go o jakiś skuteczny, nowoczesny środek na katar i grypę.

Dawno, dawno temu, za górami, za lasami, wysoko w górach i głębokim lesie żył sobie stary myśliwy, który polował na lisy. Żył samotnie od wielu lat i jedynym jego zajęciem było zgłębianie tajemnic tak chytrych zwierząt, jakimi są lisy.

Kiedy przychodził sezon polowań na lisy, stary myśliwy wykorzystywał perfekcyjnie swoją wiedzę i przed jego chatką suszyło się co roku setki wspaniałych skórek. Raz w roku wybierał się do wioski, aby na jarmarku sprzedać lisie skórki i zaopatrzyć się w różne rzeczy niezbędne do życia w górskiej pustelni. Dostawał za nie bardzo dobrą cenę, bo skórki były wspaniałe. Kupcy przebijali się, aby to im właśnie sprzedał swoje wspaniałe zdobycze.

Starzec nie był jedynym myśliwym w okolicy. Żyło ich tu bardzo wielu, bo teren obfitował w zwierzynę futerkową. Nikt jednak nie mógł pochwalić

177

się takim osiągnięciami jak on. Zawsze najwięcej upolował, miał najlepsze skórki i to on dyktował ceny, i to na niego czekali kupcy.

Od wielu lat stary myśliwy był „przedmiotem" zazdrości innych łowców. Wieczorami w karczmach przy piwie myśliwi, chcąc zdeprecjonować osiągnięcia starca, podkreślali, że nie trudno być tak dobrym myśliwym, kiedy ma się tak wspaniały teren obfitujący w taką zwierzynę.

– Każdy by potrafił być taki. To nie żadne umiejętności, sekrety i tajemnice, to „miejsce", w którym stary polował, i wszystko.

Pewnego dnia, po kolejnym niezwykle udanym sezonie, do chatki starego myśliwego zapukał jeden z tych młodych, zdolnych, rządnych sukcesów myśliwych.

– Dziadku – zaczął – mam dla ciebie propozycję. Sądzę, że bardzo dobrą i nie do odrzucenia. Jesteś już stary i coraz trudniej chodzić ci po górach i uganiać się za lisami. Sprzedaj mi ten „interes". Dobrze zapłacę. Życie we wsi między ludźmi jest łatwiejsze i wygodniejsze, a za kwotę, którą chcę ci zaproponować, będziesz żył dostatnio do końca swoich dni. Ja chcę polować na twoim terenie i myślę, że dam sobie radę nie gorzej niż ty.

Stary myśliwy słuchał uważnie. Propozycja zaczęła mu się podobać. Wydała mu się uczciwa i rzetelna, a postawione argumenty rzeczowe. Młody myśliwy sprawiał dobre wrażenie, a suma, jaką zaproponował, też była nie do pogardzenia. Nie zastanawiając się zbyt długo, przystał na propozycję.

Przez wiele dni stary myśliwy oprowadzał młodego po okolicy i pokazywał lisie kryjówki. Zdradzał mu przy tym uczciwie wszystkie sekrety i tajemnice lisiej natury; wszystkie swoje najtajniejsze metody polowań, całą swoją sztukę łowiectwa. W końcu uznał, że przekazał młodemu cała swoją wiedzę i powędrował do wioski. Młody myśliwy pozostał w górach i rozpoczął przygotowania do kolejnego sezonu polowań.

Stary szybko urządził się we wsi. Żyło mu się dobrze i dostatnio, a sława, którą zdobył jako myśliwy, dawała mu szacunek i poważanie w całej wsi i u wszystkich myśliwych. Od czasu do czasu spoglądał jednak tęsknym okiem w góry i przypominał sobie wspaniałe czasy, kiedy polował.

Mniej więcej po roku postanowił sprawdzić, jak radzi sobie jego młody następca i wybrał się w góry. Czas był odpowiedni, bo właśnie skończył się kolejny sezon polowań.

Kiedy zbliżył się do swojej starej chatki ze zdziwieniem spostrzegł, że nie suszy się przed nią żadna skórka lisia. Rozejrzał się dookoła, ale nigdzie nie dostrzegł lisich skórek. Wszedł do chaty i zobaczył siedzącego w niej zupełnie załamanego i sfrustrowanego młodego myśliwego.

– Dlaczego nie suszysz skórek? – zapytał starzec.

– Nie suszę, bo nie złapałem ani jednego lisa – odpowiedział załamany myśliwy.

– Ani jednego?

– Ani jednego – potwierdził.

– Jak to możliwe? Przecież zdradziłem ci wszystkie moje metody i sztuczki polowań – dziwił się stary myśliwy.

– No tak, ale ja wprowadziłem swoje własne – odrzekł młody.

● **sekunda mądrości:**

Jaki stąd wniosek, Drogi Czytelniku?
No cóż, lisy po prostu nie znały tych nowych metod i sztuczek.

7.

O tym, jak sukces i władza zmienia ludzi

Sukces zmienia ludzi. Istnieje powszechna opinia, że niestety najczęściej zmienia na gorsze. Sukces związany z władzą nie
tylko zmienia, ale też skutecznie deprawuje. Sukces i władza są
jak narkotyk – nie ma na nie odpornych.

Historia i aktualne życie publiczne pełne są doniesień
o skorumpowanych, nieuczciwych urzędnikach i prezesach
firm, politykach, ekspertach.

Patrząc na swoje postępy na drodze sukcesu, chcemy wierzyć, że to nie władza zmienia człowieka, ale raczej określony
rodzaj ludzi (do pewnego stopnia zdeprawowanych) najczęściej sięga po władzę. Zajęcie nadrzędnej pozycji w hierarchii
społecznej tylko ujawnia ich prawdziwe oblicze. Nas to oczywiście nie dotyczy i jesteśmy jednym z nielicznych szlachetnych wyjątków.

Niestety eksperymenty przeprowadzone na gruncie psychologii przez Ammę Caddy, w trakcie których losowano przy-
padkowych kandydatów na określone stanowiska sukcesu
i władzy, a następnie badano jej następstwa, skłaniają do pozostania przy stwierdzeniu, że to jednak „pozycja i miejsce" zmienia ludzi.

Aby odpowiedzieć na pytanie, dlaczego tak się dzieje, warto
przyjrzeć się mechanizmom sukcesu.

Ludzie wkraczający na drogę sukcesu aktywizują u siebie
tzw. „apetytywny system dążenia" (dążenie do) i przyjmują,
świadomie czy nie, pozycję nadrzędną do otaczającej rzeczywi-

stości. Przyjmowanie pozycji wyczekującej, służebnej, poddańczej aktywizuje system hamowania.

W przypadku aktywizowania „apetytywnego systemu dążenia" akceptuje się zachowania związane z nagrodami, nowymi możliwościami, kolejnymi wyzwaniami. Wzrasta również wrażliwość na bodźce pozytywne. Świat staje się lepszy. Dzieje się tak, ponieważ osoba osiągająca sukces w formie wymiernej, np. awansująca na stanowisko, zarabiająca więcej ma większy dostęp do dóbr materialnych i społecznych. Jednocześnie maleje znaczenie kontroli lub pojawia się jej brak ze strony innych ludzi, którzy do tej pory ustalali prawa i zasady. Osoba sukcesu staje się, pozornie, mniej ograniczona koniecznością przestrzegania norm społecznych. „Nic nie muszę", „mogę robić co chcę", a to jest szalenie pociągające.

Pozycja nadrzędna połączona z taką aktywnością sprawia, że człowiek zaczyna postrzegać świat coraz bardziej optymistycznie. Doświadcza przypływu pozytywnych emocji, a tym samym poprawy nastroju. Maleją bariery i ograniczenia, pojawia się swoboda i beztroska. Dostrzegane są szanse i nagrody, a ignorowane ograniczenia i zagrożenia.

Subiektywne poczucie sukcesu, stanowiska, władzy koreluje z takimi stanami, jak skłonność do przeżywania rozbawienia, entuzjazmu, wolności, satysfakcji i miłości. Wysoka samoocena zwiększa poczucie szczęścia i utrwala dobry nastrój. Trudno się zatem dziwić, że władza jest jak narkotyk.

Ludzie posiadający władzę charakteryzują się, oprócz większego stopnia zadowolenia (w szczególności z siebie, swoich decyzji i swojego działania), również innością hormonalną. Mają zdecydowanie podniesiony poziom testosteronu – decyzyjność i skłonność do ryzyka; oraz obniżony poziom kortyzolu – podatność na stres.

Takie zmiany hormonalne nasilają również przekonanie, że możemy wpływać na takie wydarzenia, które w rzeczywistości są poza naszym wpływem i zależą od przypadku lub innych ludzi. Czym jest „złudzenie kontroli", obrazuje nasze zachowanie podczas gry w ruletkę, kości lub w karty. Mamy skłonność raczej do tego, aby samemu obstawiać planszę, rzucić kości lub tasować karty, niż pozwolić, aby ktoś uczynił to za nas. Jeżeli już wcześniej coś wygraliśmy, to chęć kontroli wyraźnie rośnie. Aktywizacja poczucia sukcesu powoduje, że wszyscy wolą wykonać tę czynność sami w przekonaniu, że to wpłynie na dobry wynik.

Powszechnie wiadomo, że ludzie sukcesu są skupieni na możliwościach, przy czym często przeceniają te możliwości i nie doceniają trudności. Stąd bierze się dość irytujący dla podwładnych fakt, że szefowie nie widzą trudności, że czegoś nie da się zrobić. Dzięki temu sami czują się bardziej kompetentni i zasługujący na władzę. Lepiej funkcjonują na poziomie intelektualnym i emocjonalnym. Pogarsza się natomiast funkcjonowanie społeczne, które przejawia się mniejszą empatią i brakiem motywacji do przestrzegania norm społecznych. Nierealistyczny optymizm i złudzenie kontroli przyczynia się do zachowań ryzykownych. Często koszty tego ryzyka odczuwają podwładni.

Osoby będące u władzy mają większe tendencje do łamania norm społecznych i są mniej skłonne do uwzględniania punktu widzenia i potrzeb innych. A to owocuje wszechogarniającą pychą, która kroczy przed upadkiem.

O Smoku, który opanował królestwo

Dawno, dawno temu było sobie wspaniałe i bogate królestwo. Panował tam dobry król i żyli szczęśliwi poddani. Ale nagle, tak jak to bywa w bajce, królestwo opanował straszny, ziejący ogniem Smok. Skąd przybył, nie wiadomo. W jaki sposób zajął wielki zamek na smoczym wzgórzu za bagnami, nikt nie wiedział. Smok był bardzo zły i zachowywał się tak, jak bardzo złe smoki: pożerał dziewice, ograbiał karawany, ogniem palił pola wieśniaków, zabierał towary kupcom, podnosił podatki i nakładał srogie kontrybucje na wszystkich. Ludność tego wspaniałego królestwa cierpiała strasznie.

Dobry król, odsunięty od władzy i skazany na banicję, w ukryciu i pełnej konspiracji próbował pozbyć się Smoka – w tradycyjny dla bajek sposób, tzn. ogłosił królewskim dekretem, że ten, kto pokona Smoka dostanie w nagrodę rękę księżniczki i pół królestwa.

Przyjeżdżali różni: wszyscy sławni, o nieskazitelnej opinii i moralności, zaprawieni w pokonywaniu smoków rycerze. Wyglądali mniej lub bardziej groźnie, na białych i czarnych rumakach, jedni dla sławy inni zwabieni pięknością księżniczki, jeszcze inni dla czystego zysku i... przepadali bez wieści.

Smok rozprawiał się ze wszystkimi. Był coraz bardziej rozzłoszczony i uciskał naród coraz bardziej. A ludzie opowiadali, że bagna i lasy przed smoczym wzgórzem usłane są trupami dzielnych rycerzy i lepiej omijać te tereny z daleka. Wieść o straszliwym, niepokonanym Smoku roznosiła się daleko poza granice królestwa.

Nie wiadomo, czy z tego powodu, czy dlatego, że lata mijały i księżniczka nie stanowiła już takiej atrakcji, a może dlatego, że połowa prawie zupełnie zniszczonego królestwa stawała się raczej ciężarem niż nagrodą, zainteresowanie walką ze Smokiem zupełnie zmalało wśród walecznego rycerstwa.

Dobry król postanowił zatem zmienić taktykę postępowania. Wśród zaufanych i sprzyjających mu poddanych zrobił zbiórkę pieniędzy, coś dołożył z własnych, przezornie schowanych w bankach krajów neutralnych, zasobów finansowych i wyznaczył nagrodę za głowę Smoka.

Zwabieni okrągłą sumką rycerze znowu zaczęli tłumnie zjeżdżać do królestwa. Ich zapał trochę słabł, gdy okazywało się, że nagroda będzie wypłacana w dwóch ratach: połowa przed, a połowa po dostarczeniu głowy, ale i tak najdzielniejsi i najszlachetniejsi wyruszali w stronę smoczego wzgórza.

Napisałem: „wyruszali", czyli w liczbie mnogiej, bo Smok srożył się coraz bardziej i kolejni rycerze przepadali bez wieści – tym razem z połową nagrody każdy. Sytuacja wydawała się kryzysowa i bez *wyjścia. Bezradny dobry król zwołał w akcie rozpaczy Radę Stanu, aby coś wspólnie wymyślić: jakiś plan, program naprawczy, strategię dla oswobodzenia kraju z pod tyranii Smoka.*

Rada radziła przez tydzień. Przede wszystkim w pełni zaaprobowała postępowanie króla i jednogłośnie przegłosowała wotum zaufania dla władcy. Odnośnie problemu „Smoka" to przewijało się wiele koncepcji postępowania. Przede wszystkim dokładnie zdefiniowano problem i określono wszystkie jego parametry. Z tego podsumowania wynikało, że Smok jest wyjątkowo groźny, zły i straszny. Dlatego do jego pokonania trzeba znaleźć wyjątkowo walecznego, dzielnego, o wyjątkowej, nieskazitelnej opinii i moralności rycerza. Rycerze, którzy do tej pory próbowali zmagać się ze Smokiem, byli po prostu nieodpowiedni do rangi problemu.

Na pewno proponowana kwota za głowę smoka była zbyt niska, co sugerowało, że nie jest on do końca taki straszny i przyciągało pod smocze wzgórze drugi gatunek rycerstwa. Rezultaty można, jak opowiadają okoliczni mieszkańcy, oglądać po lasach i na bagnach wokoło wzgórza.

Rada ustaliła, że trzeba przede wszystkim znacznie podnieść nagrodę za głowę Smoka i zastanowić się, gdzie i jak znaleźć odpowiedniego rycerza. Może rycerzowi należałoby też coś przyszłościowo zaproponować: na przykład dożywotnie miejsce w Radzie albo stanowisko ministra ds. smoków.

Król rozpoczął zbieranie gotówki, a członkowie Rady zajęli się poszukiwaniem rycerza. Po miesiącach ciężkiej pracy król dysponował kwotą kilkakrotnie przewyższającą pierwotnie proponowaną nagrodę, a Rada listą kilkunastu najwybitniejszych rycerzy specjalizujących się w walkach ze smokami.

Po burzliwej debacie i tajnym głosowaniu wybrano w końcu najwybitniejszego rycerza i skierowano do niego imienne zaproszenie do walki ze smokiem. W zaproszeniu podpisanym przez dobrego króla i członków Rady zwrócono uwagę na cierpienia ludu, nieśmiertelną sławę, którą niechybnie okryje się rycerz, nie ukrywano dotychczasowych niepowodzeń, wymieniono także wysokość nagrody, którą otrzyma rycerz.

Wszyscy czekali z niecierpliwością na powrót posłańca. Jakież było zdziwienie wszystkich, gdy zamiast posłańca zjawił się sam rycerz. Oświadczył, że wzruszył się do łez, czytając te fragmenty listu, które dotyczyły cierpienia mieszkańców królestwa, a złość nim zbierała, gdy zapoznawał się z okrucieństwem Smoka. Pomimo że miał w planach zabicie kilku innych, mniejszych i nie tak okrutnych smoków, odłożył tamte sprawy i przybył natychmiast. Prosił, aby mu wskazać drogę na smocze wzgórze.

Króla i wszystkich z Rady ujął skromnością, otwartością i bijącą z twarzy uczciwością. Wyglądał przy tym bardzo mężnie i groźnie, a jego wielki miecz, co było aż nadto widoczne, nie raz posmakował smoczej krwi.

Na pięknym rumaku w lśniącej zbroi, z kopią i mieczem mógł wzbudzać zachwyt przyjaciół i przerażenie wśród smoków.

Nie pytał o gratyfikację i nagrodę. Kiedy wręczano mu połowę ustalonej sumy był wyraźnie zażenowany i zakłopotany, mrucząc coś pod wąsem: że po co, nie trzeba aż tyle, może rozdać potrzebującym itd. O stanowiskach nie chciał słyszeć, bo władza go nie interesuje.

Zaopatrzony w stosowną mapę i instrukcję rycerz udał się w stronę smoczego wzgórza, żegnany z ogromnymi nadziejami przez króla i wielu mieszkańców.

Przejechał doliny, przeprawił się przez rzeki, lasy i pomniejsze wzgórza. Napotykana ludność ze współczuciem patrzyła na niego, opowiadając o strasznym Smoku. Minął urwiska i przepaście, przebrnął przez gęste lasy i mokradła – nigdzie nie było Smoka.

Zbliżał się do smoczego wzgórza, na szczycie którego piętrzyło się straszliwe zamczysko. Nastawił kopię i ostrożnie, gotowy w każdej chwili odeprzeć atak, zbliżył się do zamkowej fosy – nigdzie nie było Smoka.

Zwodzony most był opuszczony, a brama w warownych murach uchylona. Z największą ostrożnością, wietrząc w tym jakiś okrutny podstęp, przeszedł przez most i zajrzał na zamkowy dziedziniec – nigdzie nie było Smoka.

Poszukał wzrokiem wejścia do zamku: znajdowało się po przeciwnej stronie dziedzińca. Ostrożnie zbadał teren i najszybciej, jak potrafił, przemknął niczym błyskawica na drugą stronę dziedzińca. Nikogo nie było, nikogo nie zauważył. Uchylił drzwi do zamku. Ujrzał wielkie kamienne schody prowadzące w górę. Zaczął powoli wchodzić. Na szczycie schodów zobaczył kolejne drzwi. Ostrożnie wszedł i znalazł się w wielkiej sali tronowej, i... wtedy go zobaczył.

Smok siedział na tronie na końcu sali. Wyglądał jak normalny smok. Był zielony, miał wielką paszczę i wyłupiaste oczy, całe ciało pokryte łuską, wielkie skrzydła dodawały mu grozy, a długi ogon pozostawał zawinięty z tyłu za tron. W zielonych łapach pomiędzy długimi pazurami trzymał... książkę i czytał.

Smok, podobnie jak rycerz, był wyraźnie zaskoczony. Pierwszy otrząsnął się rycerz i pamiętając dokładnie sekrety taktyki wojennej, postanowił skorzystać z zaskoczenia. Dobył miecza i skoczył przez salę w kierunku Smoka, składając się jednocześnie do straszliwego cięcia.

Kiedy znalazł się w połowie drogi, zauważył, że Smok otwiera paszczę. Spodziewał się strumienia ognia i siarki – jak to bywało w zwyczaju smoków walczących z rycerzami. Opuścił przyłbicę swojej wspaniałej zbroi w oczekiwaniu na ognisty podmuch, ale nic takiego nie nastąpiło. Po prostu Smok coś do niego powiedział. Ale ponieważ mówił w smoczym języku, rycerz i tak nie zrozumiał. Był zresztą bardzo blisko celu. Nie marnował czasu na zastanawianie się. Machnął mieczem i uciął Smokowi głowę. I było po wszystkim. Koniec.

Rycerz, mając się jednak cały czas na baczności, podniósł przyłbicę, stalową rękawicą otarł pot z czoła i odetchnął. Już? Po wszystkim? Był trochę zdezorientowany, że to wszystko w sumie tak łatwo i gładko poszło.

Po krótkiej chwili refleksji postanowił jednak wrócić do swoich rycerskich obowiązków. Podszedł do Smoka, ujął głowę za zielone włosy i już, już miał podejść do okna, aby pokazać ją wiwatującemu tłumowi z okrzykiem – „Oto głowa waszego ciemiężcy!" – kiedy nagle jego wzrok padł na uchylone drzwi w rogu sali. Biła z nich dziwna jasność. Trzymając cały czas głowę smoka w jednej ręce, a miecz w drugiej, podszedł do drzwi. Uchylił jeszcze mocniej. To, co zobaczył za drzwiami, wprawiło go w zupełne osłupienie.

Był to skarbiec wypełniony po brzegi niewyobrażalnym bogactwem: pieniądze, złoto w sztabach, diamenty, biżuteria, ozdoby, drogie kamienie, białe i czarne perły, rzeźby, dzieła sztuki, misterna porcelana.

Stanął jak zamurowany. Odłożył miecz i głowę smoka, i wszedł do środka. Wydawało mu się, że śni. Szedł między skrzyniami wypełnionymi złotymi dukatami, kuframi pełnymi rubinów i szmaragdów; dotykał porcelany i drogich ubrań.

Nagle odwrócił się, chcąc sprawdzić, czy ktoś go nie śledzi i nie obserwuje. W skarbcu nie było nikogo.

Wyszedł z powrotem do sali tronowej, tam też cisza i pustka. Był sam. Wrócił do skarbca, podszedł do skrzyni z dukatami i zaczął napełniać kieszenie złotem. Zagarnął do torby garść pereł i rubinów, sięgnął po gruby złoty łańcuch, aby powiesić go sobie na szyi, gdy nagle spostrzegł, że... jego ręce stają się dziwnie szponowate i pokrywają się grubą zieloną łuską. Twarz nieproporcjonalnie wydłuża się. A całe ciało dziwnie się wykręca i przeistacza.

I wtedy zaczął rozumieć, co mówił do niego Smok w sali tronowej. A Smok mówił: – Jak już będzie po wszystkim, to nie bierz tego. Pod żadnym pozorem nie bierz.

● sekunda mądrości:

Władza, stanowisko, tytuły i pozycja
nie są ci do niczego potrzebne,
bo w życiu ważne są tylko trzy rzeczy:
coś do roboty, ktoś do kochania i jakieś marzenia
– *moja babcia.*

Pałeczki z kości słoniowej

Kiedy na cesarskim tronie zasiadł młody cesarz z dynastii Czou, wszyscy byli szczęśliwi i zadowoleni. Młody cesarz słynął z mądrości i sprawiedliwości. Miał wielu mądrych ministrów, którzy mieli odwagę występować ze swoimi pomysłami i nie bali się jasno wygłaszać swoich poglądów w obecności cesarza. Również ludność zadowolona była z umiarkowanych podatków i sprawiedliwych sądów.

Po kilku latach niczym niezakłóconego, wzorcowego wręcz panowania na jednej z cotygodniowych narad najbardziej zaufany, najstarszy minister cesarski Wei Tse poprosił cesarza o zwolnienie go z tej zaszczytnej funkcji i pozwolenie udania się do klasztoru – do miejsca odosobnienia.

Zaskoczenie było ogromne, bo Wei Tse należał do najmądrzejszych, najbardziej wpływowych i najbogatszych ludzi w cesarstwie.

Cesarz długo zwlekał z decyzją: prosił – na ile pozwalała mu godność cesarska; nalegał – na ile mu pozwalała etykieta.

Wei Tse grzecznie prosił, podając jako jedyny i oficjalny powód „wewnętrzny głos", który nakazuje mu spędzenie reszty życia w klasztorze.

193

W końcu cesarz wyraził zgodę z małą uwagą, że gdyby chciał wrócić, to zawsze pałac cesarski stoi otworem i będzie powitany z otwartymi ramionami.

Kiedy Wei Tse pakował swoje rzeczy, do komnaty przyszło kilku jego najbliższych kolegów z Rady, aby odwieść go od tego zamiaru. Mieli nadzieję, że wpłyną jakoś na zmianę decyzji, a przede wszystkim dowiedzą się, jaki jest prawdziwy powód tej niespodziewanej rezygnacji.

Był on jednak nieugięty i niepodatny na sugestie przyjaciół. W końcu jeden z nich powiedział:

– Czy mógłbyś przynajmniej ze względu na naszą wieloletnią przyjaźń podać nam prawdziwy powód swojej decyzji.

– Dobrze – odrzekł Wei Tse – powiem wam, ale proszę, abyście zachowali to w największej tajemnicy.

W komnacie zrobiło się bardzo cicho.

– Odchodzę z dworu, bo wczoraj przy obiedzie cesarz poprosił o pałeczki do ryżu z kości słoniowej.

– Co? – prawie jednocześnie krzyknęli wszyscy ministrowie. – To jest powód? – i zaczęli się śmiać.

Ale Wei Tse nie śmiał się i powoli kontynuował swoją myśl:

– Z tego nie wyniknie nic dobrego, bo kto zaczyna jadać pałeczkami z kości słoniowej, nie starczą mu także porcelanowe miseczki. Zechce je mieć z jadeitu albo bawolego rogu inkrustowanego drogimi kamieniami. Zamiast ryżu i jarzyn, zażąda

wyszukanych przysmaków: mięsa młodego leopar-
da, słoniowych ogonów, języka aligatora. Wzgardzi
codziennym ubiorem i zażyczy sobie kosztownych
jedwabi. Zwykłe komnaty będą mu za skromne
i zechce mieszkać jedynie w złotych pałacach.
Zwykli ludzie będą go drażnić i otoczy się niedo-
stępnym murem. Będzie żył tylko dla siebie, a przy-
jaciele nie będą mu potrzebni, więc się ich pozbę-
dzie. Dlatego odchodzę już dzisiaj, bo nie chcę mieć
z tym nic wspólnego.

Ministrowie wyszli z komnaty, kręcąc głowami
z powątpiewaniem i niedowierzaniem. Znali cesa-
rza od wielu, wielu lat. To było niemożliwe.

Pięć lat później młody cesarz – ostatni z dynastii
Czou – był wzbudzającym lęk tyranem i mordercą,
który w okrutny sposób gnębił swoich poddanych.
Rzeczywiście otaczały go góry wyszukanych mięs
i potoki najwyszukańszych win mogących wypełnić
jezioro.

Aby nikt tego nie widział, otoczył pałac wielkim
murem; aby nikt mu nie zwracał uwag, każdego
o innym zdaniu skazywał na ścięcie. Otaczał się
tylko poplecznikami i klakierami.

I tak doszło w końcu do jego upadku.

Nowy władca zastał cesarstwo zrujnowane
i w rozpadzie. Rozpoczął żmudną pracę odbudowy-
wania na zrujnowanych zgliszczach, a swoim naj-
bliższym doradcą mianował Wei Tse, który zgodził
się opuścić klasztor.

I tak mijały lata na ciężkiej mozolnej pracy, aż pewnego dnia – przy obiedzie – nowy cesarz poprosił o pałeczki do ryżu z kości słoniowej.
Wei Tse powrócił do klasztoru.

● sekunda mądrości:

Jeżeli władca odnosi się zarozumiale do innych tylko dlatego, że posiadł cesarstwo, to na pewno je straci.

Han Szy

●● chwila refleksji:

Odrobina srebra

Pewien król, troszcząc się niezwykle o wykształcenie i wychowanie swoich dzieci, oddał najstarszego syna, następcę tronu, do klasztoru. U bardzo mądrego Mistrza, w otoczeniu równie mądrych i wykształconych mnichów miał pobierać stosowne nauki. Król liczył na to, że dobre przykłady, etyka i moralność, a także zdobyta wiedza i wykształcenie młodego księcia zaowocują potem dobrymi rządami w państwie. W klasztorze przestrzegano surowych reguł i zasad. Młody książę z dużymi oporami i niechętnie uczestniczył w codziennych rytuałach, ćwiczeniach, medytacjach i naukach. Stopniowo jednak chłonął atmosferę i zwyczaje; podobał mu się spokój i opanowanie mnichów. Był pod wrażeniem ich ogromnej wiedzy szczególnie mądrości Mistrza. Nawet polubił poranne ćwiczenia, bo dostrzegał, jak jego ciało mężnieje. Przyzwyczaił się do kąpieli w zimnej wodzie; zaczęły smakować mu skromne, proste posiłki. Powoli pełna akceptacja życia klasztornego zaczęła przeradzać się w istną młodzieńczą fascynację. Był pod urokiem prawości i praworządności panującej w klasztorze. Brakiem jakichkolwiek zewnętrznych kar i zakazów, a przy tym porządku i potrzeby przestrzegania reguł wypływających ze świadomości i zrozumienia. Zachwycał się nadrzędnymi regułami poszanowania drugiego człowieka, jego prawa do wolności i wyrażania swoich poglądów. A przy tym niesamowitym wręcz odrzuceniem egoizmu i pogardą dla dóbr materialnych.

Wieczorami, kiedy młody książę zostawał sam w skromnej izbie, podejmował wewnętrzne postanowienia i dawał sobie stosowne obietnice, że jak kiedyś zostanie królem, to zmieni cały system edukacji w państwie, wprowadzając klasztorne reguły. Ograniczy wydatki na dwór i rząd, obniży zdecydowanie podatki, ukróci samowolę urzędników. Mądrych, skromnych i wykształconych uczyni ministrami oraz sędziami – w obsadzaniu stanowisk będzie się kierował fachowością, wytępi korupcję i nepotyzm... – i w tym mniej więcej miejscu książę najczęściej zasypiał.

Oczywiście, dzielił się swoimi planami i zamierzeniami z Mistrzem, który cierpliwie słuchał, przytakiwał i starał się nie pozbawiać księcia złudzeń ani wyprowadzać przyszłego władcy z młodzieńczej naiwności.

Minęło parę lat, aczkolwiek dużo mniej niż można było oczekiwać. Edukacja księcia została przerwana nagle i stanowczo. Do klasztoru dotarła spodziewana wiadomość: „Umarł Król. Niech żyje Król".

Książę, pomimo bardzo młodego jeszcze wieku, jako prawowity następca tronu został Królem. Kiedy żegnał się ze swoimi braćmi z klasztoru, zwrócił się do Mistrza z prośbą, aby ten opuścił klasztor i udał się z nim do stolicy jako jego osobisty i jedyny doradca. Mistrz jednak odmówił, prosząc, aby młody król nie wymagał uzasadnienia dla tej decyzji. Król jako dobry uczeń uszanował wolę Mistrza i nie pytał.

Na czele królewskiego orszaku – pogrążony w smutku po zmarłym ojcu, ale jednocześnie pełen wewnętrznego zapału – udał się do stolicy sprawować nowe rządy.

W parę miesięcy po koronacji król zjawił się znowu w klasztorze. Żalił się Mistrzowi na to, jak wielki opór napotyka, kiedy chce wprowadzać nowe zwyczaje i reguły postępowania. Jak brakuje mu uczciwych ludzi do pomocy w rządzeniu, którzy dobro państwa będą przekładali ponad swoją prywatę. Jak trudno o rzetelnych, mądrych fachowców.

Ponowił propozycję objęcia przez Mistrza stanowiska osobistego doradcy i premiera rządu. Mistrz podziękował za zaufanie i pokładane w nim nadzieje, jednak ponownie stanowczo odmówił. Wtedy król – przygotowany na taki obrót sprawy – zaproponował coś innego.

– A gdybym tak zwrócił się z tą prośbą do moich dawnych kolegów i towarzyszy życia klasztornego. W ciągu kilku lat zdążyłem ich dobrze poznać. Nie znam lepszych, uczciwszych i bardziej odpowiednich kandydatów do zarządzania wieloma ministerstwami. Wierzę, że zechcą pójść ze mną i poświęcić się dla dobra kraju. Czy miałbyś coś przeciwko temu?

Mistrz trochę zaskoczony tą nieoczekiwaną prośbą łagodnie się uśmiechnął i powiedział:

– Jeżeli wyrażą zgodę, zechcą z tobą pojechać do stolicy i objąć urzędy, nie będę miał nic przeciwko temu.

Król bardzo się ucieszył, bo faktycznie wielu mnichów zgodziło się mu pomóc. Wśród nich byli też ci najbardziej nieskazitelni, najbardziej prawi, na których mu najbardziej zależało. Niezwykle zadowolony, z potężnym zastrzykiem energii wracał do stolicy.

– Tym razem na pewno mi się uda – myślał.

Minęło znowu kilka miesięcy i młody król ponownie przyjechał do Mistrza. I tym razem nie był szczęśliwy i zadowolony. Był wręcz załamany i rozdrażniony. Opowiadał wzburzony, jak coraz trudniej rządzi się krajem. Pomimo jego starań i chęci, pomimo obsadzenia bardzo uczciwych ludzi na stanowiskach nie znika korupcja, łapówkarstwo. Dalej panoszy się nieuczciwość i niesprawiedliwość, powszechny brak szacunku dla prawa. Obywatele skarżą się jeszcze bardziej niż za czasów jego ojca.

– Dlaczego urzędnicy i ministrowie myślą tylko o sobie i swojej karierze, a nie o poddanych? Dlaczego uchwalają złe prawa, coraz większe podatki, coraz surowsze wyroki?

– Dlaczego – pytał Mistrza – ludzie tak bardzo się zmieniają? Tak szybko? Pod wpływem czego? Te cechy, które widziałem u nich tutaj w klasztorze, zniknęły tam w stolicy. I to tak szybko.

Mistrz wysłuchiwał młodego króla, starając się spokojem i łagodnością ostudzić trochę temperament władcy, a życzliwym uśmiechem podnieść go na duchu. W końcu, kiedy młody król wyrzucił z siebie wszystkie „dlaczego", zwrócił się do niego:

– Spójrz Panie w okno, co widzisz?

– Nie rozumiem – odrzekł nieco zdziwiony król.

– Spójrz przez szybę, co widzisz – kontynuował Mistrz.

– Las, łąkę – zaczął powoli zaskoczony władca – chłopów na polu, dzieci kąpiące się w zakolu strumienia, parę zakochanych całującą się pod drzewem. O, wóz drabiniasty jedzie drogą...

– A teraz co widzisz? – i Mistrz podsunął królowi lustro.

– Siebie – odparł zdziwiony król.

Zobacz, to taka sama szyba, a jednak drobna warstwa srebra odpowiednio położona, jak bardzo zmienia widzenie świata.

● sekunda mądrości:

Mędrzec, który naucza, który sam prawa ustalić potrafi
i sam przemian dokonać,
nie zdoła jednak sprawić, by coś działo się
wbrew naturze władzy

– twierdzi Lie Tzy.

8.

O porażkach, trudnościach i bezsensownych dniach

Co robić, kiedy niebo nad głową zamienia się w „szklany sufit"? Kiedy zamiast horyzontu mamy przed oczami ścianę i żadnej, najmniejszej perspektywy? Kiedy w życiu następują wydarzenia, nad którymi nie jesteśmy w stanie zapanować. Umiera ktoś z rodziny, porzuca nas partner, firma, w której pracujemy, bankrutuje i jesteśmy bez pracy, i środków do życia; wspólnik nas okradł i uciekł, zostawiając długi.

W takiej właśnie chwili czujemy wielką bezsilność, bo nic, co moglibyśmy zrobić, nie jest w stanie odmienić tego typu wydarzeń.

A gdzie jest powiedziane, że coś się musi odmienić, odwrócić, odbudować? Dlaczego oczekujesz, że partner z powrotem zacznie Cię kochać, firma stanie na nogi i z powrotem zatrudni, a wspólnik poczuje wyrzuty sumienia – odda pieniądze i spłaci długi.

Nie wiem, czy zdajesz sobie sprawę, że jest to raczej mało prawdopodobne. Ale zupełnie realne jest coś innego. No właśnie *innego*! Może to, co się w tej chwili z Tobą dzieje, jest niepowtarzalną szansą, aby zacząć coś zupełnie nowego. Skierować życie na nowe tory, inaczej spojrzeć na swoją rzeczywistość i swoje problemy. Zacząć inaczej myśleć, zerwać z ukształtowanym w podświadomości wzorcem postępowania.

Jestem pewien, że doświadczyłeś w życiu takiej sytuacji. Robiłeś wszystko, co możliwe, aby odzyskać pracę, naprawić związek, uratować firmę i żadne z Twoich działań nie przynosiło spodziewanych rezultatów. Jednak po pewnym czasie stanąłeś na nogi i odzyskałeś równowagę. Ba, nawet odniosłeś spektakularne sukcesy.

Kiedy teraz z perspektywy czasu patrzysz na tamte problemy, łatwo możesz zauważyć, że tamte twoje działania miały wówczas na celu ochronę tego, co było jeszcze możliwe i ewentualnie odbudowanie utraconych pozycji. Liczyłeś, że coś się odmieni, ale tak naprawdę liczyłeś na powrót tego, co było.

Kiedy jednak zmieniłeś strategię i zacząłeś robić coś zupełnie nowego, skierowałeś siły i energię w zupełnie nowych kierunkach (czasami bardzo dziwnych), dostrzegłeś szereg nowych możliwości, otworzyły się zupełnie nowe perspektywy. Nie tylko zacząłeś odnosić sukcesy, ale – co najważniejsze – zapomniałeś o porażkach i klęskach. Świat wokół Ciebie nie zmienił się. Jest taki sam. Niebo jest to samo i dzień wstaje tak, jak poprzednio. Jednak jest inaczej. To Ty inaczej o nim pomyślałeś, inaczej na niego spojrzałeś.

Jeden z moich nauczycieli mawiał do mnie: „Jeżeli coś ci się w życiu nie udaje, ponosisz porażkę, coś tracisz, to pamiętaj – może Stwórca nie miał już siły patrzeć, jak się męczysz i ma dla ciebie dużo lepszą, zupełnie nową propozycję."

Kiedy próbujemy czegoś nowego i nasze kolejne próby nie dają rezultatu, to boimy się próbować po raz kolejny. Boimy się kolejnej porażki, kolejnego rozczarowania. Ten lęk zaczyna nas paraliżować i przestajemy próbować. Wydaje nam się, że te przeszłe niepowodzenia mają jakiś wpływ na przyszłe decyzje i sytuacje.

Otóż, dobra wiadomość brzmi: Nie mają. Nie liczy się to, co było wczoraj, lecz to, co dzieje się właśnie w tej chwili.

Przeszłość nie równa się przyszłości. Nie dasz rady jechać do przodu samochodem, patrząc ciągle w lusterko. A właśnie to robisz. Skoncentruj się na tym, co możesz zrobić dziś, aby poprawić swoją sytuację.

Ale jest jeszcze coś istotnego: Myśląc ciągle o swoich porażkach i niepowodzeniach, bardzo silnie je powiększasz. Zwróć uwagę, że tak naprawdę w Twojej głowie i myślach są one dużo większe niż w rzeczywistości. Czyżby?

„Dzwoniłem od rana do wieczora i nie mam żadnego polecenia do nowego klienta!". Kiedy sprawdzisz swój biling, nagle okaże się, że wykonałeś pięć telefonów i poświęciłeś na to pół godziny. Myślisz jednak cały czas o tych nieudanych telefonach i w swojej wyobraźni bezustannie słyszysz odrzucenie.

„Próbowałem już tysiąc razy i żaden ze sposobów nie wypalił". W rzeczywistości nie próbowałeś nawet sto razy i nawet nie dwadzieścia razy. Jednak myślisz ciągle o swoich niepowodzeniach i tym samym je mnożysz.

„Od dwóch lat szukam intensywnie jakiejś pracy". Nieprawda. Od dwóch lat jesteś bez pracy, a na szukanie poświęciłeś tak na prawdę tylko kilka dni. Myślisz o szukaniu i już sam ten fakt Cię wykańcza. Kiedy kilka razy nie powiodło Ci się, przestałeś robić w ogóle cokolwiek.

O garncarzu, co sprzedawał rozbite garnki

Do Mistrza przyszedł zupełnie załamany i sfrustrowany młody garncarz.

– Mistrzu, życie jest dla mnie bardzo trudne – powiedział. – Bez przerwy jakieś problemy, trudności. Nie daję sobie rady. Jak już zdobędę dobrą glinę, wymieszam, to przy formowaniu garnka lub misy co druga się niszczy. Jak już te uformowane wypalam, to co druga pęka. Jak zaczynam je malować, to na co drugiej wychodzi dobry wzór. Jak pokrywam glazurą i znowu wypalam, to znowu na co drugiej pęka szkliwo. Jak potem ładuję na muła i objeżdżam wioski od chaty do chaty, aby je sprzedać, to zawsze połowa mi się rozbije i uszkodzi. Jestem coraz bardziej zdenerwowany i roztrzęsiony, a przez to niszczę coraz więcej. Ale najgorsze jest to, że ludzie nie chcą kupować moich wyrobów. Muszę zapukać do wielu drzwi, aby sprzedać choć jeden garnek, choć jeden dzban. To mnie denerwuje, jestem zły i nie potrafię zachęcić do kupna. Jestem zrozpaczony i nie mam już do tego siły. Tak bardzo chciałbym być zamożnym człowiekiem, ale widzę, że moją pracą tego nie osiągnę.

– A ile kosztuje u ciebie garnek? – spytał Mistrz.
– Przeciętnie dziesięć drachm.

– A ile musisz zepsuć garnków, aby jeden był dobry do sprzedania?

Po chwili zastanowienia garncarz rzekł:

– Średnio dziesięć.

– To ile jest wart jeden zepsuty rozbity garnek?

– Nic – odparł garncarz.

– Nieprawda. Jeden taki garnek wart jest jedną drachmę! Jeżeli źle uformujesz, źle pomalujesz, pęknie przy wypalaniu lub rozbije się przy przewożeniu, to zarobiłeś już jedną drachmę. Każdy uszkodzony garnek przybliża cię do dobrego garnka. Rozumiesz?

– Nie.

– Każda porażka przybliża cię do sukcesu – kontynuował Mistrz.

– Ale muszę go jeszcze sprzedać, a ludzie nie chcą kupować.

– A ile razy słyszysz odmowę, do ilu drzwi musisz zapukać, aby sprzedać jeden garnek? – zapytał znowu Mistrz.

– Do wielu.

– Ilu? Ile razy musisz usłyszeć „nie", abyś raz usłyszał „tak"?

– Przynajmniej dziesięć.

– To ile warte są dla ciebie jedne zamknięte drzwi? Ile zarabiasz przy jednej odmowie?

– Jedną drachmę – krzyknął uradowany garncarz, bo w końcu zrozumiał, o co chodzi Mistrzowi.

Od tego dnia garncarz stał się innym człowiekiem. Kiedy zepsuł dzban czy garnek, myślał: „Zarobiłem jedną drachmę" – i spokojnie naprawiał swój błąd.

Nie denerwował się, kiedy coś zbił lub uszko-dził: „Przecież zarobiłem jedną drachmę". Kiedy ktoś zamknął mu drzwi przed nosem, uśmiechał się ser-decznie, mówił jakieś dobre słowo i zapowiadał, że przyjdzie jeszcze kiedyś, a w duchu dodawał: „Znów zarobiłem jedną drachmę".

Powoli ludzie polubili uśmiechniętego i miłego garncarza. Kupowali u niego coraz więcej garnków, dzbanów oraz innych wyrobów. Były funkcjonalne, ładne, dobrej jakości i starannie wykonane.

Garncarz zaczął „zarabiać" coraz więcej. Każde zamknięte drzwi lub odmowa były warte dla niego dwie, pięć, a potem dziesięć drachm, bo sława jego wyrobów stała się tak wielka, że ludzie i wielcy kupcy przyjeżdżali do warsztatu i kupowali wszystko na pniu.

Tak oto garncarz stał się zamożnym człowiekiem.

● **sekunda mądrości:**

Czasami sposób, w jaki traktujemy porażkę, może okazać się głównym wejściem do sukcesu. Naszą największą słabością jest poddawanie się. Najpewniejszą drogą do sukcesu jest próbowanie po prostu jeden następny raz.

Thomas Edison

●● chwila refleksji:

O *puszczaniu latawca*

— *Mistrzu, odkąd opuściłem Ciebie i klasztor nie jestem w stanie przezwyciężyć trudności i kłopotów* — *żalił się uczeń do Mistrza.* — *Wydaje mi się, że we wszystkim „mam pod górę". Wszystko przychodzi mi dużo trudniej niż innym. Cały czas pod wiatr, a wiatr na dodatek sypie mi piaskiem w oczy. Bez przerwy mam kłody pod nogami. Mówiłeś nam, aby wyjść na swoją drogę życia, ale ja bez przerwy potykam się na niej. Wszystko sprzysięga się przeciwko mnie. Może powinienem wrócić? Może nie jestem gotowy?*

— *Jestem teraz bardzo zajęty* — *odparł Mistrz* — *i nie mam specjalnie czasu, aby z tobą rozmawiać. Bardzo się spieszę, bo jest odpowiedni moment.*

Mistrz był wyraźnie podekscytowany i krzątał się w pośpiechu po izbie, zbierając jakieś bambusowe patyki, rolując zwoje papieru i zwijając kłębek sznurka.

— *Odpowiedni moment na co?* — *spytał uczeń.*

— *Na puszczanie latawca* — *z uśmiechem dodał Mistrz.* — *Wieje mocny wiatr.*

Uczeń był zaskoczony i wyraźnie rozczarowany. Jego mistrz idzie się beztrosko bawić, puszczać latawce, kiedy on prosi o pomoc. „Co za bezsens i głupota, a w dodatku lekceważy mnie".

– Choć ze mną – powiedział Mistrz. – To co prawda trudne, ale bardzo mądre i pouczające zajęcie – zauważył, jak gdyby odczytując myśli ucznia, i dał mu ogromny kłębek sznurka do niesienia.

– Uważaj, nie poplącz i nie wypuść – dodał, a sam wrzucił na plecy bambusy, papier i jeszcze jakieś elementy, które wydawały się uczniowi całkowicie nieprzydatne.

Uczeń, ociągając się, ruszył za nim.

Wyszli na wzniesienie. Mistrz rozrzucił patyki bambusowe, zaczął je starannie związywać według sobie tylko znanego schematu. Pewne części wsunął w otwory w papierze, coś dowiązał, coś przewiązał – a uczeń patrzył na to jak na czarną magię.

Nie widział celu i trudno mu było doszukać się sensu w tym, co robi Mistrz. Dla niego na ziemi leżała kupa patyków i papieru. Mistrz dowiązał sznurek, część rozwinął i tę bezładną „kupę" ustawił pod wiatr.

– Gotowe. Stań tu, mocno trzymaj i powoli rozwijaj kłębek.

Wiatr, który rzeczywiście wiał bardzo mocno, uniósł misterną konstrukcję Mistrza w powietrze. Uczeń trzymał sznurek i całą uwagę skupił na tym, aby go nie wypuścić z ręki, bo wiatr mocno szarpał.

– Patrz w górę – krzyknął Mistrz.

211

Uczeń spojrzał i zobaczył wspaniałego, kolorowego, papierowego ptaka z długim ogonem, który majestatycznie szybował na tle przepięknych szczytów górskich. Widok był niesamowity.

– Zawsze patrz w górę na szczyty. Ludzie nie potykają się o góry, ale o kretowiska – uśmiechnął się ponownie.

– Czasami coś wydaje się bez sensu, niepotrzebne, do niczego nieprzydatne. Nie widzisz w tym celu. Ale potem nagle przyjdą odpowiednie warunki i wszystko nabiera sensu.

– Rozumiesz?

Uczeń zamyślił się: „A może puszczanie latawca nie jest do końca takim głupim zajęciem?".

Z zamyślenia wyrwał go ostry głos Mistrza:

– Co tak kurczowo trzymasz ten sznurek przy sobie? Dlaczego go więzisz? Pozwól mu się rozwinąć. Rozwijaj!

Latawiec wzbijał się wyżej, wyżej i wyżej, w miarę jak uczeń rozwijał sznurek. Dopiero, kiedy był bardzo wysoko, prezentował się w całej okazałości.

Uczeń zrozumiał sens tej czynności i już był pewien, że puszczanie latawca może być źródłem wielu interesujących spostrzeżeń.

– Podoba ci się? – spytał Mistrz.

– Tak, coś fantastycznego – szczerze odpowiedział uczeń zapatrzony w niebo.

– A wiesz, czemu latawce szybują tak wysoko? Bo napotykają silne przeciwne wiatry!

● sekunda mądrości:

Jeżeli robisz to, co łatwe, twoje życie będzie trudne.
Jeżeli robisz to, co trudne, twoje życie będzie łatwe.

●● chwila refleksji:

O *zbuntowanych uczniach*

Uczniowie buntowali się, kiedy Mistrz uczył ich uprawy ryżu i prosa.

– Nie jesteśmy wieśniakami, aby uprawiać rolę – mówili między sobą i uczyli się bardzo niechętnie.

Kiedy Mistrz uczył ich sztuki walki na miecze, nie widzieli w tym sensu, mówiąc:

– Jest dekret cesarski zakazujący noszenia mieczy. Nikt nie będzie walczył z nas mieczem, to niepotrzebny wysiłek i strata czasu. Róbmy coś innego.

Kiedy Mistrz uczył ich postępowania na pustyni i radzenia sobie bez wody, śmiali się i żartowali, bo przecież:

– Jesteśmy w górach, gdzie strumienie są pełne wody, rośnie bujna roślinność, a na drzewach pełno dobrych owoców gaszących pragnienie. Gdzie tu logika?

Wtedy Mistrz powiedział do nich:
– Wyobraź sobie, że jesteś płodem w łonie matki.
Jest ci tam dobrze i bezpiecznie. Masz wszystko, co
potrzeba. Nagle ze zdziwieniem stwierdzasz, że for-
muje ci się głowa i mózg. Po co? Tutaj? Przecież nie
muszę tu myśleć. Potem wyrastają ci ręce i nogi.
Po co? To nie jest logiczne. I tak jest mi ciasno,
a teraz jeszcze to. Przecież nie będę tu biegał – ko-
piesz z oburzenia. Formuje ci się układ trawienny.
Do czego? Przecież odżywiam się przez pępowinę
i jest wspaniale. Kształtują ci się płuca. Tutaj płuca?
Przecież tu nie ma powietrza, to bez sensu. Kształ-
tują ci się oczy. Na co ja mam patrzeć? I tak dalej...
I nagle chwila, moment, i wszystko się zmienia.
Długi tunel, błysk światła, nagły krzyk i... wszystko
jest potrzebne. Wszystko ma sens i jest na swoim
miejscu.
Uczniowie spokojnie wrócili do zajęć.

● s e k u n d a   m ą d r o ś c i :

Ci, którzy ci odradzają, powstrzymują cię mówiący,
że nie dasz rady,
że to, co robisz, jest bez sensu i że nie warto –
to są ci sami, którzy najbardziej boją się tego, że ci się uda.

9.

O spokoju wewnętrznym

Spokój wewnętrzny, równowaga duchowa to bez wątpienia najważniejszy cel życia. Wszystkie inne powinny być mu podporządkowane. Życie w zgodzie z własnymi ideałami, wartościami, z akceptacją siebie i otoczenia, to, co do czego dążymy podświadomie przez cały czas.

Bez spokoju wewnętrznego reszta jest mało istotna. To podstawa radości, szczęścia, zadowolenia. Spokój wewnętrzny to kryterium oceny wielu dążeń i poczynań przy osiąganiu innych celów. To również miara autentyczności i prawdziwości osiąganych rezultatów. Każdy z nas używa tej miary do oceny swojej postawy wobec różnych wyzwań otoczenia. Osobisty kompas utrzymujący nas na określonym kierunku działania i umożliwiający pilnowanie i korygowanie kursu.

Kiedy działania są w zgodzie z hierarchią Twoich wartości, w harmonii z Twoimi przekonaniami, to budujesz i ugruntowujesz swój spokój wewnętrzny. Twoja dusza i umysł są spokojne.

Jeżeli z jakiegoś powodu zaczynasz postępować niezgodnie ze swoimi przekonaniami, zdradzisz swoje wartości, postąpisz wbrew poczuciu sprawiedliwości, etyki moralności – zawsze będzie na tym cierpiał Twój spokój wewnętrzny. Pojawiające się zmarszczki na duszy bardzo trudno wygładzić, tym bardziej że niedługo potem owocują zmarszczkami na ciele.

Osiągnięcie wewnętrznej równowagi powinno być zawsze Twoim podstawowym celem, tak jak odpowiedź na pytanie:

jak się z tym czuję? powinna być zawsze pozytywna i twierdząca.

Takie pytanie warto postawić sobie zawsze, kiedy podejmujemy trudną decyzję, kiedy jesteśmy w niezręcznej sytuacji, która zmusza nas do wyboru lub opowiedzenia się po jakiejś stronie.

Spokój wewnętrzny daje siłę, pewność, mocne oparcie, eliminuje lęk i niepokój. Jest niezbędnym elementem właściwego funkcjonowania, obrony własnego zdania i rzetelnej właściwej argumentacji. Gwarantuje też dostęp do intuicji.

W przypadku firm czy instytucji spokój wewnętrzny może być mierzony tzw. atmosferą panującą w firmie, harmonią lub dysharmonią panującą pomiędzy pracownikami. Jasne kryteria, fachowość, rzetelność i uczciwość płynące z góry będą owocowały dobrym samopoczuciem pracowników niższych szczebli.

Jeśli ludzie w firmie poczują się bezpieczni i szczęśliwi jest prawie pewne, że firma będzie produktywna i osiągnie sukces na rynku. Ludzie dadzą z siebie wszystko: zostaną po godzinach, wezmą dodatkowe zlecenia, mogą być zaganiani i w ciągłym pędzie, ale jeśli będą czuli, że „w środku" jest spokojnie i bezpiecznie, da im to poczucie szczęścia i zadowolenia. Będą utożsamiać się z firmą. Pracować nie dla siebie, lecz dla niej.

Spokój wewnętrzny i harmonia to fundamentalny aspekt funkcjonowania zespołów ludzkich, grup działania, drużyn, rodzin. Rozpoczyna się to od stosunków z własnym partnerem, rodziną, przyjaciółmi, na zespołach sportowych, firmach i dużych koncernach kończąc.

Harmonia i spokój wewnętrzny będą zawsze owocowały pozytywnymi relacjami, akceptacją i zaufaniem między ludźmi. Czy chciałbyś być szczęśliwy? Głupie pytanie – oczywiście! A co to jest szczęście, czym dla Ciebie jet szczęście. Jak je rozumiesz? I tu zapewne przychodzi moment na chwilę refleksji, bo odpowiedź nie jest taka łatwa. No bo czym jest szczęście?

Na pewno znasz ludzi bogatych – szczęśliwych i nieszczęśliwych; ludzi biednych – szczęśliwych i nieszczęśliwych. Ludzi zdrowych – nieszczęśliwych i ludzi chorych – bardzo nieszczęśliwych. Ludzi żyjących w fantastycznych związkach, mających fenomenalne dzieci, realizujących ciekawe misje życia, kierujących odpowiedzialnymi zadaniami i firmami, mających tytuły i stopnie naukowe – szczęśliwych i nieszczęśliwych. Czym jest szczęście?

Powiedzieliśmy już, że spokój wewnętrzny jest bardzo ważnym elementem sukcesu, jest niezwykle ważnym celem. Jego ważność wynika z dwóch powodów. Nikt Ci go nie da i nikt oprócz Ciebie nie jest w stanie go zapewnić.

I ten drugi równie ważny aspekt to fakt, że poczucie spokoju wewnętrznego jest nierozerwalnie związane z poczuciem szczęścia. Można to jeszcze mocniej zaakcentować: klucz do szczęścia leży w osiąganiu spokoju wewnętrznego. To w sumie ciężka praca polegająca na eliminowaniu z życia kłopotów, napięć, lęków, uczucia żalu, gniewu, zwątpienia, poczucia krzywdy, bezsensu życia, niskiej samooceny. Kiedy nie doświadczamy tych destrukcyjnych uczuć, kiedy je eliminujemy, w prosty naturalny sposób zaczynamy odczuwać szczęście. Stajesz się szczęśliwy. Niezależnie od tego, gdzie i z kim jesteś oraz co robisz.

Zaznaczyliśmy na początku, że spokój wewnętrzny to życie w zgodzie z własnymi ideałami i wartościami, to realizacja pewnego nadrzędnego planu. Tym planem jest Twoje życie. Celem – spokój wewnętrzny. Spróbuj je zaplanować z najdrobniejszymi szczegółami i elementami najskrytszych marzeń. Z osobami, które kochasz, miejscami, które lubisz, sytuacjami, w których czujesz się dobrze. Po prostu określ sobie, wybiegnij myślami w przyszłość, jak powinno wyglądać Twoje idealne życie. Potraktuj swoje życie jak przedsiębiorstwo, które w każdym okresie rozrachunkowym musi mieć coś wpisane po stronie zysków i po stronie strat.

Celem każdego przedsiębiorstwa jest osiąganie zysków na podstawie realizacji planów i założeń. Jeżeli jasno stworzysz plan swojego życie jest prawie pewne, że osiągniesz to, co założyłeś. Osiągniesz cel – spokój wewnętrzny.

●● chwila refleksji:

O tym jak zostać członkiem Klubu „99"

Był sobie kiedyś bardzo smutny król, którego nic nie cieszyło. Miał on służącego, który jak każdy służący smutnego króla był bardzo szczęśliwy i wesoły.

Każdego ranka budził króla, przynosząc mu śniadanie, śpiewając i mrucząc radosne pieśni trubadurów, opowiadając wesołe historie. Na jego twarzy

malował się zawsze szeroki uśmiech, a w życiu od-
znaczał się spokojem i radością. Pewnego dnia król
miał już tego dosyć i zapytał:

– Paziu, wyznaj mi twoją tajemnicę, twój sekret.

– Jaki sekret, Wasza Królewska Mość?

– Gdzie tkwi tajemnica twojej radości i humoru? Wewnętrznego spokoju, którym jesteś przepeł-
niony?

– Nie ma żadnego sekretu, żadnej tajemnicy,
Wasza Wysokość.

– Nie okłamuj mnie, paziu – król zmarszczył
groźnie czoło. – Nieraz kazałem obcinać głowy za
mniejsze przewinienia niż kłamstwo.

– Ja nie kłamię, Wasza Wysokość. Nie ukrywam
żadnego sekretu.

– To dlaczego zawsze jesteś radosny i wesoły?
No powiedz, dlaczego?

– Panie, nie mam powodu do smutku. Wasza
Wysokość darzy mnie honorem, pozwalając na słu-
żenie mu. Mam żonę i dzieci mieszkające w domu
przyznanym nam przez urzędników dworskich. Dają
nam odzienie i pożywienie, a w dodatku Wasza Wysokość od czasu do czasu obdarowuje nas paroma
monetami, byśmy mogli sobie pozwolić na dowolny
kaprys. Jak mam nie być szczęśliwy?

– Jeśli zaraz nie wyznasz mi swojej tajemnicy,
każę ściąć ci głowę – rzekł bardzo poważnie król. –
Nikt na podstawie podanych mi przez ciebie powodów nie może być szczęśliwy. To niemożliwe!

– Ależ, Wasza Wysokość, nie ma naprawdę żadnego sekretu. Niczego bardziej nie pragnę od możliwości spełnienia Waszej Wysokości oczekiwań. Nie ma też niczego, co bym przed Waszą Wysokością ukrywał.

– Odejdź, odejdź, zanim zawołam kata!

Król był jeszcze smutniejszy, zaś służący uśmiechnął się, oddał pokłon i wyszedł z komnaty.

Królem zawładnęło istne szaleństwo. Nie potrafił sobie wytłumaczyć w żaden logiczny sposób, dlaczego paź, będąc na służbie, spełniając jego zachcianki przez dwadzieścia cztery godziny na dobę, chodząc w wynoszonym odzieniu, zjadając resztki z pańskich stołów, nie posiadając niczego swojego, mógł być szczęśliwy.

Kiedy się uspokoił, zawołał najmądrzejszego ze swoich doradców i opowiedział mu o rozmowie, którą odbył tego dnia rano, i o sekrecie, który usiłuje rozpoznać.

– Dlaczego ten człowiek jest bezustannie wesoły i zadowolony? Dlaczego jest szczęśliwy?

– Och, Wasza Wysokość, chodzi o to, że on nie jest w Klubie.

– Nie jest w Klubie?

– No tak.

– I to go uszczęśliwia?

– Nie, panie. To nie pozwala mu być nieszczęśliwym.

– Chwileczkę, nie wiem, czy dobrze zrozumiałem. Bycie w Klubie unieszczęśliwia cię?

– No tak.

– I jego tam nie ma.

– No nie ma.

– A jak wyszedł?

– Nigdy nie wszedł.

– Co to za Klub? – król był mocno zaintrygowany.

– Klub „99".

– Doprawdy obawiam się, że nic nie rozumiem.

– Wasza Wysokość mogłaby zrozumieć jedynie wtedy, gdyby pozwoliła mi na wykonanie eksperymentu.

– Jakiego?

– Pozwalając na wejście pazia do Klubu.

– Tak, zmuszę go, aby wszedł – król był zdecydowany.

– Nie, Wasza Wysokość. Nikt nie może go zmusić, aby wszedł do Klubu.

– W takim razie trzeba będzie zastosować jakiś podstęp?

– Nie trzeba, Wasza Wysokość. Jeśli stworzymy mu taką możliwość, wejdzie do Klubu z własnej i nieprzymuszonej woli.

– I nie zorientuje się, że to go przeobrazi w człowieka nieszczęśliwego, niespokojnego, sfrustrowanego?

– Tak, zorientuje się.

– W takim razie nie wejdzie.

– Nie będzie mógł się oprzeć.

– Mówisz, że się zorientuje i wejdzie do tego dziwacznego Klubu, który uczyni go nieszczęśliwym? Wejdzie do Klubu, wiedząc, że nie ma wyjścia? Przyznam, że znowu nic nie rozumiem.

– Tak jest, Wasza Wysokość. Ale pozwól, że jeszcze raz zapytam: Czy jesteś skłonny stracić znakomitego służącego i... 99 dukatów tylko dlatego, żeby pojąć zasadę Klubu?

– Tak. Zdecydowanie tak.

– Dobrze. W takim razie przyjdę po Waszą Wysokość dziś po północy. Niech Wasza Wysokość przygotuje tylko skórzaną sakwę z 99 dukatami. I przeliczy ją kilka razy, żeby ani jednego więcej nie było, ani jednego mniej.

– Co jeszcze? Mam wziąć ze sobą straż na wszelki wypadek?

– Nie. Tylko skórzaną sakwę. Do zobaczenia po północy.

I tak się stało. W nocy mędrzec przyszedł po króla. Po kryjomu przedostali się sekretnym przejściem na podwórze pałacu i ukryli obok domu służącego. Tam przeczekali do świtu. Mędrzec przyczepił do skórzanej sakwy karteczkę z krótką informacją:

TA SAKIEWKA JEST TWOJA.

JEST TO NAGRODA ZA BYCIE DOBRYM CZŁOWIEKIEM.

CIESZ SIĘ TYMI DUKATAMI I NIE MÓW NIKOMU, JAK JE ZNALAZŁEŚ.

W domu służącego zapaliła się pierwsza świeca. Mędrzec ostrożnie podszedł do drzwi i przywiązał sakwę do klamki. Zapukał i szybko się schował. Paź wyszedł, a mędrzec i król obserwowali go z ukrycia.

Służący, stojąc na progu domu, otworzył skórzaną sakwę i w świetle świecy przeczytał wiadomość. Potrząsnął sakwą i słysząc dźwięk metalu, zadrżał, przycisnął skarb do piersi, rozejrzał się dookoła, sprawdzając, czy nikt go nie obserwuje, i pospiesznie wszedł do domu.

Na zewnątrz było słychać, jak ryglował drzwi. Król i mędrzec podkradli się do okna, aby obserwować, co dalej będzie się działo.

Służący zrzucił wszystko, co znajdowało się na stole, poza świeczką. Usiadł i opróżnił sakwę. Własnym oczom nie wierzył.

Góra złotych monet!

On, który nigdy nie miał żadnej, teraz miał całą górę.

Paź dotykał je i przesypywał. Pieścił i ustawiał świeczkę tak, aby płomień odbijał się w monetach. Grupował je i rozsypywał.

Tak bawiąc się i bawiąc, zaczął układać kupki złożone z 10 monet. Pierwsza kupka 10-monetowa, druga 10-monetowa, trzecia kupka, czwarta, piąta, szósta... Jednocześnie liczył monety: 10, 20, 30, 40,

50, 60... Aż ustawił ostatnią kupkę, która składała się z 9 monet!

Najpierw prześlizgnął się wzrokiem po stole, szukając jeszcze jednej monety. Następnie rozejrzał się po podłodze, zajrzał pod stół, a na koniec sprawdził dokładnie sakwę.

„Nie, to niemożliwe" – pomyślał.

Przybliżył ostatnią kupkę do pozostałych i zobaczył, że była niższa.

– Złodzieje! – wykrzyknął. – Okradli mnie! Przeklęci!

Ponownie sprawdził stół, podłogę, sakwę, swoje ubranie, kieszenie, pod meblami... Ale nie znalazł tego, czego szukał.

Leżąca na stole kupka monet lśniła, jakby chciała zakpić z niego i przypomnieć mu, że było ich tylko 99. Aż 99.

„99 monet to dużo pieniędzy" – pomyślał. „Ale brakuje mi jednej. Numer 99 nie jest kompletny. 100 jest numerem kompletnym, ale 99 nie".

Król i jego doradca patrzyli przez okno. Twarz pazia nie była już taka sama. Miał zmarszczone czoło i napiętą twarz. Oczy mu się zmniejszyły i przymknęły, usta przybrały okropny grymas, przez który widać było zęby.

– Witaj w Klubie – ironicznie szepnął mędrzec do króla.

Służący chowając monety do sakwy i rozglądając się po wszystkich kątach, sprawdzał, czy nie obserwuje go któryś z domowników, a potem ukrył sakwę między drewnem. Następnie wziął papier i pióro w celu zrobienia rachunków.

Ile czasu potrzebowałby na kupno setnej monety? Mamrotał przy tym na głos do siebie.

– Jestem gotów ciężko pracować, aby ją zdobyć. Później już nie będę musiał pracować wcale. Z setką dukatów człowiek jest bogaty. Z setką dukatów można żyć spokojnie.

Skończył rachunki. Jeśliby pracował i oszczędzał całą pensję, a w dodatku, gdyby wpadł mu jakiś dodatkowy grosz, przez jedenaście lub dwanaście lat miałby wystarczająco ich dużo na zakup złotej monety.

– Dwanaście lat to kawał czasu – mamrotał pod nosem. – Może mógłbym poprosić żonę, aby podjęła pracę w pałacu, na jakiś czas. Mógłbym jej to załatwić. Ponadto kończę pracę o godzinie piątej po południu, mógłbym więc pracować do nocy i zarobić w ten sposób dodatkowe pieniądze.

Policzył – sumując pracę żony i dodatkową swoją – że miałby upragnioną liczbę monet dopiero za siedem lat. To za dużo czasu!

– Może mógłbym sprzedawać w miasteczku pozostające nam po kolacji jedzenie. Im mniej zjemy, tym więcej będę mógł sprzedać. Sprzedać, tak, sprzedać... Idzie lato... zaczyna się robić gorąco. Na co miałoby się nam przydać tyle zimowych ubiorów? Jedna para butów wystarczy – podsumował.

Było to wyrzeczenie. Ale cztery takie lata i miałby swoją monetę numer 100.

Król i mędrzec wrócili niezauważeni do pałacu. Król był świadkiem, jak paź wszedł do Klubu „99".

Teraz obserwuj go Panie. Wasza Wysokość zobaczy, jak funkcjonują ludzie w naszym Klubie.

W ciągu kolejnych tygodni służący realizował swoje plany zgodnie z tym, co postanowił owej nocy. Król obserwował go. Z każdym dniem paź był coraz mniej wesoły, uśmiechnięty i szczęśliwy.

Pewnego poranka paź wszedł do królewskiej alkowy, waląc drzwiami, marudząc i źle się zachowując.

– Co ci jest? – zapytał król w dobrej wierze.

– Nic mi nie jest, a co niby ma mi być? – odparł niegrzecznie.

– Parę dni temu, i to całkiem niedawno, śmiałeś się bez przerwy i śpiewałeś.

– Wykonuję swoją pracę, prawda? Czego sobie życzy Królewska Mość? Żebym był też błaznem i trubadurem? Jestem służącym. Nikt mi nie płaci za uśmiechy i pieśni!

Po paru dniach król wyrzucił służącego. Nieprzyjemnie było mieć pazia, który był ciągle rozdrażniony i w złym humorze.

● sekunda mądrości:

Tylko ten, kto umie czynić dobro,
jest prawdziwie bogaty i spokojny.

●● chwila refleksji:

Bezcenny diament

Pewien bardzo bogaty człowiek kupił sobie brylant. Wydał za niego dwa miliony dolarów, schował do szafy pancernej i poczuł wielki spokój. Był szczęśliwy.

Kiedy wyciągał brylant i pokazywał go przyjaciołom i znajomym, wszyscy byli zachwyceni, bo nigdy jeszcze nie widzieli tak pięknego i wielkiego okazu. Wszyscy zazdrościli mu takiego kamienia. Jego szczęście i radość rosła w miarę, jak rosła cena kamienia.

Przy kolejnej wycenie specjaliści orzekli, że tej klasy, tej czystości i wagi brylant jest już wart trzy miliony dolarów. Człowiek ów był szczęśliwy i wniebowzięty.

Pewnego dnia, tak jak zwykle pokazywał brylant jednemu ze znajomych. Ten był fachowcem i znawcą kamieni szlachetnych, i gdy zobaczył kamień, wpadł w autentyczny zachwyt. Oglądał go przez szkło powiększające, patrzył pod światło, ważył, mierzył, podziwiał szlify, coś liczył: dodawał i odejmował kolumny cyfr.

– Wspaniały okaz – rzekł do właściciela. – Jest rzeczywiście fantastyczny i wart swoich pieniędzy, trzech milionów. Ale gdy mu się tak przyglądam, to...

– To co? – wtrącił zaniepokojony właściciel.

– Nie, wszystko w porządku, tylko obliczyłem, że gdyby go rozciąć na połowę to miałbyś dwa brylanty, każdy wart dwa miliony dolarów.

– Co takiego?

– Tak, precyzyjne przecięcie, o tutaj w tym miejscu, dałoby ci od razu cztery miliony dolarów.

– Cztery miliony?

Mężczyzna stał się nagle smutny i podenerwowany. Prysnęło gdzieś szczęście. Stracił wewnętrzny spokój. Dlaczego nikt mu o tym nie powiedział do tej pory?

Spakował więc brylant i pojechał do stolicy do najlepszego jubilera. Ten długo oglądał kamień, coś liczył, aż w końcu potwierdził:

– Gdyby go przeciąć, byłyby dwa brylanty na tyle duże, że warte po dwa miliony.

– To proszę przeciąć! – prawie krzyknął właściciel.

– I to jest niestety problem – mówił spokojnie jubiler. – Jeden fałszywy ruch, źle ustawione dłuto,

za mocne uderzenie młotka i ten piękny brylant rozsypie się. Niestety nie wezmę na siebie takiej odpowiedzialności. Proszę zwrócić się do kogoś innego, ale obawiam się, że u nas w kraju nikt się tego nie podejmie.

– Zobaczymy – odparł właściciel kamienia. Schował brylant do kieszeni i zły, jeszcze bardziej nieszczęśliwy trzasnął drzwiami.

Tak jak przewidział jubiler, w kraju nikt nie podjął się przecięcia kamienia. Mężczyzna zapakował więc kilka drobiazgów, karty kredytowe i wyjechał w świat, żeby przeciąć brylant.

Podróżował po świecie piętnaście lat i był u wszystkich najlepszych specjalistów od kamieni, od Johannesburga do Bostonu, od Londynu po Tokio. Wszędzie słyszał to samo: zbyt duże ryzyko.

Stracił cały majątek na podróże, ekspertyzy, wyceny, ubezpieczenia i ochronę. W końcu wylądował w porcie w Rotterdamie. Został mu tylko brylant i bilet III klasy na statek do domu.

Był wieczór, a statek odpływał jutro rano. Bez sensu i zupełnie załamany szedł wąską portową ulicą pełną knajp, ulicznych dziewczyn i pijanych marynarzy. Nikt nie zwracał na niego uwagi.

Nagle dostrzegł obskurny szyld: „Jubiler". Wszedł: przytłumione światło, niewielki kantorek, za kantorkiem starszy człowiek w charakterystycznym czarnym chałacie, pejsach i jarmułce.

– Witam, witam szanownego pana. Czem mogę służyć? – jubiler wyszedł zza lady.

– Chcę przeciąć ten kamień – zrezygnowanym głosem odrzekł i wyciągnął z kieszeni marynarki brylant, który niesamowitym blaskiem rozświetlił ciemne pomieszczenie.

– Ajajaj, jaki piękny kamień – z zachwytem powiedział jubiler i zaczął ze znawstwem oglądać brylant. – Ajajaj, i ile jest wart! – mlaskał z uznaniem.

– No co, da się przeciąć? – właściciel był już trochę podenerwowany zwłoką.

– A co się ma nie dać. Jak się dobrze da – tu wykonał charakterystyczny ruch pocierania kciukiem i palcem wskazującym – to i się da przeciąć, zakończył na wesoło jubiler.

Nagle odwrócił się i krzyknął w kierunku zaplecza:

– Icek... Icek, gdzie się podziewasz, nigdy cię nie ma.

Z zaplecza wybiegł brudny, pociągający nosem chłopak. Miał może dwanaście, może czternaście lat. W rękach trzymał miotłę, szmatę do podłogi i wiadro.

Tak panie majster, myłem podłogę w kuchni – i pociągnął nosem.

– Icek, masz to szkiełko i rozetnij panu na dwa równe. Tylko, jak ci ręka drgnie, to ci tak dupę zdoję, jak jeszcze nigdy.

– Mnie? Drgnie ręka? Co pan, panie majster.

*I nim właściciel kamienia zdążył się zorientować,
Icek trzymał w rękach dłuto i młotek, ustawił ka-
mień i spokojnie bez jakichkolwiek obaw uderzył.
Kamień rozpadł się na dwie równiutkie części.*

*– No widzi majster, gotowe – i podał dwa ka-
wałki jubilerowi.*

*– No dobra, udało ci się tym razem. Zmykaj
i kończ zmywać kuchnię.*

Icek, tak jak się pojawił, tak zniknął.

*Właściciel kamienia stał jak zamurowany i pa-
trzył na dwa przepiękne brylanty.*

*– Boże, nie mogę uwierzyć, toż to geniusz jubi-
lerski – zwrócił się do jubilera. – Przez piętnaście
lat żaden jubiler w największych zakładach na świecie nie zrobił tego, co ten obdarty chłopak.*

*– Ta jaki tam geniusz, szanowny panie, on po
prostu nie wie, ile to jest warte i jest wolny od
jakichkolwiek zahamowań.*

● **sekunda mądrości:**

Słuchaj mądrych słów, patrz na proste działania,
nawet, jak wypowiada je i czyni dziecko.

10.

O pozytywnym myśleniu prowadzącym do sukcesu?

Jak to się dzieje, że każdy człowiek ma marzenia, cele, plany i zamierzenia, a nie każdy je osiąga? Jak to się dzieje, że w Twoim otoczeniu są ludzie mądrzy, wykształceni, obeznani z życiem, którzy snują mądre plany i koncepcje – i robią to 5, 10... 20 lat, pijąc kawę przy tym samym kawiarnianym stoliku, w tych samych butach i garniturze – i do niczego nie dochodzą. A są też tacy – szaleńcy, wariaci, którzy o czymś pomyślą, skierują na to swoją uwagę i trach – i już jest. Ich marzenia materializują się natychmiast.

No dobrze – prawie natychmiast.

W literaturze motywacyjnej pisze się bardzo dużo o roli pozytywnego myślenia. To właśnie ta umiejętność ma zagwarantować nam możliwość realizacji tego, czego pragniemy. Materializację marzeń. To właśnie pozytywne myślenie ma przygotowywać nas do wielkości i gwarantować życiowy sukces. Jeżeli to prawda, to dlaczego tak nie jest?

Proponuje Ci w tym miejscu zrobić mały test. Zwróć się z prostym pytaniem do kogoś znajomego – jak rozumie słowa „pozytywne myślenie”? Co to jest „pozytywne myślenie”? Jestem przekonany, że gdy usłyszysz odpowiedź, to ogarnie Cię trwoga.

O „pozytywnym myśleniu” mówi się i pisze praktycznie wszędzie. Nie ma pisma „kobiecego” czy typowo „męskiego”, nie ma tygodnika, miesięcznika i poradnika, aby nie znalazły się w nim artykuły o „pozytywnym myśleniu” i konieczności „pozytywnego myślenia”.

Książki, kursy, ba, nawet pojawił się kierunek w nauce zwany „psychologią pozytywną". A mimo wszystko powszechnie udzielane odpowiedzi na temat „pozytywnego myślenia" utożsamiają je raczej z nonszalancją, niewiedzą, bylejakością, arogancją, a nawet z głupotą:
  – w każdej sytuacji jest coś dobrego;
  – uda mi się, na pewno mi się uda;
  – uśmiech w każdej sytuacji i nie przejmuj się;
  – nie ma co się przejmować, jakoś to będzie;
  – nie ma tego złego, coby na dobre nie wyszło;
  – w każdej tragedii jest coś pozytywnego;
  – przestań narzekać – mimo wszystko uda się;
  – nie myśl o trudnościach, tylko o korzyściach;
  – będę zdrowy;
  – będę bogaty;
  – uśmiechnij się do życia itd.
  – nie martw się, wszystko się ułoży;
  – „szklanka do połowy pełna";
  – zawsze jest jakieś wyjście, a nawet dwa;
  – uśmiech, beztroska, swoboda;
  – na świecie nie ma zła – jest tylko brak dobra.
Parę lat temu pewien bardzo znany i poczytny tygodnik udowodnił nawet w swoich badaniach, że nie ma czegoś takiego jak wpływ „pozytywnego myślenia" na wynik egzaminu.

Studentów podzielono na dwie grupy: jedni myśleli, że zdadzą egzamin, a druga grupa mogła myśleć o czymkolwiek. Eksperci tygodnika nie stwierdzili różnicy w ocenach w obu grupach. Był tylko jeden problem, o którym tygodnik nie napisał – studenci nie uczyli się przed egzaminem!

Dlaczego do świadomości wielu ludzi nie dociera informacja, że „pozytywne myślenie" to nie ustawiczna euforia, sztuczne robienie dobrej miny do złej gry i kompletny brak krytycyzmu. To nie ślepa wiara, że będzie dobrze. To nie nonszalancja, arogancja, lekceważenie faktów (głupota i bezmyślność).

To co to jest w takim razie „pozytywne myślenie"?

To „realistyczna percepcja rzeczywistości i koncentracja na rozwiązaniu problemu".

To zdrowa, logiczna ocena sytuacji i unikanie niepotrzebnego ryzyka, bez wpadania w chorobliwą podejrzliwość i frustrację!

Są takie chwile w życiu, że jesteś, Drogi Czytelniku, osobą niezwykle pozytywnie myślącą. Wystarczy, abyś ten styl przeniósł do wszystkich życiowych sytuacji. Kiedy?

Na przykład: Jedziesz samochodem i przebijasz oponę. Co robisz i o czym myślisz? Zapewne jesteś teraz zdziwiony. „Jak to, co? Zmieniam koło i jadę dalej". A kiedy nie masz zapasowego koła? „To myślę, jak je zdobyć i pojechać dalej. Dzwonię (panie po męża) po znajomego, przyjaciela, pomoc drogową". No właśnie – koncentrujesz się na tym, jak rozwiązać problem i jak pojechać dalej. Nie wyzywasz na koło, żonę koła i jego dzieci; nie przeklinasz losu i... koła do trzeciego pokolenia wstecz; nie zastanawiasz się, dlaczego tak się stało i kto zesłał ci to zdarzenie; nie rozpamiętujesz go. Po prostu zdarzyło się – i teraz mam to naprawić.

I tak samo powinno być we wszystkich innych sytuacjach i problemach. Jeżeli potrafimy zachować pogodę ducha, skoncentrować się na celu i rozwiązaniu, nawet poważne kłopoty wydadzą nam się przejściowymi trudnościami.

„Pozytywne myślenie" to aktywność – jeżeli pragniemy rozwiązania problemu i wierzymy, że je znajdziemy, wtedy mamy większe szanse niż ci, co snują ponure wizje, zamartwiają się tym, co było, szukają odpowiedzi na pytanie, dlaczego? I nic nie robią.

To, jak patrzymy na rzeczywistość, zależy tylko od nas, a syntezą wszystkich metod sukcesu jest połączenie: MYŚL – UCZUCIE – DZIAŁANIE.

Wszystko zaczyna się od myśli. To wiemy. Myśli: „uda mi się", „pragnę tego", „dam radę" powodują, że pojawia się uczucie pewności, wiary w możliwości, a to daje odwagę i chęć działania. Ale na myślach nie można skończyć. Z tego nic nie wynika. Nic z tego nie będzie.

Na początku jest marzenie i pragnienie. Ale co to jest pragnienie? To wypełnianie zamówienia. Na to, czego pragnę. Wypełnianie wielostronicowego zamówienia z szeregiem pytań i szczegółów – czego tak na prawdę pragniemy. Miejsce, kolor, marka; czas i okres; i jak najwięcej detali, drobiazgów.

Do tego – obowiązkowo – trzeba dołączyć „rysunek", tzn. pragnienie powinno być zwizualizowane. A dlaczego? Bo język podświadomości to obrazy. I tu zaczyna się problem. Bardzo łatwo wizualizuje się rzeczy materialne. Mamy o nich realistyczne wyobrażenie, które bez trudu odtworzymy w naszej wyobraźni. Jeżeli do tego dodamy właśnie dużą liczbę szczegółów, to obraz staje się dokładniejszy i precyzyjniejszy.

Te właśnie szczegóły powodują, że dłużej utrzymujemy uwagę na tej wizualizacji. Zawężenie pola świadomości na tym konkretnym rozwiązaniu jest łatwiejsze. Specjaliści od wizualizacji twierdzą, że szczególnie kolory są tu istotne, bo one pobudzają naszą podświadomość.

No a jak zwizualizować radość i szczęście? Zdrowie? Powodzenie w pracy i życiu osobistym? A jak satysfakcjonujący związek?

Oczywiście odpowiesz mi teraz, że szczęście oznacza dla każdego coś innego. Ale jest to zła odpowiedź. Bo Tobie powinno chodzić o Twoje szczęście. Czym dla Ciebie jest szczęście? Gdybyś teraz, właśnie w tym momencie spotkał przed domem „złotą rybkę" (to jest mało prawdopodobne, ale teoretycznie możliwe), która spełni twoje trzy życzenia dotyczące szczęścia, ale rybka jest głuchoniema i jest analfabetką, to jaki obrazek byś właśnie namalował?

Każdy ma prawo do swojego obrazka. Ale on musi być.

Ten obraz, ta precyzyjna wizualizacja ma jeszcze jedno ważne znaczenie. Informuje Twoją podświadomość, że właśnie to się dzieje. Pragniesz być szczęśliwy. Ale skąd będziesz wiedział, że jesteś, czy nie jesteś? Co się musi wydarzyć fizycznie, jakie zdarzenie, co musisz osiągnąć, aby poczuć, że właśnie to jest to? Każde Twoje „pragnienie" jest podporządkowane pewnym prawom, które tym pragnieniem rządzą. Jeżeli takiej wizualizacji nie ma, to będzie wewnętrzna tendencja do traktowania szczęścia jako oddalającego się punktu, a życie stanie się pasmem frustracji i niezadowolenia pomimo ewidentnych obiektywnych sukcesów.

Kiedy na kursie Metody Silvy poruszam ten problem, to zadaję uczestnikom kursu pytanie: „Co to jest nawigacja?". Jak rozumieją to słowo? Oczywiście padają różne odpowiedzi: wybór drogi, wyznaczanie kursu, poruszanie się po drodze w określonym kierunku, wybór celu itp. Ale nigdy nie zdarzyło mi się, aby ktoś odpowiedział prawidłowo. „Nawigacja to świadomość tego, gdzie jestem, w jakim kierunku, z jaką szybkością się poruszam i kiedy dotrę do celu". Bo taka jest prawidłowa odpowiedź. O każdej porze wiesz, gdzie jesteś.

A ty, Drogi Czytelniku, właśnie w tej chwili, kiedy czytasz te słowa, to w swojej podróży do celu „szczęście", w jakim miejscu jesteś? A może minąłeś? Bo jeżeli nie wiesz, dokąd zmierzasz, to nigdy tam nie dojdziesz. Już wielki rzymski filozof, Seneka, na początku naszej ery w swoim dziele „Myśli" zawarł słynne zdanie: „Jeżeli okręt nie wie, do jakiego portu płynie, każdy wiatr jest niepomyślny".

Kiedy przy różnych okazjach, świętach, rocznicach i uroczystościach składałeś ludziom życzenia szczęścia, bo na pewno to robiłeś, to czy nie miałeś takiego uczucia, że nie warto tego robić, że wielu ludziom nie warto życzyć szczęścia, bo nie wiedzą, co z tym robić? Bo mają wszystko, aby być szczęśliwymi, a nie są. No właśnie dlatego, bo nigdy nie zastanowili się, co to jest szczęście.

Jeszcze poważniejszy problem to „pragnienie zdrowia". Chcesz być zdrowy? Głupie pytanie – no pewnie. A co to znaczy zdrowie? To oczywiście, odpowiesz, brak choroby!

Ale taka odpowiedź nie pobudzi Twojej podświadomości. Jeżeli jesteś chory, ciężko chory, to bardzo pragniesz być zdrowy. Im jesteś bardziej chory, tym bardziej pragniesz. To oczywiste (ludzie zdrowi nie pragną zdrowia, bo je mają). To pomyśl w tej właśnie chwili, co byś mógł zrobić, gdybyś był idealnie zdrowy. To, że będziesz powtarzał: „chcę być zdrowy", „jestem zdrowy", „chcę być zdrowy" – do niczego Cię nie doprowadzi. No może do gonitwy myśli. Ty musisz w swojej wyobraźni stworzyć proste obrazy, jak biegasz, pływasz, skaczesz, wspinasz się na góry, jedziesz rowerem, wykonujesz szereg ekscytujących czynności, które nie byłbyś w stanie wykonać, gdybyś był chory.

Ale muszą to być czynności, który Cię pobudzają. Jeżeli uwielbiasz chodzić po górach, to wybierz się – w wyobraźni – na wymarzoną wyprawę w góry. Pomyśl – gdybyś za pól roku po tym zawale serca, który teraz przechodzisz, był w stanie wybrać się z plecakiem na samotną wycieczkę tygodniową w góry, to byłbyś zdrowy czy nie?

Ale jeżeli nienawidzisz gór, tylko uwielbiasz grać w tenisa, to taka wizualizacja zupełnie nie nastroi Cię entuzjastyczne. Ty musisz wyjść – w wyobraźni – na kort i rozegrać pełne trzysetowe spotkanie. Rozumiesz?

I tu pojawia się jeszcze jeden aspekt pragnienia – ekscytacja i emocje. Twoje pragnienia muszą pobudzać Cię emocjonalnie. Pragnienia bez emocji są jak rakieta bez paliwa. Wypchany orzeł w leśniczówce, który ma wszystko, co potrzeba, tylko nie odleci. To emocje unoszą Twoje pragnienia dalej i pobudzają Cię do działania. Emocje człowieka unoszą. Aby pobudzić emocje, Twoje pragnienia muszą być wielkie, niebanalne. Realne, ale z zaangażowaniem Twojej energii, wkładu mentalnego i duchowego.

Drugi element sukcesywnego myślenia to „wiara". Ten cudzysłów jest użyty celowo, bo w tym kontekście słowo „wiara" oznacza coś trochę innego, niż myślisz. Wiara to myślenie, postępowanie i działanie tak, jak gdyby to, o czym marzysz, czego pragniesz, już było. Nie – że zaraz będzie na pewno, ale już jest! Jest to pewne!

Gdzie najlepiej widać wiarę, gdzie można tego poczuć? Jest jedno takie miejsce... i to nie jest świątynia. To restauracja, dobra restauracja.

– Dlaczego?

– A po co idziesz do restauracji?

– Żeby coś zjeść – odpowiesz.

– Dobrze. Wobec tego, co robisz?

– Podchodzi kelner, podaje kartę dań, a ja wybieram.

– A co wybierasz?

– Ja kto co? Coś co lubię.

No właśnie coś, co lubisz, czego pragniesz, na co masz aktualnie największą ochotę. Czy zdarzyło Ci się kiedykolwiek wybrać w pełni świadomie takie danie, którego nie lubisz? Po którym Cię mdli i skręca? A może kiedyś poprosiłeś, aby danie polano jeszcze majonezem, bo nie lubisz majonezu i masz wtedy obfite torsje? No nie. Wybierasz to, co aktualnie pragniesz, a jak jesteś koneserem, to uzupełnisz zamówienie o szczegóły. Poprosisz, aby do szparagów podano sos holenderski, a nie beszamel, aby pizza była koniecznie na cienkim spodzie, a grzanki do zupy cebulowej tylko z chleba razowego.

I co robi kelner? Zapisuje szczegółowo Twoje zamówienic i odchodzi po napoje i przystawki.

A ty co robisz?

Czekasz spokojnie z WIARĄ, że to, co zamówiłeś, za chwilę pojawi się na stole. Restauracja jest dobra, kelner uprzejmy, to spokojnie czekasz.

Czy zdarzyło Ci się kiedykolwiek w życiu pobiec za kelnerem i sprawdzić, czy dobrze zapisał Twoje zamówienia? Nie. Czy zdarzyło Ci się kiedykolwiek wtargnąć do kuchni tej restauracji i sprawdzić, czy kucharz dobrze to przyrządza? Nie.

To pomyśl – jeżeli w takiej zwykłej restauracji, gdzie jest zwykła ziemska obsługa, to czego pragniesz, to dostajesz – to w takiej wielkiej kosmicznej, gdzie obsługuje „Los", Stwórca, Energia Wszechświata? „Proście, a będzie wam dane" – tylko z wiarą proście.

Energię wiary dobrze jest zaakcentować. Dobrze jest pokazać, że na prawdę wierzysz. Co to znaczy? Kiedy będziesz szedł do świątyni, modlić się o deszcz na swoje pole, to zabierz ze sobą parasol. Jak będziesz modlił się o słońce, to zabierz okulary przeciwsłoneczne. Jak marzysz o mercedesie, to kup sobie w kiosku breloczek na kluczyki z charakterystycznym znaczkiem tej marki. Jeżeli leżysz na oddziale intensywnej opieki medycznej po dwóch zawałach, to postaw sobie w rogu pokoju piękny plecak Alpinusa na wymarzoną wyprawę w góry, a buty NIKE i rakietę HAED na upragniony mecz w tenisa. I uwierz mi, jeżeli codziennie rano, budząc się, będziesz patrzył na te rzeczy, to będziesz do zdrowia dochodził dużo szybciej niż wtedy, gdy budząc się, będziesz widział plączącą się żonę, która lamentując przy Twoim łóżku, będzie błagała, abyś nie umierał – bo jesteś... nieubezpieczony.

I trzeci aspekt to DZIAŁANIE, czyli praca, dostrzeganie przypadków i zbiegów okoliczności. Ale w życiu nie ma przypadków. Zdarzają się tylko tym, którzy są przygotowani na zaistnienie przypadków.

Sto osób może przechodzić obok jakiegoś „zdarzenia" i nic nie widzi, ktoś inny dostrzeże tu szanse i możliwości. Dlaczego tak się dzieje? Bo to, o czym myślisz, ulega powiększeniu. To, na czym się koncentrujesz, przyciąga Twoją uwagę i po prostu widzisz więcej na ten temat.

Jeżeli chcesz kupić samochód i myślisz o tym od miesiąca, a marzysz o ciemnogranatowej Toyocie, to na ulicy widzisz wszędzie ciemnogranatowe Toyoty. Jeżeli chcesz zrzucić parę kilogramów, to w księgarni widzisz wyłącznie książki o odchudzaniu itd.

Pragnienie i wiara to właśnie ukierunkowanie twojego myślenia na konkretną sprawę. To rozszerzenie kanału informacyjnego podświadomości i poinformowanie siebie o możliwych, dostępnych opcjach i możliwościach. Dopływa wtedy coraz więcej informacji, a wiedząc więcej, pojawia się odwaga w działaniu. A zatem pamiętaj: PRAGNIENIE – WIARA – DZIAŁANIE.

●● chwile refleksji:

Pragnienie, wiara i działanie...
czyli jak dziadek Pietrucha chmury przeganiał

To wszystko, o czym teraz piszę, wydarzyło się pod koniec lat 60. XX wieku, gdzieś daleko w zapomnianej przez ludzi i urzędy wiosce BOROWA województwa opolskiego.

243

Żył tam sobie od niepamiętnych czasów Dziadek Pietrucha, przepraszam: Józef Jakub Pietruchowicz. Pochodził ze wschodu, gdzieś z Wileńszczyzny, a wyrokiem sił wyższych i Boga, jak sam powiadał, od czterdziestego szóstego na Ziemiach Wyzyskanych, czyli w Borowej.

Na Józefa Pietruchowicza nikt nigdy nie mówił inaczej jak Dziadek Pietrucha, a on nie zżymał się na to i przyzwyczaił, jako że rodziny swojej dawno nie miał – żona zmarła zaraz po przyjeździe, a dzieci gdzieś w sowieckiej armii się zawieruszyły. Więc jak mówili dziadek, to tak raźniej mu było i weselej.

Pietruchowicz lubił ludzi i dla ludzi był zawsze życzliwy. Zagadał, zażartował, dla dzieci miał cukierka, a dorosłego i papierosem poczęstował, choć sam palił fajkę. Raz tylko kiedyś przyszedł do Józefa Pietruchowicza list urzędowy z Rosji, aż z Kazachstanu. Po tym liście nie pokazywał się na wiosce przez dwa tygodnie i wtedy tak jakoś dziwnie było wszystkim. Nikt nigdy nie pytał, co było w tym liście, nawet ksiądz na sumie mówił, aby nawet kto bardzo ciekaw, i tu patrzył na starą Ciemięgową, to tej sprawy nie tykać i Pietruchowicza nie pytać. I ludzie nie tykali.

Lat miał zawsze dużo i zawsze był stary. A z wiekiem – jak mówił – rozum w głowie lepszy i dobrą radę dla ludzi łatwo jest znaleźć.

Chodzili po rady do Dziadka Pietrucha wszyscy, nie tylko sąsiedzi. Bywało, że i sam sołtys, i z wiosek okolicznych. A jak doradził, to tak było, zawsze najlepiej. A jak spór był we wsi jaki, a to o konia źle podkutego, a to o miedzę, pszenicę niewymłóconą czy źle zaorane pole, to zawsze głos Pietruchy był najważniejszy. Na polityce się znał, gazety czytał. Nikt nie widział go w gospodzie. Za to widywali go z książkami, jak od proboszcza z parafii pożyczał. Byli też tacy, co mówili, że świata kawał widział i kształcony był wysoko, bo i po rusku, i niemiecku, tak jak i po polsku mówić umiał.

Wszyscy go znali i zdanie cenili. Jak wodociąg we wsi mieli zakładać, to cała wieś nie chciała, bo dopłacić z własnych trzeba było. Z powiatu przez pół roku próbowali sołtysa i wioskę przekonać, i nic. A jak Pietrucha powiedział na zebraniu w straży, że chłopy z Borowej głupie są, że jak wody w chałupach nie będzie, to żaden młody gospodarki się nie chyci i na wiosce nie zostanie, a jak nie zostanie, to wszystkie stare wyzdychają, to nie trzeba było nic więcej gadać i nikogo już przekonywać. Wszyscy na wodociąg się złożyli. Tak samo było z budową remizy, ośrodkiem zdrowia i telefonami.

Ale Dziadek Pietrucha nie dlatego był tak przez wszystkich poważany. Potrafił coś, czego nikt w okolicy i jeszcze dalej robić nie umiał. Dziadek Pietrucha potrafił chmury deszczowe rozgonić!

Kiedy nad wioską i polami chmury zakrywały słońce, a deszcze zbyt długo padały, wtedy sołtys szedł z prośbą do Pietruchy. Niby to przypadkiem, niby że kłopot szykuje się wielki, no i że trzeba by coś na to zaradzić, ale nie wiadomo co.

Jak człowiek prosił, Dziadek Pietrucha nigdy nie odmawiał. Ubierał się w świąteczny garnitur, koszulę, krawat, szedł w pole za las, coś tam robił i... deszcz przestawał padać. Najczęściej, kiedy wracał z pola, już świeciło słońce.

Ludzie we wsi mówili, że Pietrucha jest płanetnikiem. To taki, co to podobno z deszczem i burzami jest za pan brat. Kiedyś próbował go podpatrzeć, co niby w tym polu robi, syn młynarza, ale tak go lumbago pokręciło, że przez cztery niedziele z łóżka zwlec się nie mógł. Więc już po tym nikt nie próbował.

Pietrucha potrafił też wodę znaleźć i miejsce na dobrą studnie wskazać. Gdzie dobry dom zbudować, potrafił powiedzieć i na ziołach się znał jak nikt inny.

Z tego wszystkiego trochę się go nawet ludzie bali, ale nigdy nic złego nikomu nie zrobił. Pieniędzy od nikogo nie brał, a korzystali z niego wszyscy i nikomu to nie przeszkadzało. I tak już było w Borowej od niepamiętnych czasów.

Gdzieś w połowie marca zmarł stary proboszcz, który był od początku Borowej. Cała wioska była na pogrzebie. Odprowadzała go na cmentarz, bo chciał leżeć tutaj w swojej parafii, między swoimi.

Cała wioska witała też nowego proboszcza, który z początku wszystkim nawet się spodobał, bo już

*tu kiedyś był przez rok na praktyce, ale trwało to
do niedzieli. W niedzielę na sumie podczas kazania,
nagle jak grom z jasnego nieba, nowy proboszcz
wypalił:*

*– Wiemy, że tu w Borowej są tacy, co mienią się
równymi siłom natury – tutaj spojrzał na Dziadka
Pietruchę, który jak zawsze siedział w pierwszej
ławce – i wyroki nieba chcą poprawiać albo...
i zmieniać. Jeżeli za tydzień na sumie nie przyjdą tu
przed ołtarz w ubraniu pokutnym, z głową posy-
paną popiołem i głośno nie powiedzą, że to bzdury
i mamienie ludzi, to... – zawiesił głos, a w kościele
powiało autentyczną grozą – zakaz wstępu do świątyni Pańskiej i zakaz dostępu do Pańskiego stołu.
Tu silnie uderzył ręką w ambonę.*

*W kościele zrobiło się cicho. Wszyscy patrzeli na
Dziadka Pietruchę. Klęczał w ławce spokojny,
z lekko pochyloną głową i niewzruszony modlił się
z książeczki.*

*Spokój Pietruchy wyraźnie rozzłościł proboszcza,
bo już nie „owijając niczego w bawełnę", zwrócił
się wprost do niego:*

– Do was mówię Pietrucha, do was, słyszeliście?

*W kościele zrobiło się jeszcze ciszej. Trwało to
dobrą chwilę. Głowa Dziadka Pietruchy pochyliła
się jeszcze bardziej i wtedy wszyscy usłyszeli kąśli-
wy szept:*

*– Zamilcz, sługo Boży, kiedy rozmawiam z Two-
im Panem w Jego Domu!*

Nowy proboszcz osłupiał. Te słowa zbiły go zupełnie z pantałyku. Na pewno nie takiej odpowiedzi się spodziewał i nie takiego obrotu sprawy.

Poczerwieniał i zamilkł trochę bezradnie. Zaczął nerwowo odprawiać mszę. W kościele zrobiło się tak jakoś niewyraźnie, jak nie w kościele.

Dla wszystkich było jasne: proboszcz, nie wiedzieć czemu i o co, rozpoczął wojnę z Dziadkiem Pietruchą. Ale jak ta wojna będzie przebiegała, tego się nikt nie spodziewał.

Dziadek Pietrucha do komunii nie przystąpił, tak jak to robił w każdą niedzielę, i ręki nowemu proboszczowi stojącemu na schodach kościoła po mszy nie podał. Choć ten na to wyraźnie czekał. Minął go, kapelusz na głowę wkładając, i tak jakby trochę w pośpiechu.

Zresztą wszyscy wychodzący po mszy z kościoła ze zdziwieniem stwierdzili, że nad kościołem, a szczególnie nad pokaźnym ogrodem i sadem księdza proboszcza zebrały się ciemne chmury, z których zaczyna padać rzęsisty deszcz z gradem, i trzeba szybko wracać do domu.

Od tej pamiętnej niedzieli w Borowej, a może dokładniej nad Borową zaczęły dziać się sądne dni.

Pomimo że to wiosna nad wioską i nad polami, przestało padać. Natomiast co drugi dzień zza lasu ciągnęła czarna gradowa chmura, zatrzymywała się nad plebanią i ogrodem proboszcza – i potężny grad siekł wszystko to, co zaczynało wychylać się z ziemi.

Początkowo proboszcz próbował przeciwstawić się „siłom natury" i przy pomocy gospodyni, kościelnego i organisty robił nowe nasadzenia, flancował zakupione w miasteczku warzywa. Założył nawet namiot foliowy ochraniający sałatę i pomidory.

Te wszystkie działania tak jakby rozzłaszczały jeszcze bardziej owe „siły natury" i w krótkim czasie po namiocie foliowym nie pozostało śladu. Grad zniszczył wszystko.

A nad wioską nie padało.

Po miesiącu próby mediacji i rozwiązania konfliktu podjął się sołtys. Ubrał się starannie, wziął ze sobą kierownika szkoły Jurewicza i Maciaszka z GS – i jak zwykle poszli do dziadka Pietruchy.

Dziadek Pietrucha przyjął ich przed domem na werandzie, paląc swoją fajkę i słuchając uważnie.

– Bo tego gradu nad plebanią jest już trochę za dużo, a gdzie indziej deszczu nie ma, nie pada. A przydałoby się, bo ziemia już strasznie wysuszona, jak nie na wiosnę – kończył swoją mowę sołtys, a pozostali przytakiwali.

Kiedy sołtys skończył, Pietrucha chrząknął, wyjął z ust fajkę i spokojnie zaczął:

– Sołtysie, to że deszcze rozganiać potrafię, to wszyscy wiedzą – i spojrzał dobitnie na sołtysa, oczekując potwierdzenia.

– Wiedzą – potwierdził sołtys, a inni pokiwali głowami.

– Ale... – tu Pietrucha zawiesił głos – na gradzie to ja się nie znam – zakończył stanowczo i zaczął dalej palić fajkę.

Zaległa cisza. Sołtys nie wiedział, co powiedzieć. Inni milczeli.

Pietrucha patrzył przed siebie. Po pewnej chwili zaczął jednak z lekko filozoficzną nutą w głosie:

– Ale gdyby proboszcz odwołał to, co powiedział na sumie, to może ja wiem... – zamyślił się – i z gradem bym się zmierzył...

Sołtys z nadzieją natychmiast udał się na plebanię, Ale niestety proboszcz o niczym nie chciał słyszeć, a w żadne sprawy nadprzyrodzone to on nie wierzy i niczego nie będzie odwoływał.

– A Pietruchowicz to z niebem nic wspólnego nie ma i to wszystko brednie, głupie gadanie i ciemne zabobony. Deszcz i grad jest z nieba i od Boga, a od tego, to ja tu jestem i kwita – kończył wyraźnie poirytowany.

Kiedy sołtys wychodził z plebani, zza lasu ciągnęła nad warzywnik księdza proboszcza kolejna gradowa chmura.

A nad wioską nie padało.

W połowie lipca wiadomość o jakimś konflikcie między wioską Borowa a proboszczem dotarła za pośrednictwem komitetu wojewódzkiego do redakcji jednego z dzienników opolskich.

Sezon był typowo ogórkowy, szpalty wolne, postanowiono więc wysłać tam młodego, dobrze za-

powiadającego się redaktora. Niech sprawę delikatnie zbada i odpowiednio opisze. Wiec pojechałem.

Do Borowej dotarłem nie bez trudu dopiero późnym popołudniem. Dzień był słoneczny i upalny. Wtedy o samochodach redakcyjnych nie było co marzyć, a i komunikacja funkcjonowała nie najlepiej.

Czekał na mnie sołtys, uprzedzony telefonem z redakcji, z suto zastawionym stołem, kolacją i kilkoma znaczącymi osobami ze wsi.

Rozmowa potoczyła się wartko. Pękały kolejne butelki, ale sołtys o żadnym konflikcie nic nie słyszał. Podobnie pozostali uczestnicy biesiady.

– Gdzie by tam. U nas, w Borowej? Panie redaktorze, ludzie zgodni. Z jednych stron ze wschodu. Tu każdy krwi z palca da i miskę miodu, jak trzeba. Żeby się kłócić i żeby aż redaktor z województwa przyjeżdżał, to my tego nie wiemy – mówił tak prawie każdy.

Im jednak bardziej moi rozmówcy wszystkiemu zaprzeczali, tym nabierałem większej ciekawości i podejrzeń. Pytałem, oni opowiadali.

Wypitego alkoholu było coraz więcej, języki rozwiązywały się coraz bardziej. W końcu zeszło na starego proboszcza, padło nazwisko Dziadka Pietruchy i że co niektórzy w wiosce myślą o nowym duszpasterzu.

Grubo po północy, kiedy moi rozmówcy już dobrze spali na stole i... pod stołem, wiedziałem prawie wszystko o Józefie Pietruchowiczu, jego dziwnych umiejętnościach i całym niedzielno-marcowym zajściu w kościele.

Jakie były jednak rzeczywiste następstwa tej pamiętnej niedzieli, mogłem się przekonać z samego rana, gdy szedłem wysuszoną drogą do kościoła na rozmowę z proboszczem.

Mijałem uschnięte rośliny i wysuszone trawy, spękaną ziemię. Widać, że deszcz nie padał tutaj od bardzo dawna. Niedaleko plebani i kościółka stojącego na wzgórzu widok był zgoła inny. Tak jak by właśnie przeszła ulewna, kolejna burza, a wyżłobione bruzdy w ziemi po spływającej wodzie i zniszczone liście drzew w sadzie wskazywały, że burze gradowe zdarzają się w tym miejscu bardzo często i są wyjątkowo intensywne.

Proboszcz, niestety, nie miał dla mnie czasu, a przez kościelnego poinformował mnie, że gdyby nawet miał, to i tak by ze mną nie rozmawiał, bo nie ma o czym. O głupotach to on rozmawiał, nawet z redaktorem z województwa, nie będzie.

Kiedy wracałem do domu sołtysa czułem się jakoś dziwnie. Cała sprawa była wręcz kuriozalna i trochę niewiarygodna, jak na koniec XX wieku. Wydawała się być wręcz surrealistyczna. Na pewno miała coś wspólnego z gusłami, czarami i ludową magią, a z drugiej strony: wszystko widziałem na własne oczy i nawet zrobiłem zdjęcia.

Jak to wszystko pomieścić w racjonalnym umyśle. Co jednak powiedzą w redakcji? Jak to wszystko przedstawić? Zapowiadał się niezły orzech do zgryzienia.

Po powrocie do domu sołtysa nie kryłem zdziwienia zachowaniem proboszcza i całą sytuacją. Sołtys, już trzeźwy, nie bardzo pamiętał, co wczoraj powiedział i wolał dzisiaj milczeć.

– Sołtysie – zagadnąłem – a Dziadek Pietrucha to by ze mną porozmawiał?

– A dlaczego nie – odrzekł sołtys – pewnie, że by porozmawiał. Pójdziemy oba, to was przedstawię i będzie wam raźniej. A jak się nagadacie, to będziecie wszystko wiedzieć.

I poszliśmy. Z zainteresowaniem, ale nie bez obaw zbliżałem się do domu człowieka, który z chmurami rozmawia i deszcze rozgania.

Dziadek Pietrucha był w ogrodzie i warzywa konewką podlewał, bo nad wioską przecież nie padało. Już o mnie wiedział i nawet trochę czekał.

Lat miał siedemdziesiąt albo i więcej. Twarz pooraną zmarszczkami, sumiaste wąsy, spracowane ręce i lekko pochylona sylwetka pasowały mi do stworzonego wcześniej przeze mnie, na podstawie opowiadań, obrazu. Ale „myślące" oczy z takim specyficznym błyskiem i czyste, zupełnie nie wioskowe ubranie ten obraz zupełnie zmieniały.

– Niech pan redaktor sobie siądzie tu na ławce, a ja zsiadłego mleka przyniosę. Mleko będzie dobre po tej wczorajszej kolacji u sołtysa – uśmiechnął się trochę do siebie, trochę do nas, a w oczach pojawił się ten specyficzny błysk.

– A i rozmawiać będzie lepiej – zauważył.

– Bo na coś mocniejszego to chyba jeszcze za wcześnie, sołtysie? Prawda? – i znowu się uśmiechnął. Ton był trochę kpiarski, trochę zaczepny.

Po chwili przyniósł dzbanek zimnego zsiadłego mleka, rozlał do kubków i zaczął:

– To pan redaktor aż z województwa przyjechał, ażeby ze starym Pietruchą porozmawiać? A o czym to niby będziemy gadać, a?

I tak zaczęliśmy rozmawiać. O wszystkim: o ludziach, życiu, emocjach, wojnach, konfliktach, ludzkiej uczciwości i pazerności; o życiu na wsi zapomnianej przez ludzi; o nienawiści i tolerancji; o wybaczaniu i o tym, jak trudno jest być innym wśród swoich.

Sołtys szybko nas opuścił, a Dziadek Pietrucha w zasadzie mówił i opowiadał o sobie. Mówił, ale do tego najważniejszego dla mnie problemu nie dochodził. W końcu nie wytrzymałem i wypaliłem prosto z mostu, jak to młody człowiek potrafi:

– Panie Pietruchowicz, ale chmury to pan rozganiać w końcu umie? Tak czy nie? – zapytałem chyba odrobinę zbyt stanowczo. – Bo ludzie to różnie mówią – dodałem prowokująco.

– A umiem – odparł zdecydowanie Dziadek Pietrucha. Wszyscy wiedzą, że umiem. A proboszcza to się pan nie pytaj – nawiązał do mojej porannej wizyty na plebanii – bo on głowę wysoko nosi i ludzi nie widzi. Boga szuka nie tam, gdzie trzeba. Za daleko – dodał wyraźnie rozzłoszczony – to go i nigdy nie znajdzie.

– Ale jak pan to robi? – nie chciałem dopuścić, aby Dziadek zmienił temat.

– A normalnie.

– No to jak? Niech pan powie. Jeżeli to możliwe...

– A wychodzę w pole. Zmówię Ojcze Nasz i Zdrowaśkę, *potem jeszcze* litanię do Najświętszego Serca, *potem patrzę w niebo na chmury, wyciągam ręce i na niebie robię znak krzyża, o tak – wyciągnął ręce i uczynił na niebie duży znak krzyża – a potem tylko ten krzyż rozciągam na lewo i prawo, i chmury się rozstępują.*

– Zawsze się rozstępują? – zapytałem z wyraźną niewiarą w głosie.

– Zawsze – stanowczo powiedział dziadek i dodał z wyraźną pokorą – jak taka będzie wola Pana.

Zamilkłem i zrobiło mi się tak jakoś dziwnie. Ale nie byłbym dziennikarzem, gdybym nie ciągnął dalej i nie doprowadził sprawy do końca.

– No a teraz, mógłby mi pan rozgonić chmury? – zapytałem trochę nieufnie.

– A mógłbym – bez najmniejszych obaw odrzekł dziadek.

– No tak, ale nie ma chmur – zauważyłem z przekąsem, bo na niebie nie było najmniejszej chmurki.

– Aaa tam – zbagatelizował dziadek. Włożył dwa palce do ust, głośno gwizdnął i tak dziwnie machnął ręką, jak gdyby kogoś przywoływał.

Nie mogłem uwierzyć własnym oczom. Po chwili zza lasu zaczęły nadciągać ciemne burzowe chmury i zatrzymały się po chwili nad nami.

– No to patrzaj pan – powiedział dziarsko dziadek.

Zamilkł, zamknął oczy i zaczął się najpierw modlić. Trwało to dobrą chwilę, po czym uniósł ręce, zrobił znak krzyża i tak jak poprzednio pokazywał, rozgarnął krzyż na boki.

– O k... wyrwało mi się, kiedy patrzyłem w niebo.

Po raz kolejny dzisiaj nie mogłem uwierzyć w to, co widzę. Po prostu było to niewiarygodne. Chmury powolutku zaczęły się rozstępować i po pewnym czasie znikły zupełnie.

– Nieprawdopodobne – nie mogłem ukryć swego zdziwienia. – Niewiarygodne. To się po prostu nie mieści w głowie – zauważyłem wręcz zdruzgotany tym eksperymentem.

– Bo to widzicie, redaktorze – zaczął filozoficznie Dziadek – mądrzy ludzie mówią, że to zależy od pojemności głowy – dokończył z lekką ironią, ale i nie bez satysfakcji Dziadek Pietrucha. Ale ja tej ironii nie słyszałem.

Po pewnej chwili, będąc cały czas pod wrażeniem tego, co widziałem, zacząłem mówić dalej:

– Ma pan jakieś nadprzyrodzone moce – byłem wyraźnie podekscytowany.

– A gdzie tam, jakie nadprzyrodzone? – obruszył się tym razem Dziadek. – Zna i umie się to i owo, to i trzeba to dla ludzi robić.

– Ale przecież nie potrafi tego każdy – oponowałem.

– A czegoż by nie, potrafi każdy – stanowczo zaprzeczył Dziadek.

– Każdy? – jeszcze raz zapytałem.

– Każdy – odpowiedział dziadek.

– A ja też? – po raz kolejny nie wytrzymałem.

– Wy też, panie redaktor. Jak każdy, to i wy też.

– A mogę teraz spróbować? – zapytałem sam zaskoczony swoim pytaniem.

– A czemuż by nie?

– No tak, ale chmur nie ma – chyba nuta nadziei zabrzmiała w moim głosie, że może jednak nie będę musiał próbować.

– Aaa tam – odrzekł Dziadek i tak jak poprzednio gwizdnął i machnął ręką. Jeszcze potężniejsze chmury zaczęły ciągnąć nagle zza lasu. Na tle bezkresnego czystego nieba wyglądały wręcz strasznie.

– Noo, chmury są, to zaczynaj pan – powiedział zdecydowanie.

Przeżegnałem się i zacząłem się modlić, a serce waliło mi jak młotem. Gdyby widzieli mnie moi *szefowie z redakcji – pomyślałem przez chwilę. Na odwrót było jednak za późno.*

Z dużą starannością starałem się dokładnie powtórzyć ruchy Dziadka Pietruchy. Wykonałem na niebie znak krzyża i zacząłem go rozciągać. Dziadek przyglądał mi się z uwagą, wyraźnie ucieszony moim autentycznym zaangażowaniem.

Niestety, chmury nie rozstąpiły się.

– Panie Pietruchowicz, nie rozganiają się – byłem wyraźnie zawiedziony. – Dlaczego, co zrobiłem źle? – zapytałem i powtórzyłem ruch rękami po niebie. I jeszcze raz, i jeszcze raz. Za każdym razem coraz gwałtowniej.

– Faktycznie, nie rozganiają się – patrząc w niebo, potwierdził dziadek.

Potem spojrzał jeszcze raz na moje próby działania, jak gdyby chciał dokładnie prześledzić ruchy rąk.

– A wiesz pan redaktor czemu? A...?

– No nie wiem – powiedziałem nieśmiało, starając się przy tym jeszcze dokładniej poprawić charakterystyczne ruchy rozciągania chmur na niebie.

– Przecież bardzo chcę... i robię to samo, co pan.

– Taaak – Dziadek Pietrucha przeciągnął słowo, patrząc przy tym na mnie wesoło – PRAGNIENIE jest, oj jest... Krzyż i rozciąganie robisz pan też dobrze... no, nawet bardzo dobrze – dodał z małym zawahaniem – ALE WIARY ZA MAŁO... WIARY

MAŁO, ot co – i Dziadek Pietrucha zaczął się szczerze śmiać... a ja powoli z nim.

Zapewne jesteś ciekawy, Drogi Czytelniku, jaki był koniec tej historii.

Minęło jeszcze parę miesięcy i sprawa trafiła do biskupa, a biskup... zmienił z dnia na dzień proboszcza.

Nowy proboszcz na pierwszej swojej mszy w niedzielę powiedział tak:

– Były tu pewne sprawy związane z naturą, które nikomu nie przeszkadzały. I byli też tacy, którzy ten dawny porządek chcieli zmienić, powołując się na imię Pana. Oddajmy, co naturalne naturze, a co Boskie Bogu – i niech zostanie tak, jak było – podszedł do Dziadka Pietruchy, podał mu rękę, a Dziadek przystąpił do komunii.

A kiedy po sumie wszyscy wychodzili z kościoła, zobaczyli, jak drobniutki deszczyk zaczyna zraszać wysuszone do granic możliwości okoliczne pola i łąki, jak nad Borową zaczęło nareszcie padać.

PS. Jest to niewiarygodna pod wieloma względami, ale autentyczna historia. Nazwiska bohaterów i miejsce zmieniłem. Opowiedział mi ją parę lat temu na kursie Metody Silvy ów dziennikarz (niestety już nie taki młody), a mój przyjaciel mieszkający obecnie w USA, Jacek Szrot.

Ponieważ nigdy nie mógł jej opublikować, a od wielu już lat nie jest związany z dziennikarstwem, *postanowiłem zrobić to za niego, chyląc w ten sposób czoło przed niezbadanymi zjawiskami, prawami natury i potęgą umysłu człowieka.*

● sekunda mądrości:

Ktoś, kto ma jasno sformułowane cele
i kto codziennie pracuje nad ich realizacją,
będzie skuteczniejszy od geniusza, który nie wie, czego chce.
Jeżeli masz wyznaczony cel – posuwasz się do przodu,
a nie w przód, w tył i na boki na prostej drodze.
Robisz to nawet na drodze wyboistej.
Ale jeżeli nawet wiesz, dokąd chcesz pójść,
ale nie wiesz, po co tam idziesz,
nie pomoże ci żadna mapa czy GPS.

José Silva

11.

O odpowiednim podejściu do stresu

Czy stres jest nam potrzebny? Współcześni psycholodzy twierdzą, że oczywiście, że jest konieczny i podają szereg przykładów. Gdyby nie było stresu, to siedzielibyśmy dalej w jaskiniach lub na drzewach. Ta nieswoista reakcja organizmu na stawiane mu nowe żądania jest konieczna do życia, to efekt ewolucji człowieka. Rozwinęła się ona w postaci odpowiedzi na zagrożenie jako niezbędny mechanizm ochraniający, ostrzegający i ratujący życie.

Stres jest także jednym z najważniejszych czynników pobudzających rozwój. W dzisiejszych czasach to jednak zdecydowanie coś więcej – to specyficzny styl życia.

Gdybyś nie był zestresowany nie byłbyś „trendy". Zauważ, ile razy dziennie słyszysz i ile razy dziennie wypowiadasz zdania w stylu: „jestem taki zestresowany", „nie stresuj się", „to wszystko przez ten stres" itp.

Życie w stresie, na wysokich obrotach jest modne i kuszące. Adrenalina i testosteron motywują, zachęcają do ryzyka i dają przewagę w rywalizacji. Żeby odnieść sukces, trzeba być bardziej agresywnym, dynamicznym; trzeba się napędzać, mieć bojowy nastrój.

Otoczenie podziwia ludzi zabieganych, zapracowanych, niemających czasu na nic; przemieszczających się po kontynentach i kolejnych zebraniach rad nadzorczych. Osiemnastogodzinny dzień pracy, dwa laptopy, trzy smartfony i cztery godziny snu są traktowane jako godne szacunku osiągnięcie życiowe.

Problem jest jednak w tym, że u ludzi tak żyjących, chronicznie zestresowanych jest on nieustannie uaktywniany przez zwykłe codzienne zadania i błahe problemy.

Martwimy się i stresujemy wszystkim: zmianami politycznymi, wypadkami na drodze, brakiem deszczu lub jego nadmiarem, redukcją etatów w firmie, kolejkami do lekarza, posyłaniem 6-latków do szkoły lub późniejszym przejściem na emeryturę. Do tego dodajemy napięcia wynikające z codziennych wydarzeń: konflikt z partnerem, problem wychowawczy z dzieckiem, naprawa samochodu, brak miejsca na parkingu. Wieczorem niemająca kresu fala złych globalnych wiadomości z mediów zalewa nas i nie pozwala unieść głowy nad powierzchnię szarej codzienności – kryzys ekonomiczny, terroryzm, głód, bankructwa znanych firm, kataklizmy, afery podsłuchowe, nierozwiązywalny problem uchodźców itd. (z drugiej jednak strony – dla osób lubiących i kochających się martwić nastały wspaniałe czasy).

Wokół stresu narosły pewne mity. Jednym z nich jest przekonanie, że potrzeba stresu jest jednym z warunków aktywności umysłu i osiągnięcia wysokiej efektywności pracy.

Nic bardziej błędnego. Stres nie tylko, że pogarsza produktywność, innowacyjność myślenia, skuteczność działania i zaradność życiową, ale przede wszystkim ma negatywny wpływ na zdrowie.

Na co dzień stykamy się z medycznymi objawami stresu, ale nie podejrzewamy, że ich powodem jest stres. Skutek stresu trudno jest zbadać metodami w pełni obiektywnymi, jednak chroniczne napięcie, nerwowość, zamartwianie się daje konkretne objawy. Ogromna ilość dowodów naukowych bezdyskusyjnie przemawia za tym, że ciągły stres jest szkodliwy dla zdrowia i życia.

U jednej osoby będą to biegunki, nudności, problemy gastryczne; u drugiej problemy ze snem, natręctwa ruchowe, skurcze i tiki twarzy; a w jeszcze innym przypadku palpitacje, częstoskurcze i arytmia serca.

Stres może przybrać nawet postać objawów zagrażających życiu – gwałtowny wzrost ciśnienia krwi lub poziomu cukru, powiększenie nadnerczy, ataki serca.

Najczęstszą postawą wobec stresu jest negatywna zmiana postawy życiowej polegająca na stopniowej jego akceptacji i próbie przetrwania. Najczęstszą formą pomocy medycznej i terapii jest minimalizacja skutków – często w formie farmakologicznej.

Ale te strategie postępowania nie sprawdzają się. Jak wynika z obserwacji i szacunków Amerykańskiego Instytutu Stresu napięcie nerwowe jest powodem od 75–90% wszystkich wizyt u lekarza pierwszego kontaktu. Paradoksalnie, w dzisiejszych czasach to nie zagrożenie życia wywołuje stres, ale stres powoduje zagrożenie życia.

Stres karmi się stresem. Im bardziej jesteśmy zestresowani, tym łatwiej się irytujemy. Zamartwianie się pogarsza zdolności logicznego myślenia, powoduje zaburzenia pamięci, kłopoty z wysławianiem się, lękliwe zachowanie, brak zdolności do podjęcia minimalnego ryzyka; pomyłki, błędy, gafy – a to irytuje nas jeszcze bardziej.

Po pewnym czasie swoje reakcje i kompulsywne zachowanie zaczynamy uważać za coś zupełnie normalnego np. jako charakter. Po prostu „ten typ tak ma". Tymczasem nie jest to stan normalny. To, że przyzwyczajamy się do stresu i tkwimy w tej sytuacji, jest kolejną i jedną z najtragiczniejszych reakcji organizmu na stres.

Spadek poczucia własnej wartości, utrata optymizmu, nieśmiałość; narastające przygnębienie i negatywizm myślowy; zmiany w obrazie ludzi i świata, niechęć i wstręt do otoczenia, agresywna i pesymistyczna ocena ludzi i codziennych wydarzeń – to typowe objawy tej fazy stresu, które można streścić słowami: „świat jest zły".

Objawy te mogą przyjmować także intensywny kierunek autodestrukcyjny: rozdrażnienia, wściekłość, agresja, gniew, dominacja lub przygnębienie; bezradność, bierność, apatia, depresja.

Drugi ważny mit dotyczący stresu lokuje źródło i przyczynę stresu poza nami – w czynnikach zewnętrznych, w naszym otoczeniu, w tzw. sytuacjach stresowych.

Pomimo tego, że w większości przypadków zdajemy sobie sprawę, że stres, jakiego doświadczamy, jest ogromnym życiowym obciążeniem, to najczęściej wychodzimy z założenia, że nie mamy w tej sprawie żadnego wyboru, że jest nieunikniony. Stajemy się uzależnieni od zewnętrznych zagrożeń. No bo jaki mamy wpływ na chorobę, która przykuła nas do łóżka; na smutek i depresję, która przyszła nie wiadomo skąd; na bankructwo, które spowodował wspólnik czy na problemy rodzinne naszego dorosłego dziecka.

Powinniśmy uzmysłowić sobie, że prawda jest inna i może trochę brutalna: „Nie ma sytuacji stresowych"!

Jak to nie ma?

Nie ma. To nie jest pomyłka.

Zapamiętaj. Nie ma sytuacji stresowych – są stresowe reakcje! Zwróć uwagę, że ta sama sytuacja, to samo zdarzenie w różnych momentach naszego życia jest różnie przez nas odbierane. To od nas i tylko od nas zależy, jak je potraktujemy.

Od naszego nastawienia, od naszych emocji, od tego, jak wewnętrznie odbieramy „zewnętrzną" sytuację, zależy nasza reakcja. Na sytuację nie masz wpływu. Na swoją reakcję tak.

Tak jak stres rodzi stres, tak opanowanie, rozwaga i spokojne działanie dają odwagę, nadzieję i wiarę, że „jednak można" niezależnie od sytuacji, z jakimi przyszło nam się zmierzyć.

Nasz organizm dąży do równowagi. To nie stan stresu jest normalny, ale stan spokoju jest naturalny i najzdrowszy. Każdy z nas dysponuje wewnętrzną mądrością umożliwiającą omijanie frustracji i lęków napędzających spiralę stresu.

Mamy wrodzoną zdolność rozsądnego i spokojnego postępowania nawet w natłoku codziennych problemów. Tę umiejętność wystarczy tylko doskonalić. Opanowanie sztuki zrelaksowania się, skupienia przydaje się w każdej sytuacji. Człowiek, aby funkcjonować potrzebuje harmonii, a nie nerwów. Potrzebuje celów – a jednym z nich powinny być spokój i opanowanie, nasze dobre samopoczucie.

●● chwile refleksji:

O pomysłach rodzących się w stresie
i potędze relaksu

W czasie pierwszej wojny światowej – długiej,
statycznej, pochłaniającej wiele ofiar na froncie
i pozwalającej żyć stosunkowo spokojnie poza nim
– w armii austro-węgierskiej panowała powszechna
tendencja do dekowania się na tyłach. Dotyczyło to
nie tylko szeregowych żołnierzy, ale również kadry
oficerskiej i generalskiej. Oczywiście do pozostania
w spokojnych koszarach musiał istnieć powód,
w przeciwnym razie pobytowi towarzyszył silny stres
i perspektywa wysłania na front. Wobec tego po-
wody te wymyślano. Im wyższa szarża, tym powód
poważniejszy.

Na posiedzeniu sztabu generalnego armii austro-
węgierskiej panowała napięta atmosfera. Dawało
się wyczuć dużą nerwowość, czy to spowodowaną
obecnością głównodowodzącego cesarza Franciszka
Józefa, który wygłosił słynne zdanie: „Jeżeli monar-
chia idzie na dno, to niech przynajmniej idzie z honorem", czy też brakiem jakiegokolwiek pomysłu na
prowadzenie akcji wojennej.

W tej dosyć dramatycznej sytuacji jak powiem
ożywczego wiatru, jak błysk słońca w mroczny dzień
przyjęto wystąpienie generała Pistuna, który przed-

stawił swoją koncepcję uratowania kraju i zwycięskiego zakończenia wojny.

Otóż zdaniem generała szeregowi żołnierze mają zbyt mało czasu na zabijanie wrogów, bo wiele codziennych czynności frontowych pochłania im go zbyt dużo. Aby nie być gołosłownym, generał przedstawił wyliczenie, ile czasu żołnierz traci choćby w latrynie. Wchodzi, rozpina szynel, wiesza na wieszaku, następnie rozpina pasek od spodni, rozpina rozporek, zdejmuje spodnie, kalesony, zajmuje miejsce na desce i dopiero przechodzi do właściwej czynności, jaką wykonuje się w latrynie. Te czynności są dosyć czasochłonne i wykonywane najczęściej w dużym stresie spowodowanym szybką potrzebą odreagowania na pewne napięcia w wiadomych częściach ciała. Traci na tych wstępnych czynnościach tyle i tyle czasu. Jeżeli pomnoży się to przez ilość dziennych wizyt w latrynie, ilość dni pobytu na froncie, to można otrzymać stratę czasu znacznie zmniejszającą efektywną wartość wykorzystania żołnierza na froncie. Oto odpowiedź, dlatego żołnierz nie może zabić jeszcze kilku wrogów. Jeżeli pomnoży się to przez liczebność armii, można łatwo zrozumieć, dlaczego wojna trwa tak długo.

Wystąpienie było bogato ilustrowane rysunkami, obliczeniami i wykresami. Sprawiało znakomite wrażenie. Ponieważ nikt ze sztabu nie miał innej, równie interesującej koncepcji, oklaski przerywały wystąpienie generała.

To była słuszna diagnoza przyczyny długotrwałej wojny! Atmosfera na posiedzeniu wyraźnie się rozluźniła.

Po przerwie, podczas której w kuluarach trwała ożywiona dyskusja, generał przeszedł do koncepcji rozwiązania problemu:

– A gdyby tak opracować projekt spodni z rozporkiem z przodu i z tyłu? Wystarczyłoby rozpiąć rozporki, odchylić poły szynela i zaoszczędzić dużo czasu.

– Ile? – zapytał któryś z generałów.

Tego generał Pistun nie podał, bo to wymagało poważnego podejścia. Przede wszystkim opracowania koncepcji projektowej takich spodni; opracowania technologii wykonania i modelu konstrukcyjnego; przeprowadzenia odpowiednich analiz teoretycznych i stosownych badań modelowych; opracowania konstrukcji prototypów; wykonania partii pilotażowej i w końcu badania eksperymentalnego wśród użytkowników. Wtedy będzie można odpowiedzieć na to pytanie.

Pomysł bardzo się spodobał generałom i powołano wieloosobowy zespół do spraw dwurozporkowych spodni, na którego czele stanęli generał Pistun i trzech jego zastępców. Powołano też komisję w sztabie, która niezależnie będzie monitorowała postępy w pracach. Projektowi badawczemu nadano kryptonim wojskowy i uruchomiono grant badawczy, przydzielając spore fundusze odpowiednio zdywersyfikowane na kolejne zadania badawcze. Całość przedsięwzięcia obłożono klauzulą „ściśle tajne/ /poufne" i objęto ochroną kontrwywiadu, na co nalegał sam szef służb specjalnych, jako że przedsięwzięcie o tak podstawowym znaczeniu dla armii jest niezwykle łakomym kąskiem dla szpiegów obcych mocarstw.

Prace ruszyły pełną parą i co miesiąc na wyjazdowych posiedzeniach komisji i zespołu przedstawiano postępy w pracach. Jak trudne było to zadanie, niech świadczy fakt, że dopiero po pół roku przedstawiono model spodni, po roku prototyp, a po kolejnych sześciu miesiącach wersję przygotowaną do produkcji seryjnej. Takie postępy zawdzięczano tylko ofiarnej pracy zespołu i nadzorującej komisji, która pracowała pod ogromną presją całej armii.

Posypały się pierwsze awanse, nominacje, medale i odznaczenia. Przydzielono też pierwsze specjalne premie finansowe.

Jeszcze kilka miesięcy i wyprodukowano serię pilotażową spodni w liczbie kilkuset sztuk. Przystąpiono do bezpośrednich badań eksperymentalnych wśród użytkowników.

Pewnego – utrzymywanego w ścisłej tajemnicy – dnia na wielkiej polanie daleko za linią frontu ustawiono w dwóch szeregach dwie setki latryn (do weryfikacji statystycznej i oceny potrzebna jest odpowiednia liczebność próbki badawczej). Przed każdą *z nich stał żołnierz. Po lewej ci ubrani w spodnie tradycyjne, po prawej ci ubrani w spodnie dwuroz- porkowe. Na znak dany gwizdkiem przez kierowni- ka projektu żołnierze weszli do latryn i rozpoczęli wykonywanie swoich czynności. Członkowie komi- sji (jeden członek przy jednej latrynie) włączyli chro- nometry i rozpoczęło się pełne nieznośnego napię- cia czekanie.*

Po paru minutach zaczęły się otwierać drzwi latryn i faktycznie, ci żołnierze, którzy byli ubrani w spodnie z dwoma rozporkami, wychodzili szyb- ciej.

Można sobie wyobrazić, jak wielki ciężar odpo- wiedzialności spadł z zespołu badawczego – ekspe- ryment się powiódł. Kiedy podsumowano czas stu żołnierzy i określono całkowitą oszczędność czasu, w zespole zapanował ogromny entuzjazm. Generał Pistun, ojciec projektu i genialny wynalazca tonął w uściskach i gratulacjach. Posypały się kolejne nagrody i odznaczenia.

Do zamknięcia protokołu badawczego potrzebne były jeszcze uwagi bezpośrednich użytkowników. Komisja podchodziła do kolejnych stojących w po- stawie zasadniczej przed latrynami żołnierzy i za- dawała pytanie, co sądzą o nowych spodniach. Prze- straszeni szarżą generalską prości szeregowcy dukali jakieś banały: „że tak", „że wygodne", „że teraz jest dużo lepiej", „że jest oszczędność", „że teraz my tego wroga" itd.

Powoli komisja zbliżała się do dzielnego Szwejka, który też brał udział w eksperymencie.

No a wy, Szwejku, co myślicie o tym wynalazku? – zapytał przyjaźnie jeden z generałów.

– Posłusznie melduję, panie generale – zaczął swoim zwyczajem Szwejk – iż uważam, że wynalazek jest epokowy i wojna nie potrwa teraz dłużej niż dwa tygodnie. Ale jak tam sobie spokojnie siedziałem na desce zrelaksowany i odprężony, z opuszczonymi spodniami i paliłem spokojnie fajeczkę, to takie różne myśli mnie nachodziły.

– A o czym to myśleliście, Szwejku? – kontynuował generał wyraźnie zadowolony z odpowiedzi.

– Tak sobie myślałem... – Szwejk zawiesił głos – a gdyby tak ten rozporek jeszcze w kalesonach zrobić?

● sekunda mądrości:

Otwarty, zrelaksowany umysł daje
każdemu człowiekowi szansę,
by obdarzył go wartościową myślą.

12.

O normach postępowania na drodze do sukcesu

Zapewne każdy z nas słyszał, i to nie raz, stwierdzenie: „pieniądze to nie wszystko". I zapewne każdy z nas ma swoje zdanie na ten temat.

Czy jednak myślałeś kiedykolwiek, Drogi Czytelniku, dlaczego jesteś w stanie, a nawet lubisz coś zrobić – nawet coś czasochłonnego, ciężkiego i wymagającego dużego wysiłku, ale wcale nie wtedy, kiedy Ci za to zapłacą? Niemożliwe?

Parę lat temu mój przyjaciel prowadzący niepubliczną przychodnię opieki zdrowotnej zaproponował swoim specjalistom, aby w szczególnych, naprawdę „uzasadnionych" przypadkach (emeryci, renciści) obniżyć koszty wizyty o 50%. Wszyscy specjaliści odmówili. Wtedy zaproponował coś jeszcze odważniejszego – aby w tych „uzasadnionych" przypadkach przyjmować pacjentów bezpłatnie (za symboliczną złotówkę). Prawie wszyscy lekarze wyrazili zgodę.

Jak to możliwe, że połowa wynagrodzenia była mniej atrakcyjna niż brak wynagrodzenia? Bo zostanie społecznym, szlachetnym wolontariuszem jest zdecydowanie atrakcyjniejsze niż niewielki wzrost zarobków.

W „Bajkach Chińskich" opisuję zdarzenie sprzed wielu, wielu lat, gdy jako nastolatek trenowałem jedną ze sztuk walki – koreańskie taekwondo.

Poznany przypadkowo student z Korei Północnej – autentyczny Mistrz – poświęcał nam kilka godzin swojego czasu trzy razy w tygodniu – zupełnie za darmo.

W pewnej chwili poczuliśmy się z tym niezbyt uczciwie, tym bardziej, że Mistrz nie wyglądał na zamożnego człowieka. Zaproponowaliśmy zapłatę za czas i wysiłek. Mistrz przerwał trening, uśmiechnął się i powiedział, że gdybyśmy musieli mu zapłacić, to nie stać by nas było na trenowanie z nim.

Jak zareagujesz, kiedy sąsiad poprosi Cię o pomoc przy wniesieniu szafy na drugie piętro? Oczywiście pomożesz. A jak, kiedy do prośby dołączy kwotę 20 PLN jako gratyfikację za tę usługę? Jeżeli sąsiadka poprosi Cię (twojego męża) o zmianę koła w samochodzie, to co zrobisz? A co zrobisz, kiedy od razu wspomni, że za to Ci zapłaci? Już widzę i słyszę Twoje reakcje i komentarze. Co o nim (o niej) myślisz? I gdzie masz te jego pieniądze. W najlepszym przypadku zaproponujesz, że zadzwonisz po autoserwis – bezpłatnie.

Powinieneś uświadomić sobie, że wszyscy żyjemy jednocześnie w dwóch równoległych światach. W jednym obowiązują normy społeczne, w drugim normy rynkowe. Problem jest w tym, że te dwa światy swobodnie się przenikają.

Normy społeczne wpisane są w naszą naturę i psychikę, i spełniają wiele naszych potrzeb emocjonalnych. Potrzebę ważności, niepowtarzalności, potrzebę przynależności do określonej grupy, społeczności. Normy te są przyjazne, pozytywne, podnoszące poczucie własnej wartości. To one powodują, że czujemy się lepiej, kiedy dajemy komuś najbliższemu prezent, niż go otrzymujemy (zawsze szczęśliwsza jest ta ręka, która daje, niż ta, która bierze). Normy społeczne nie zawsze są do końca określone. Trzeba je intuicyjnie i zwyczajowo wyczuwać. Ulegają zmianom i modyfikacjom. Obserwując scenę polityczną, możemy dodać – niekoniecznie w pozytywnych kierunkach.

Normy rynkowe są zupełnie inne. Jasne, konkretne; chwilami nieprzyjazne i okrutne. Ceny, koszty, bilanse, procenty, kredyty, zyski, straty. Korzyści są wymierne, porównywalne i określone. Nie ma miejsca na sentymenty, uczucia. Wszystko ma swoją cenę. Zasady rynkowe wymagają zaangażowania logiki, samodzielności, umiejętności oceny, porównywania korzyści. Ale jedno jest pewne: dostajemy to, za co płacimy. No chyba, że jesteśmy przedmiotem oszustwa i manipulacji cenowej.

Kiedy nie mieszamy zasad społecznych i zasad rynku, wtedy możemy być spokojni. Wszystko będzie okej. Kiedy jednak zagubimy się w tym albo ktoś nas wyprowadzi w pole, wtedy rozpoczynają się poważne konflikty. Czujemy się z tym źle i nasze otoczenie też, a powrót do dawnych zasad jest niemożliwy.

Dobrzy znajomi, wiedząc, że dysponujemy nieużytkowanym mieszkaniem po rodzicach (spadek), poprosili mnie o wynajęcie go swojemu synowi studentowi, który nie dostał miejsca w akademiku. Nie chcieliśmy z żoną wynajmować tego mieszkania – sentyment, własność niepełnoletniej córki, obawa przed zniszczeniem itp. Znamy się jednak od dawna; znajomi porządni, godni zaufania, niezamożni; znaliśmy też syna – te względy przeważyły. Udostępniliśmy mieszkanie za 500 PLN (koszty akademika) – pokrywając z tego opłaty stałe i eksploatacyjne (normy społeczne). Wdzięczność znajomych była wystarczającą rekompensatą. Poczuliśmy się jednak „dziwnie", kiedy po roku okazało się, że syn – student wynajął je czterem kolegom po 800 PLN każdy + opłaty (2 pokoje po 2 osoby), a sam zamieszkał w kuchni – zasady rynku. Najdziwniejsze w tej całej sprawie było to, że nie rozumieliśmy się nawzajem. My mieliśmy do niego pretensje, że złamał normy społeczne, on nie rozumiał naszego stanowiska, bo ściśle wypełnił nasze wymagania rynkowe. Dziwnym też trafem nasze stosunki z rodzicami uległy ochłodzeniu i wszelkie podejmowane próby powrotu do dawnego stanu kończyły się niepowodzeniem.

Trzeba się pogodzić, że żyjemy w dwóch światach – dwóch typów norm i relacji. Wprowadzenie norm rynku do relacji społecznych może zniszczyć te drugie i zaszkodzić przyszłości. Stosowanie reguł rynku „po znajomości" będzie zawsze powodowało, że sprawa potrwa: „dłużej, gorzej i drożej". A kiedy ten błąd już popełnimy, powrót do świata norm społecznych będzie trudny. Kiedy zasady rynku zderzą się z zasadami społecznymi, te drugie odchodzą w niebyt. Powstaje rysa i pęknięcie, którego nie jest w stanie nic zlepić.

Jeżeli zaproponujesz teściowej 1000 PLN za wspaniałą kolację wigilijną, to bądź pewny, że zapamięta to do końca życia. A jeżeli zaproponujesz swojej potencjalnej partnerce podzielenie się kosztami randki, zwracając uwagę na cenę potraw i partycypację finansową w wynajęciu pokoju hotelowego, najprawdopodobniej od razu możesz pożegnać się z romansem.

Bywa jednak, że te związki dwóch światów nie są takie łatwe do rozpoznania i proste. Funkcjonujemy w społecznościach, potrzebujemy i udzielamy pomocy. Jak to robić, kiedy istnieje niebezpieczeństwo zepchnięcia naszych relacji w świat transakcji rynkowych. Kiedy jest „uprzejmość", a kiedy „obowiązek"? Odebranie listu przez sąsiada – to na pewno uprzejmość. Ale odbieranie przez kilka miesięcy pod twoją nieobecność, czy też? Rozwiązaniem może być mały prezent.

Teściowa na pewno nie wyrzuci kwiatów i butelki dobrego wina, a sąsiad przyjmie z sympatią małego mozaikowego smoka Gaudiego z Barcelony. Nikt nie będzie nimi urażony, a prezenty powodują, że pozostajemy w świecie transakcji społecznych z dala od norm rynkowych.

Jest jednak niebezpieczeństwo, że teściowa uzna Twoje bardzo dobre i drogie wino za zwykły stołowy sikacz. Sąsiad, nie znając Gaudiego, zapyta, dlaczego taki drobiazg i czemu się ograniczałeś. Twoja sympatia może się nie dowiedzieć, ile zapłaciłeś za tę romantyczną kolację. Ale jest to cena ryzyka, jakie musimy płacić, aby utrzymać nasze relacje w sferze społecznej z dala od norm rynkowych.

Czy jest to jednak takie oczywiste i czy na prawdę nie warto łączyć tych dwóch światów? Współcześni specjaliści od biznesu, sukcesu i neuromarketingu mają na ten temat zupełnie inne zdania.

Jestem bardzo ciekawy, jak reagujesz, Drogi Czytelniku, kiedy przedstawiciel jakiejś zupełnie nieznanej firmy, będąc sam zupełnie anonimowy, zwraca się do Ciebie:

– Pani Aniu, mamy dla pani wspaniałą propozycję?

Albo w trakcie poważnego sporu reklamacyjnego:

– Ależ, panie Andrzejku... chyba nie jest aż tak źle?

Czy zauważyłeś, że dzisiaj bez przerwy ktoś stara Ci się pomóc – a nie sprzedać; ktoś jest Twoim przyjacielem, doradcą, a nie usługodawcą; ktoś chce i może rozwiązać Twój problem, którego Ty zupełnie nie jesteś świadomy itd.

Firmy wydają ciężkie pieniądze na reklamy i specjalne szkolenia personelu, aby stworzyć miłe, sympatyczne, przyjacielskie relacje z klientem. Najczęściej jednak chodzi tylko o wrażenie takich relacji. Zaoszczędzimy sobie wielu rozczarowań i frustracji, jeżeli bardzo ostrożnie podejdziemy do takiej gry.

Dobrze, abyś wiedział, że jest to przemyślana polityka przeniesienia norm i relacji rynkowych: „klient – firma; produkt – cena" na normy i relacje społeczne: „jesteśmy jedną wspaniałą rodziną".

Ktoś, kto wymyślił ten kierunek reklamy i marketingu, czyli przekonania nas, że jesteśmy sobie bliscy, miał znakomity pomysł. Między przyjaciółmi i znajomymi panują inne zasady. Traktowanie klienta na zasadach towarzyskich ma zaowocować tym, że wiele się firmie wybaczy i można liczyć na kontynuację oraz lojalność. Drobną niezapowiedzianą podwyżkę ceny, pomyłkę w rachunku, nieterminową usługę lub płatność to wszystko można przebaczyć – jak w kochającej rodzinie. Bywają w niej „ciche dni", ale przecież w końcu rodzina i wspólnota to dobra rzecz.

Ciekawe, że dotyczy to z reguły tylko jednego członka tej rodziny – firmy. Jeżeli Tobie wydarzy się drobna wpadka, np. mały debet na rachunku osobistym, przedstawiciel banku, który kokietował i flirtował z Tobą na temat nowej karty kredytowej, bez skrupułów naliczy Ci teraz karne odsetki. Tym razem nie licz na przyjazny, uwodzicielski ćwierkot w słuchawce czy zatroskany telefon od prezesa i przyjacielskie napomnienie.

Zapewne teraz pomyślisz: i co w tym dziwnego. „Biznes to biznes". „Jest nieprawidłowość z mojej strony to powinienem ponieść karę". Takie są relacje rynku i tych zasad nie zmienię. Zgoda, ale czy zauważyłeś, że miesiąc wcześniej ten sam bank nie zrealizował terminowo Twoich przelewów. Czy poniósł karę? Nie, bo dałeś się udobruchać: „Ależ, panie Mareczku, to tylko tydzień opóźnienia. Jak to się ma do naszej wieloletniej współpracy?". Ktoś wprowadził – sprytnie – normy postępowania społecznego do zasad rynku. Bo jemu jest tak wygodnie. A może jeszcze dostałeś cukierki i bezpłatny długopis? Natura takiego dziwnego związku *klient – firma* z pozoru korzystna dla firmy jest jednak bardzo pokrętna i niesie ze sobą ogromne ryzyko – dla firmy.

Im bardziej dałeś się wciągnąć w te społeczne gry z bankiem, tym szybciej wrócisz do zasad rynkowych, kiedy spotka Cię coś normalnego, ale przykrego z jego strony. Potraktujesz takie postępowanie jako osobistą urazę, zdradę, cios w plecy. Będziesz wściekły i będziesz o tym rozpowiadać wszystkim znajomym. Czy bank się tym przejmuje? Na razie jeszcze nie, ale jestem pewny, że to się zmieni. Nawet jeden wkurzony, niezadowolony klient potrafi zrobić tak złą opinię, że również wielki monopolista to odczuje.

Jaki stąd wniosek? Jeżeli prowadzisz firmę lub wchodzisz w relacje z inną firmą, nie możesz równocześnie wprowadzać dwóch norm postępowania. Nie możesz w pewnych sytuacjach uznawać klientów za serdecznych przyjaciół, aby nagle – chwilę później – traktować ich jak zło konieczne, konkurencję czy automatycznie – bezosobowo.

Nie ma nic złego w nawiązaniu relacji towarzyskich z klientem, ale trzeba o nich pamiętać w każdych okolicznościach. Ważną rzeczą jest ustalenie profilu działania Twojej firmy. Jeżeli, z definicji, będziesz musiał stosować niepopularne działania wobec swoich klientów: upomnienia, egzekucje, dodatkowe opłaty za dodatkowe usługi, to ustal sztywno zasady rynkowe. Jasno definiuj, co oferujesz, za jakie pieniądze i czego oczekujesz w zamian. Przedstaw wyraźnie cennik usług dodatkowych. Nie trać czasu i pieniędzy na budowaniu wizerunku firmy w stylu „dobry wujek". Obróci się to przeciwko Tobie. W prawdziwym biznesie nie zawiera się transakcji opartych na normach społecznych, dlatego nie można ich także pogwałcić.

Czy dotyczy to również relacji pomiędzy firmą a pracownikami? Jak motywować pracowników, kiedy czyste relacje rynkowe – praca od 8:00–15:00 przez pięć dni w tygodniu za tyle i tyle – odchodzą w zapomnienie.

Firmy czerpią ogromne korzyści z nawiązywania, budowania i utrwalania relacji społecznych z pracownikami. Dobrzy pracodawcy dają nam nienormowany czas pracy, osobiste laptopy, komórki, terminale i bezpłatny dostęp do szybkiego Internetu. A w zamian oczekują na prawdę niewiele – pełnej dyspozycyjności przez 24 godziny na dobę lub tylko ustawicznego myślenia o pracy. Pracodawca będzie oczywiście wdzięczny i na pewno się zrewanżuje – serdecznie będzie się z Tobą witał, otrzymasz prawo zwracania się do niego po imieniu, lunch przy wspólnym stole, klucz do toalety na piętrze – istnieją różne formy nagród społecznych, które dowartościowują pracowników. Jest to jednak polityka na krótką metę.

Jeżeli jednak w zamian otrzymasz znaczące wsparcie od firmy, kiedy będziesz chory, kilka dni wolnego przy poważnym problemie rodzinnym, gwarancję zachowania pracy przy wzroście stopy bezrobocia, dostęp do przedszkola zakładowego czy nawet możliwość zjedzenia taniego obiadu w firmie, to na pewno Twoje społeczne relacje z firmą ulegną autentycznemu wzmocnieniu, a lojalność wobec firmy będzie wzrastać. Pojawi się coś, czego nie można przeliczyć na pieniądze – „atmosfera" w firmie. Dobrze rozumiane relacje społeczne prowadzą do rozwoju talentów, zaangażowania, budowy lojalności i poświęcenia firmie. A to jest bezcenne.

Uczestniczyłem kiedyś w konferencji naukowej poświęconej mechanice płynów. Przedstawiciel pewnej amerykańskiej firmy informatycznej przedstawił zebranym komercyjny program do modelowania zjawisk przepływowych. Jego prezentację można było streścić kilkoma słowami: „ten program potrafi wszystko".

Rozpoczęła się dyskusja i sprawdzanie programu – rzeczywiście, grono kilkudziesięciu specjalistów nie było w stanie wygenerować problemu, którego nie zamodelowałby program. Po tej euforii przyszła kolej na pytania: „Jak udało się wam stworzyć tak doskonały, tak specjalistyczny program?", „Kto tego dokonał?", „Ile to was kosztowało?". Odpowiedź była zaskakująca. Program stworzyli sami użytkownicy, a koszty, no cóż, to koszty budowy w przemyślany sposób relacji społecznych pomiędzy firmą a użytkownikami.

Zarys programu stworzyli informatycy firmy. Następnie jego roboczą, eksperymentalną i na razie „ściśle tajną" wersję rozesłano, z odpowiednim listem, do „wybranych" prenumeratorów pism i oprogramowań specjalistycznych (w praktyce do wszystkich) z prośbą o uwagi i ewentualne wskazanie uchybień, błędów, sposobów naprawy.

Firma otrzymała kilka tysięcy odpowiedzi. Za każdą uwagę podziękował serdecznie i osobiście prezes firmy (bardzo znana osoba), wyrażając duże uznanie dla autora; dołączył mały najnowszy „drobiazg" i kolejną wersję już poprawioną do ponownej oceny. W kolejnym liście Prezes, zwracając się do już w zasadzie swojego dobrego znajomego, zadał pytanie: „A może powinniśmy coś zmienić, uwzględnić, rozszerzyć?".

Zachętą do udzielenia odpowiedzi był kolejny, nieco poważniejszy prezent (branża komputerowa wydaje się nieograniczona, jeżeli chodzi o aktualne gadżety i drobiazgi). Powoli zaczęła tworzyć się elitarna społeczność, która za darmo, oddając swój czas i wiedzę, budowała oprogramowanie. Mając z tego ogromne społeczne korzyści – list gratulacyjny od znanego autorytetu, uznanie na forum internetowym, wymienione nazwisko w piśmie informatycznym i tytuł społecznego konsultanta tej znanej firmy. Warto podkreślić, że firma podtrzymywała te relacje wzorowo, zaczynając od bezpłatnego serwisu dla konsultantów, na bankiecie zamykającym kończąc.

A jakie były koszty takiego budowania „jednej wielkiej rodziny"? Około 10 razy niższe niż zatrudnienie do tego zadania etatowych informatyków. Nie muszę wspominać, że powtórzono ten schemat postępowania jeszcze kilkakrotnie.

Pieniądze bywają najdroższym sposobem motywowania, prowadzenia kampanii, budowania sieci. Dobrze przestrzegane i odpowiednio wykorzystane normy społeczne są na pewno tańsze i często bardziej skuteczne.

●● chwile refleksji:

O pewnym debiucie literackim

Pewien przedsiębiorczy, bardzo energiczny człowiek jeszcze w młodym wieku dorobił się ogromnej fortuny i został milionerem. Zgodnie ze starym przysłowiem: „Gdy Pan Bóg daje biednemu pieniądze, to mu odbiera resztki rozumu" – wydawał na prawo i lewo. A wszystko po to, aby o nim mówiono i pisano. Cały czas uważał, że nie jest wystarczająco sławny i społecznie akceptowalny. Sława, wizerunek, rozpoznawalność, społeczne uznanie to było coś, o czym marzył, śnił i czego pragnął. Był w stanie poświęcić wiele ze swojego majątku, aby to osiągnąć, jednak nie do końca wiedział, jak to zrobić. Swoje dotychczasowe starania: afery polityczne, konflikty towarzyskie, sponsorowane artykuły, doniesienia medialne, oceniał jako zdecydowanie niewystarczające. Zatrudnieni przez niego specjaliści od wizerunku i marketingu społecznego także, jego zdaniem, nie mieli wiele do zaproponowania.

Pewnego dnia zupełnie przypadkowo trafił na spotkanie autorskie słynnego pisarza, które odbywało się w wielkiej auli sławnego uniwersytetu. Był pod wrażeniem atmosfery spotkania. Czuło się w powietrzu sławę autora, charyzmę i autentyczne uznanie otoczenia. Było to o tyle interesujące, że *same utwory – czytane przez autora – wydawały się proste, jak gdyby pisane od niechcenia. Kiedy jeszcze nasz bohater dowiedział się, że autor za te rymowane bazgroły dostał Nagrodę Nobla i milion dolarów, zapragnął zostać pisarzem.*

„Coś takiego też potrafię napisać" – pomyślał – „a jeżeli jeszcze mogę na tym zarobić, to chyba nie potrzebuję niczego lepszego".

Wrócił do domu i od razu usiadł do komputera. Nie miał pomysłu, jak zabrać się do pisania książki, nie wiedział też, że zanim się coś napisze, powinno się coś przeczytać, a całe przedsięwzięcie potraktował jako czysto biznesowe.

„Tytuł książki... Jaki dać tytuł?" – myślał.

Przed oczami stanęła mu sala na uniwersytecie wypełniona w trzech czwartych kobietami.

„Musi być coś dla kobiet – myślał dalej – czyli musi się dobrze kończyć i wyciskać łzy, najlepiej o miłości – na początku wspaniałej, potem tragicznej i z niesamowitym zakończeniem. Ale tylko o miłości czy o czymś jeszcze?" – zastanawiał się. „Nie, nie trzeba niczego więcej, tylko o miłości".

Zapisał więc tytuł: „Tylko miłość".

– Piękny tytuł. To pisanie jest rzeczywiście proste – powiedział do siebie.

Ale wtedy posmutniał, bo nie wiedział nic o miłości. Od wielu lat żył samotnie, nie miał rodziny ani dzieci. Nigdy nie miał na to czasu. Biznes, wyjazdy, praca, no i obowiązki celebryty, a wiadomo, że każda normalna kobieta „głowę i ręce trzyma od tego świata z daleka". Owszem, jakieś przygodne znajomości trafiały się. Towarzystwo różnych kobiet przyciąganych – nie miał wątpliwości – przez jego pieniądze. Kiedyś, owszem, miał wspaniałą dziewczynę. Bardzo ją kochał, ona też go zresztą kochała, ale stawała się przy nim coraz bardziej nieszczęśliwa. Nie mogła wytrzymać jego nieobecności, pracoholizmu i skłonności do alkoholu. Ale przecież on wtedy był nikim, nic nie miał; chciał wszystko dla niej... Mimo tego stracił ją z oczu... Miał do niej ogromne pretensje... później ją znienawidził, a potem o niej zapomniał... Klasyka związku. „A może ona jeszcze..." – przeszło mu przez głowę. – „Nie, to bez sensu!".

Zaczął pisać jakąś zmyśloną historię o miłości – oczywiście tragicznej – ale po napisaniu kilku stron przerwał. Bez sensu. Sytuacja powtarzała się wielokrotnie. Pisanie nie było zatem tak łatwe, jak myślał na początku. Po mniej więcej miesiącu i dziesięciu nieudanych próbach rozpoczęcia powieści pomyślał:

„Po co mam pisać o zmyślonych cudzych problemach? Przecież mam swoje, które znam najlepiej".

Zasiadł jeszcze raz do komputera i zaczął pisać o sobie, a w zasadzie o swojej byłej dziewczynie, byłej miłości.

Tym razem poszło mu znakomicie. Na początku przypadkowe spotkanie i oczarowanie sobą. Potem *wiele romantycznych i idyllicznych chwil. Wreszcie zaręczyny. Nagłe, niespodziewane pęknięcia, wzajemne pretensje, podejrzenia, utrata zaufania. Ból, żal, gniew, rozpacz. Dramaturgii i tragedii nie brakowało. Ku zaskoczeniu samego autora stron powieści przybywało i przybywało. Pamięć dopisywała i odżyły dawne wspomnienia. Trzeba to było jednak jakoś zakończyć. Ale jak? Zakończenie historii, które napisało życie, nie było łatwe. Rzeczywistość nie chciała wymyślić happy endu. Autor też nie chciał i... zostawił powieść niedokończoną, przerwaną w najmniej spodziewanym momencie...*

Polecony mu przez znajomych wydawca z dużą obawą brał do ręki gruby wydruk i mruczał coś pod nosem na temat grafomańskich zapędów niedowartościowanych bogatych prostaków. Nie miał wątpliwości, że trzymał w ręku kolejny bubel, na który nawet nikt nie spojrzy. Instynkt wydawcy nigdy go nie zawodził.

„Jedyne, co może w tej książce być interesujące i oryginalne, to zapewne błędy ortograficzne i stylistyczne" – pomyślał.

Obiecał jednak przeczytać – jak tylko znajdzie czas – wydać opinię (w zasadzie to już wiedział jaką) i zastanowić się, co dalej (wiadomo: raczej nie pisać więcej). Dał przy tym autorowi do zrozumienia, że jego wydawnictwo w żadnym wypadku nie jest zainteresowane sfinansowaniem wydania i au-

*tor, w końcu zamożny człowiek, może zrobić to sam.
Już na wstępie – jeszcze przed przystąpieniem do
lektury – zaproponował, aby książkę zdecydowanie
skrócić, zgodnie z zasadą, że „jeszcze nie napisano
takiego dzieła, któremu skrócenie o połowę nie wy-
szłoby na dobre". Zresztą kto dzisiaj czyta kilkuset-
stronicowe powieści?*

*Odpowiedź przyszła znacznie szybciej, niż autor
mógł się spodziewać. Była zaskakująca. Powieść
uznano w wydawnictwie za niezłą, dobrze napisaną,
żywym językiem, z przemyśleniami trafiającymi
do głowy i serca czytelnika. Samo zakończenie,
a w zasadzie jego brak, wydawca uznał za dobry
chwyt psychologiczny, podnoszący atrakcyjność całej fabuły i zostawiający czytelnika w swoistym za-
wieszaniu pomiędzy możliwościami, pragnieniami
i niepewnością. Padła więc propozycja podpisania
umowy wydawniczej, współfinansowania pierwszego wydania o niewielkim nakładzie, zajęcia się opra-
cowaniem i dystrybucją.*

*Książka ukazała się w dobrym okresie przedświą-
tecznym i... zaległa na półkach. Nie wywołała najmniejszego zainteresowania. Przez miesiąc sprzeda-
ło się kilka egzemplarzy, a autor mógł spokojnie
odpowiadać na zaczepki znajomych:*

– Widziałem twoją książkę w księgarni.

– Tak? I co?

– Kupiłem nawet egzemplarz.

– A, to ty...

Wydawca był wściekły, że utopił pieniądze i ganił się, że nie zaufał swojej intuicji. Jak on, stary lis, dał się ponieść emocjom i zainwestował w coś bez wartości.

Aż tu nagle, zupełnie niespodziewanie, w wydawnictwie rozdzwonił się telefon, a różne hurtownie i księgarnie prosiły o nadesłanie egzemplarzy powieści „Tylko miłość". W ciągu paru dni sprzedał się cały nakład. Wydawca był w szoku. Zaczął nawet podejrzewać, że bogaty autor sam wykupił nakład, aby mu coś udowodnić. Ale nie, to było niemożliwe, zamówienia przychodziły z różnych stron kraju. Do wydawnictwa zaczęły przychodzić maile i listy. To było niesamowite. Czegoś takiego wydawca dotąd nie przeżył, choć pracował w tym fachu ponad dwadzieścia lat. Błyskawicznie dodrukowano tysiące egzemplarzy. Ale i to było za mało. Kolejne wydania także rozeszły się na pniu.

O książce zaczęła pisać kolorowa prasa kobieca, znani blogerzy i krytycy literaccy. Wszyscy chcieli poznać autora i przeprowadzić z nim wywiad. Krytycy omawiali drobiazgowo książkę w swoich czasopismach, podkreślając znakomitą znajomość psychologii kobiety i ciekawy niebanalny styl, a czytelnicy na forach internetowych prześcigali się w przewidywaniu zakończenia. Szaleństwo trwało.

Skończyło się tak samo nagle, jak się zaczęło. Sprzedaż stanęła. Mimo tego autor zdążył zarobić na tym projekcie kilka milionów, a wydawca jeszcze więcej.

Kiedy siedzieli w zaciszu pięknego salonu rezydencji autora, analizowali sytuację, podsumowywali koszty i dzielili zarobione pieniądze, popijając coś mocniejszego, wydawca nie wytrzymał i zapytał:

– Czy może mi pan to wszystko jakoś sensownie wytłumaczyć? Bo przyznam, że nic z tego nie rozumiem.

– A czego pan nie rozumie? – uśmiechnął się autor milioner.

– Pracuję w tej branży ponad dwadzieścia lat. Miałem w rękach i czytałem niejedną książkę. Uważam, że znam się na tym nieźle. Czuję rynek czytelniczy, jak mało kto. Znam jego zasady, akceptuję normy i wymagania – kontynuował.

– I co? – dopytywał autor.

– Napisał pan powieść niezłą jak na debiut literacki. No, powiedzmy, dobrą, ale nie arcydzieło – lekko chrząknął. – Sprzedaż przerosła moje najśmielsze oczekiwania. Żadnemu wydawcy bym nie uwierzył, gdyby mi o tym opowiedział.

– Bo widzi pan – zaczął autor – nigdy nie miał pan może odpowiedniego marketingu, dobrej reklamy i promocji książki – i lekko się uśmiechnął.

W uszach wydawcy zabrzmiało to jak ironia.

– No dobrze, rozumiem pana uwagi – trochę się żachnął. – Może na początku nie zainwestowaliśmy odpowiednich pieniędzy w promocję. Może rzeczywiście kampania reklamowa była zbyt oszczędna. Ale pan ze swojej strony też nic nie zrobił. I to mnie właśnie zastanawia – zamyślił się wydawca. – Żadnych sum na akcję promocyjną z pańskiej strony – zauważył wydawca, przeglądając koszty autora – i taka sprzedaż? No a potem to już się samo napędzało – dokończył refleksyjnie i zamilkł.

– Jest pan pewny, że nic nie zrobiłem? – autor ponownie się uśmiechnął.

– A zrobił pan? Po fakturach i rachunkach tego nie widać – wydawca spojrzał pytająco.

– Oczywiście – odparł autor i podał wydawcy egzemplarz popularnego wielonakładowego dziennika z zaznaczonym ogłoszeniem. Wydawca czytał osłupiały: „Milioner, lat trzydzieści pięć, wysoki, szczupły brunet – lubiący sport, muzykę i sztukę – szuka żony, kobiety podobnej do bohaterki powieści „Tylko miłość”.

– Co? Co to jest? – wydawca był zaskoczony.

– To ogłoszenie, jakie dałem za zupełnie drobne pieniądze do wszystkich dzienników w całym kraju. Przyzna pan, że w połączeniu z serią kilku autorskich spotkań i wywiadów, za które nomen omen otrzymałem niezłe wynagrodzenia, było bardzo skuteczne.

Wydawca siedział osłupiały. Patrzył z niedowierzaniem na ogłoszenie, analizował jego treść i przenosił wzrok na zestawienie sprzedanych egzemplarzy i zarobioną kwotę. Był w szoku.

– Niesamowite – *w końcu wydusił z siebie. – Jest pan geniuszem sprzedaży. Jeszcze nigdy nie spotkałem kogoś, kto tak fantastycznie pobudził potrzeby rynku. Kto tak zagrał na społecznych emocjach, kto tak trafił do przeciętnego czytelnika – wydawca rozpływał się w pochwałach.*

Jednak nagle zamilkł, jakby coś wybiło go z tego euforycznego stanu.

– No dobrze – zaczął po chwili – ale jak pan wytłumaczy, że... że... – szukał odpowiednich słów – to nagle się tak skończyło. Tak nagle, jak się zaczęło?

– A rzeczywiście, nie powiedziałem panu najważniejszego...

Tu zwrócił się w stronę tarasu:

– Kochanie, mogłabyś podejść do nas na chwileczkę?

Do salonu weszła przepiękna kobieta. Wydawca był jeszcze bardziej osłupiały.

– Pozwoli pan, że przedstawię panu bohaterkę powieści „Tylko miłość", która też przeczytała to ogłoszenie, a od niedawna jest moją żoną. Ślubne zdjęcie zamieszczone w jednej gazecie, za którego opublikowanie redakcja zapłaciła kolejny milion, spowodowało, że zainteresowanie powieścią zdecydowanie osłabło.

● sekunda mądrości:

Najlepsze książki to te, o których każdy czytelnik sądzi,
że też by takie napisał.

●● chwile refleksji:

O mnichu znającym się na interesach

Przy ruchliwym trakcie stała sobie karczma zwana „Pod szczęśliwą gwiazdą". I choć była w tym miejscu przez wiele lat, i znana była w całym kraju, to karczmarz ledwo wiązał koniec z końcem. Pomimo że ceny były rozsądne, a w środku miło i przytulnie; pomimo że jedzenie było bardzo dobre, a pokoje wygodne, nie był w stanie przyciągnąć dużej liczby klientów. Bywały dni, że karczma stała pusta. Takiego właśnie dnia zjawił się w karczmie wędrowny mnich. Był jedynym gościem i karczmarz, nie będąc zajęty, chętnie z nim rozmawiał, żaląc się na swój los, na brak klientów i pieniędzy.

Ujęty miłą i serdeczną obsługą, dobrym jedzeniem, paląc sziszę, rozpoczął pogawędkę z karczmarzem, starając się jakoś rozwiązać jego problem.

293

– Widzisz, ja na interesach się nie znam, na pieniądzach i prawach, które nimi rządzą też nie, ale moim zdaniem jest to kwestia nazwy twojej karczmy. Powinieneś ją zmienić.

– To nie jest możliwe – oponował karczmarz. – Tak nazywała się zawsze, od pokoleń. Pod tą nazwą jest rozpoznawana przez wędrowców...

– I dlatego do niej nie zachodzą – przerwał mu z uśmiechem mnich. – Wyglądasz na rozsądnego człowieka i zapewne wiesz, że aby zaszła jakaś zmiana, trzeba jakiejś zmiany najpierw dokonać. Jeżeli człowiek cały czas postępuje tak samo, a oczekuje innych rezultatów, to nie najlepiej świadczy o jego stanie umysłowym – tutaj znowu się uśmiechnął.

– Ale ja cały czas coś zmieniam, inwestuję pieniądze – oponował karczmarz. – Stoły, obrusy, kufle. Wprowadzam nowe dania i promocyjne ceny.

– Robisz to jednak w środku i jak ktoś wejdzie jest w stanie to docenić. A na zewnątrz jest tak samo, jak dawniej. Musisz zmienić nazwę. Nazwij ją – tu mnich się zamyślił – „Pod Siódmą Gwiazdą". Ale jeszcze jedno, wymaluj na szyldzie tylko sześć gwiazd i ostatnią zrób większą i złotą.

– Sześć gwiazd? Przecież to absurd. Zniszczę tylko szyld i niepotrzebnie wydam pieniądze na malarza. Jaki z tego będzie pożytek?

– Jak nie spróbujesz, to nie zobaczysz – odpowiedział mnich z uśmiechem i poszedł.

Karczmarz po długim namyśle i paru kolejnych dniach bez klientów zmienił nazwę i zamówił malarza do namalowania stosownego szyldu, zgodnie z zaleceniami mnicha.

Jeszcze malarz na dobre nie zdążył zejść z drabiny, a otworzyły się drzwi i wszedł bogaty kupiec z grupą pomocników. Tryskał dobrym humorem i ze śmiechem zwrócił się do karczmarza:

– Hej, karczmarzu, widziałem, że zmieniłeś nazwę, ale chyba zrobiłeś niezły błąd. Ha ha ha... – a wszyscy giermkowie mu zawtórowali. – Piwa i jadła dla wszystkich – zamówił kupiec.

Towarzystwo rozsiadło się i jeszcze karczmarz nie zdążył ich obsłużyć, a już pojawił się następny gość z uwagą, że chyba na szyldzie jest błąd.

Od tego dnia karczma pękała w szwach. Każdy podróżny, który mijał karczmę, wchodził, aby zwrócić uwagę na błąd na szyldzie, będąc święcie przekonany, że nikt go wcześniej nie zauważył; będąc w dobrym nastroju wynikającym z wypełnienia „obywatelskiego obowiązku". Miła atmosfera w środku, wystrój, serdeczność obsługi robiła jednak wrażenie i zostawał, aby zjeść i odpocząć.

W ten sposób karczmarz dorobił się fortuny, której tak długo poszukiwał. Często też myślał z wdzięcznością i podziwem o tym mnichu z przed wielu lat, który miał taki niesamowity pomysł.

– Jak dobrze rozumiał rynek, jak znał się na interesach – myślał karczmarz.

Aż pewnego dnia mnich pojawił się znowu. Zo-
stał niezwykle serdecznie przyjęty i w końcu karcz-
marz mógł zadać kołaczące się po jego głowie od
wielu lat pytanie:

— Jak wpadłeś na tak fantastyczny pomysł
z nazwą? Skąd taka dobra znajomość interesów?

— Nie znam się zupełnie na interesach — odparł
z uśmiechem mnich — ale znam dobrze ludzką
naturę.

● **sekunda mądrości** :

Nic tak bardziej nie raduje i nie wprowadza
w dobry nastrój naszego „Ja",
jak poprawianie błędów innych ludzi.

13.

O wyzwoleniu poznawczym

Każdą zmianę, każdą poważną decyzję poprzedza taki moment przełomowy, który socjologowie nazywają „wyzwoleniem poznawczym".

Opisał go w latach 80. XX wieku socjolog amerykański profesor Dough Mc Adams. Pomimo że odniósł go do zmiany porządków społecznych, znakomicie odpowiada on pewnym chwilom w życiu każdego z nas.

Już wielcy filozofowie zauważyli, że każdy porządek, ład w życiu człowieka – także to, co niedobre i niekorzystne – opiera się na wewnętrznym przyzwoleniu.

Choroba, w której tkwimy, toksyczny związek, który kontynuujemy, niechciana i stresująca praca jest przez nas wewnętrznie akceptowana, przyjmowana w pakiecie z „dobrodziejstwem inwentarza".

Wyzwolenie poznawcze następuje w chwili, gdy – najczęściej nagle lub w chwili ekstremalnego przeżycia, szoku – zdamy sobie z tego sprawę i dotrze to do naszej świadomości. Kiedy nagle zaczynamy rozumieć, że nasze nieszczęście, niepowodzenie, pech nie jest czymś materialnym, bezrefleksyjnym, oczywistym, danym przez naturę, Boga czy los. Nie jest to bliżej nieokreślona „władza" czegoś lub kogoś nad nami. Przeciwnie, zaczynamy rozumieć, że dzieje się tak dlatego, bo my to akceptujemy. I że tak naprawdę zależy tylko od naszej wewnętrznej decyzji: czy temu porządkowi poddamy się, czy nie. Jeżeli wycofamy swoją wewnętrzną zgodę, jeżeli powiemy i pomyślimy wyraźnie: „nie pozwalam" (*non possumus*) – ta władza nad nami przestaje istnieć.

Moment wyzwolenia jest bardzo często ekscytujący i pełen radości, i co ciekawe nie ma w tym nic dziwnego, gdyż wtedy każdy z nas, każdy zwykły normalny człowiek zaczyna sobie zdawać sprawę, że to on ma tę władzę nad sobą.

Parę lat temu poznałem na kursie Metody Silvy w Katowicach bardzo sympatyczne małżeństwo – Andrzeja i Annę, którzy spontanicznie pomogli organizatorom rozwiązać zawirowania organizacyjne związane z awarią ogrzewania na sali. W rewanżu zaprosiłem ich na obiad. W rewanżu oni zaprosili mnie na kolację. Piękny dom, dwójka prawie dorosłych synów, ogród, samochody; radość, miłość; spełnienie zawodowe i rodzinne – tak chyba wygląda szczęście, pomyślałem. Byłem pod wrażeniem. Zaczęliśmy rozmawiać. Poznali się wiele lat temu na spotkaniu grupy AA. Kiedyś byli na dnie, na samym dnie. Po raz drugi byłem zaskoczony – zamurowało mnie, nie wiedziałem, co powiedzieć.

Po zakończeniu kursu odprowadzali mnie do pociągu. Idąc w holu dworca, spojrzałem mimowolnie na brudnego, pijanego bezdomnego, który właśnie pod ścianą lokował się na gazetach i pudełkach do snu. Andrzej też spojrzał.

– To było kiedyś moje miejsce. Spałem pod mostem lub tutaj. Zbierałem puszki i śmieci. Piłem denaturat i inne wynalazki, paliłem i wdychałem wszystko, co możliwe, i wiesz – mówił powoli Andrzej – pewnego dnia obudziłem się i zobaczyłem oczy małej dziewczynki, która na mnie patrzyła. Stała i patrzyła. A ja wtedy pomyślałem: dosyć, wystarczy. Już chyba gorzej nie można upaść. I nagle poczułem się zupełnie inaczej. Coś się zmieniło. Wróciła mi chęć do życia i do ludzi. Wspaniałych ludzi, którzy zaczęli mnie nagle otaczać. Pokonałem nałóg. Ukończyłem przerwane studia, założyłem firmę, poznałem Annę – zbudowałem dom, posadziłem drzewo, mam dwóch synów – Andrzej zaczął się śmiać.

– Dzisiaj niech mi nikt nie mówi, że nie można. Można, trzeba tylko chcieć. Ale wiesz, nigdy nie zapomnę tej jednej chwili, tego błysku w głowie – **MOGĘ** – od którego wszystko się zaczęło.

Sądzę, że wielu z nas pamięta tę chwilę. Ten niezwykle ekscytujący moment w życiu, kiedy powiedzieliśmy sami do siebie STOP – dalej nie! Teraz będzie inaczej!

Pytanie, które ciśnie się teraz samo: To jakie warunki muszą być spełnione, co musi się wydarzyć, aby zamanifestowało się wyzwolenie poznawcze?

Amerykański psycholog i motywator Antony Robbins uważa, że są dwa główne motywy rozpoczęcia zmian przez człowieka. Nazywa je „ucieczką od bólu" i „dążeniem do przyjemności". O pierwszym w zasadzie piszemy – trzeba doświadczyć takiego poziomu „bólu", upadku, frustracji, że spowoduje to wewnętrzny bunt i nieodpartą chęć natychmiastowej zmiany. Co ciekawe: u 70–80% ludzi „ból" jest głównym motywem działania.

„Dążenie do przyjemności" – jako motywator – jest dużo bardziej złożone i skomplikowane. Znają je osoby o samodyscyplinie wewnętrznej. Można by je nazwać *mistrzami profilaktyki*. Takie osoby często powtarzają: „Wiem, że *ból* istnieje; wiem, że jest to *skutek*; znam jego przyczyny, ale one mnie nie interesują. Nie będę wywoływał lub prowokował przyczyn. Nie muszę wcale doświadczyć bólu, aby żyć. Skoro nałogi i używki niszczą zdrowie; a ja jestem świadomy, co nikotyna powoduje w moim organizmie – to wcale nie muszę zrywać z nałogiem – po prostu nie palę. Nie muszę chorować, aby zacząć dbać o zdrowie. Nie muszę mieć chorych stawów, aby zacząć ćwiczyć jogę, tai chi chan czy rytuały tybetańskie. Nie muszę przeżyć tragedii życiowej, aby zacząć zdrowo się odżywiać, medytować, zainteresować się życiem duchowym".

„Przyjemność" jako motywator to również pole, na którym znakomicie czują się wizjonerzy i stratedzy. Potrafią przewidywać, planować, inwestować w przyszłość. Czasami nawet w bardzo odległą. Właśnie te wielkie – wydawałoby się – odległe oraz nierealne cele, sprawy **ważne, ale niepilne** są głównym inicjatorem wyzwolenia poznawczego. Dają siłę, upór, determinację, wewnętrzną pewność i spokój. A jednocześnie powodują uczucie radości, euforii, nieograniczonych możliwości, swoistej fascynacji życiem. I najważniejsze: dają siłę do podejmowania akcji, działania, pracy.

Po takim przełomie nie ma już powrotu do starego porządku, chociaż na pewno będą podejmowane próby stłumienia takiego „buntu" świadomości. Nasza podświadomość – dawne wzorce, przekonania, utarte zwyczaje i korzyści emocjonalne – nie będzie łatwo chciała oddać utraconej władzy. Stąd nawroty chorób, dawnych nawyków. Porażki i zniechęcenia. Ale niezależnie od tego, jaki będzie dalszy los, już zawsze będziemy wiedzieli i pamiętali, że można to wszystko zmienić.

Jeżeli takiego momentu jeszcze w naszym życiu nie było, to powinniśmy pamiętać: nadejdzie! Boskie opóźnienia nie są Boskimi odmowami.

O niezapomnianej chwili wyzwolenia

Do sklepu z butami wszedł bardzo smutny i przygnębiony klient, i zaczął się rozglądać. Podszedł do niego uprzejmy sprzedawca. Uśmiechnął się serdecznie i powiedział:

– Szuka pan czegoś specjalnego? Mogę panu pomóc?

– Chciałbym ciemnobrązowe półbuty, które będą pasowały do tego garnituru.

– Proszę uprzejmie, tu jest regał z ciemnobrązowymi półbutami. Hm, pan nosi buty o numerze 42 lub 43, prawda?

Klient jak gdyby nie słyszał pytania, bo odpowiedział:

– Poproszę rozmiar 39 i ten model.

– Przepraszam pana, ale pracuję w branży obuwniczej od trzydziestu lat i widzę, że ma pan stopę 42 lub 3, ale z pewnością nie 39.

– Poproszę te buty, numer 39 – powiedział bardzo stanowczo klient.

– Przepraszam, mogę panu zmierzyć stopę?

– Niech pan mierzy, ale ja i tak wezmę buty numer 39. Rozumie pan? – klient był lekko poirytowany.

Pomimo tego sprzedawca wyjął z szuflady specjalne urządzenie do pomiaru stóp i po dokonaniu pomiaru usatysfakcjonowany powiedział:

– Widzi pan? Nie pomyliłem się: 42!

– Chce pan sprzedać te buty? – klient był już wyraźnie wyprowadzony z równowagi – to kto za nie zapłaci, pan czy ja?

– Pan oczywiście.

– Więc w takim razie proszę po raz ostatni! Poda mi pan rozmiar 39, czy mam iść do innego sklepu? – klient nie krył zdenerwowania.

Sprzedawca bardzo zdziwiony zachowaniem klienta poszedł po buty numer 39. Idąc po nie, pomyślał, że z pewnością buty te nie były dla mężczyzny w sklepie, lecz dla kogoś innego. Uśmiechnął się do siebie. I stąd to całe zamieszanie. Nastrój wyraźnie mu się poprawił.

– Proszę bardzo: 39 i ciemnobrązowe.

– Poproszę o łyżkę?

– Chce pan je założyć?

– Oczywiście, a dlaczego nie!

– Są dla pana?

– Tak! Poda mi pan w końcu tę łyżkę?

Sprzedawca stał osłupiały.

To oczywiste, łyżka była konieczna do włożenia tych butów. Po kilku bezskutecznych podejściach, którym towarzyszyły ekwilibrystyczne wręcz pozy, klientowi udało się w końcu wpakować całą stopę do buta.

Postękując i sycząc z bólu, z trudem zrobił kilka kroków po sklepie.

– Bardzo dobre. Biorę je.

Obserwując tę scenę, sprzedawca skrzywił twarz. Rozbolały go jego własne stopy na samą tylko myśl o skurczonych palcach w butach o trzy numery za małych.

– Czy mam panu zapakować?

– Nie, dziękuję. Pójdę w nich. Proszę zapakować te, w których przyszedłem.

Klient zapłacił i opuścił sklep. Sprzedawca obserwował, jak z trudem idzie ulicą. Mężczyzna przeszedł ulicę oddzielającą sklep od banku, w którym pracował. Był kasjerem w banku.

Po południu, po kilku godzinach od założenia zbyt małych butów, wyglądał strasznie. Wargi zagryzane z bólu, blada mizerna twarz i z trudem powstrzymywane łzy, które same płynęły z zaczerwienionych oczu.

Przyjaciel zza biurka obok obserwował go całe popołudnie, nie kryjąc zmartwienia.

– Wyraźnie źle się czujesz? Wyglądasz coraz gorzej. Co ci jest?

– To buty.

– A co jest z butami?

– Strasznie mnie cisną.

– Co im się stało? Przemokły i się skurczyły?

– Nie. Są o trzy numery za małe.

– Czemu nie masz swoich?

– Są moje.

– Nie rozumiem. Masz na nogach swoje o trzy numery za małe buty?

– Właśnie te buty mnie wykańczają.

– Nic nie rozumiem. Dlaczego chodzisz w za małych o trzy numery butach?

– Zaraz ci wytłumaczę – powiedział, nie kryjąc bólu. – W moim życiu nie ma żadnych większych satysfakcji. Prawdę mówiąc, w ostatnich latach nie przeżyłem niczego przyjemnego. Nudna praca. Nudne życie prywatne. Żadnych perspektyw, żadnych marzeń, żadnych oczekiwań. I teraz posłuchaj, wykańczam się tymi butami. Męczę się okropnie, to prawda... Ale kiedy za parę godzin wrócę do domu i będę mógł je zdjąć... już o tym myślę... wyobrażasz sobie, stary, jaka to będzie przyjemność? Jakie wyzwolenie? Jaka przyjemność, stary?!

● sekunda mądrości:

Bądź pewny, że przyjdzie taka chwila, kiedy stwierdzisz,
że wszystko się skończyło.
A to właśnie będzie początek.

Louis L'Amour

Kim jestem?

Tego dnia było tak jak zwykle. Mark Parker, wybitny, niezwykle znany światowej sławy profesor filozofii, tak jak zawsze wstał o siódmej rano. Jak zawsze, szurając swoimi pantoflami, poczłapał w kierunku łazienki. Umył zęby, ogolił się i nawilżył twarz dobrą wodą toaletową. Ubrał dres i trampki, i wybiegł do parku. Nie cierpiał biegać po alejkach, ale dobry obyczaj akademicki nakazywał demonstrowanie sprawności fizycznej, najlepiej porannym joggingiem lub jazdą na rowerze. Był to także ważny element towarzyski, bo spotykał podczas biegu wszystkie znaczące postacie z uczelni. I tu spotkała go pierwsza niespodzianka – nie spotkał nikogo. Trochę zły na dzisiejszy „bezsens" biegania wrócił do domu. Wziął prysznic, jak zawsze elegancko się ubrał i zszedł na dół po korespondencję. Miał zwyczaj zaczynać „oficjalny" dzień od kawy i przeglądania korespondencji, aby od razu odpowiedzieć ważnym osobom. Tam spotkała go druga niespodzianka dnia – nie było listów! Włączył komputer, aby odebrać pocztę mejlową, ale – trzecia niespodzianka – skrzynka odbiorcza była pusta.

W ostatnich latach, tak jak rosła jego pozycja na uniwersytecie, tak liczba korespondencji wzrastała i stanowiła ważny czynnik jego kontaktu ze światem. Trochę w złym humorze ze względu na brak wiadomości skończył śniadanie – składające się, oprócz soku, ze świeżych pomarańczy i płatków z mlekiem (zalecanych przez lekarzy) – i wyszedł na ulicę, kierując się w stronę uczelni.

Wszystko wyglądało tak jak zawsze: samochody jak zawsze jechały tymi samymi ulicami i jak zawsze hałasowały, tramwaje wydawały charakterystyczne odgłosy na zakręcie ulicy – na co on zwykle skarżył się codziennie studentom na pierwszym wykładzie (rektor od dawna walczył z władzami miasta o usunięcie tramwajów z przed budynków uczelni); gazeciarze rozdawali bezpłatne numery dzienników reklamowych. Wszystko wyglądało tak jak zawsze.

Myślał o tym, że po południu musi zagrać w golfa z prorektorem Stonem i spróbować załatwić dofinansowanie jego katedry. Nie nawiedził golfa i nie cierpiał nudziarza Stona, ale takie były zwyczaje na uczelni i wypadało interesy załatwiać przy golfie.

Przechodząc przez plac Niepodległości, prawie zderzył się z profesorem Baxterem. Znali się od lat i godzinami byli w stanie prowadzić długie rozmowy na temat swoich koncepcji dotyczących metafizycznych bytów pozazmysłowych. Wczorajsza

*dyskusja była szczególnie interesująca, ale niedokoń-
czona, dlatego pomachał mu ręką na powitanie,
mając nadzieję na kontynuację dyskusji w drodze
do uczelni. Bardzo zależało mu na wygłoszeniu
własnej opinii w tej sprawie. Ale profesor jakby go
nie poznał i minął pospiesznie. Zawołał go po imieniu, ale był już za daleko. Pomyślał, że pewnie
Baxter go nie usłyszał. Szedł dalej i spotkał grupę
znanych sobie studentów spieszących na zajęcia.
Uśmiechnął się – zawsze zależało mu na opinii studentów – ale odpowiedziały mu zdziwione twarze.
Dzień zaczynał się wyraźnie źle. Ogarnęło go dziwne zniechęcenie i uczucie ogarniającej nudy. Tuż
przed wejściem do gmachu uczelni zdecydował się
wrócić do domu. Miał zaległą lekturę dotyczącą tematu swoich badań, musiał zrobić korektę artykułu
do czasopisma, powinien też poczekać na listy, które, powinny nadejść z powodu wcześniejszego ich
braku. Wypada też, aby był przygotowany do wystąpienia na posiedzeniu Rady Wydziału. Musi jako
tak ważny profesor zaprezentować swoje zdanie.*

*Tej nocy spał źle i obudził się wcześniej niż zwy-
kle. Komputer znowu milczał, a skrzynka odbiorcza
wyświetlała komunikat: „Ilość odebranych wiadomości: 0”.*

*Zszedł na dół i jedząc płatki na mleku, zaczął
z niecierpliwością wypatrywać przez okno listonosza. W końcu zobaczył go na początku ulicy i serce
w nim zamarło. Jednak listonosz przeszedł obok jego*

domu, nie zatrzymując się przy skrzynce na listy. Profesor szybko wyszedł i zawrócił listonosza, aby upewnić się, czy na pewno nie ma dla niego listów. Listonosz przejrzał jeszcze raz torbę i zapewniał go, że nie ma żadnej korespondencji na ten adres. Zapewnił także, że ani nie ma strajku na poczcie, ani nie ma w kraju żadnych problemów z doręczaniem listów. Profesor zamiast się uspokoić, zmartwił się jeszcze bardziej. Czuł, że coś się działo, a on nie wiedział co i musiał to sprawdzić. Radio grało jak zwykle, a w telewizji obejrzał te same wiadomości. Jednak coś było nie tak. Po południu ubrał się starannie i udał się do swojego znajomego profesora Bolzano. Nie lubił go, ale cenił za zdrowy rozsądek.

Kiedy tylko otworzyły się drzwi, polecił gospodyni zapowiedzieć swoją wizytę. Patrzyła, co prawda, na niego jakoś dziwnie, gdy zwrócił się do niej po imieniu, ale zignorował to. Znajomy nie kazał na siebie długo czekać.

Jak tylko się pojawił, Parker z udawaną serdecznością i otwartymi ramionami podszedł, aby się z nim przywitać, lecz pan domu grzecznie i powściągliwie zapytał:

– Przepraszam pana, czy my się znamy?

W pierwszej chwili pomyślał, że to dobry żart i rozsiadając się swobodnie w fotelu, poprosił, aby gospodarz poczęstował go drinkiem. Skończyło się to fatalnie – pan domu zawołał ogrodnika i gospodynię, i nakazał im wyrzucić intruza na ulicę.

To *wyprowadziło go zupełnie z równowagi i tracąc panowanie nad sobą, zaczął obraźliwie wykrzykiwać w stronę gospodarza. Dał tym samym gospodyni i służącemu wystarczającą ilość powodów do brutalnego wyrzucenia go na ulicę.*

Wracając do domu, natknął się na paru sąsiadów. Jak zwykle uprzejmie ukłonił się każdemu. Wszyscy zignorowali go bądź potraktowali, jakby był zupełnie nieznajomym człowiekiem.

W domu usiadł w fotelu i zamyślił się. Jego głowę zawładnęła powoli, najpierw bardzo absurdalna, ale stopniowo coraz bardziej prawdopodobna, myśl o jakimś spisku społeczeństwa przeciwko niemu. Musiał gdzieś, kiedyś popełnić nie wiadomo jaki błąd przeciw swojemu środowisku, które parę godzin temu ceniło go tak bardzo, jak bardzo teraz go odrzucało. Widać było to coś poważnego, bo zaangażowali się w ten spisek jego najbliżsi przyjaciele i znajomi, ale też listonosz, mleczarz, studenci i koledzy z uczelni. Wiele się nad tym zastanawiał, ale nie zdołał sobie przypomnieć żadnego faktu, w którym obraziłby kogoś, a co więcej, uwikłałby w to całe miasto. Zastanawiał go również stopień zorganizowania spiskowców i ich konsekwencja.

Przez kolejnych kilka dni nie wychodził z domu. Wyczekiwał na korespondencję, która nie nadchodziła, na telefon lub na wizytę któregoś z przyjaciół, który przyszedłby w odwiedziny zaniepokojony jego nieobecnością. Ale nic takiego się nie działo.

Nikt nie dzwonił, komputer milczał i nikt nie zbliżał się do jego domu. Gospodyni, która od dwudziestu lat zajmowała się jego domem, zupełnie o tym nie powiadamiając, przestała przychodzić.

Po tygodniu, rozluźniony i ośmielony kolejnym kieliszkiem wypitego alkoholu, profesor zdecydował się zajrzeć do pubu, gdzie zwykle chodził ze swoimi przyjaciółmi na wieczorne pogaduszki. Ledwo wszedł, zobaczył wszystkich znajomych siedzących za ich ulubionym stołem w rogu sali. Panowała wesoła atmosfera i jak zwykle wszyscy dobrze się bawili, słuchając fragmentów nowej komedii Petera czytanej przez jego żonę Annę. Profesor wziął krzesło i przysiadł się do nich, myśląc, że jak zwykle trzeba będzie chwalić tę kolejną grafomańską sztukę pseudopisarza. Przy stole zapanowała grobowa cisza, która mogła oznaczać tylko jedno – niechęć zebranych do nowo przybyłego.

Profesor nie wytrzymał dłużej:

– Możecie mi powiedzieć, czego chcecie ode mnie, co macie przeciwko mnie? Jeśli coś wam zrobiłem, powiedzcie mi i skończymy z tym. Jeżeli was obraziłem, to przepraszam, ale przestańcie mnie tak traktować, bo dłużej nie wytrzymam.

Zebrani przy stole popatrzyli na siebie ze zdziwieniem. Jedni wyraźnie rozbawieni, drudzy zniechęceni i oburzeni. Jeden z mężczyzn, zapewne psychiatra, popukał się w czoło, wystawiając tym samym bardzo trafną diagnozę nowo przybyłemu.

Profesor, tym razem spokojniej, jeszcze raz poprosił o wytłumaczenie. Potem zaczął usilnie nalegać, a na koniec, rzuciwszy się na ziemię, błagać, aby wytłumaczyli mu swoje zachowanie.

Jedna z kobiet, kierująca się wyraźnie współczuciem, powiedziała do niego życzliwie:

– Proszę pana, my pana nie znamy. Nikt z nas pana nie zna. Czy pan to rozumie? Wobec tego nikomu z nas nic pan nie zrobił. W niczym nie zawinił i nie obraził. Nie wiemy nawet, kim pan jest.

Profesor rozpłakał się. Wstał i wychodząc z pubu, pociągnął za sobą swoje tytuły naukowe, pozycje społeczną i swoje człowieczeństwo. Powoli szedł w kierunku domu. Głowa opadła mu na ramiona. Wydawała się ciężka, chociaż miał w niej pustkę. Miał wrażenie, że każda z jego nóg waży przynajmniej tonę.

W domu zrozpaczony rzucił się na łóżko. Jak i dlaczego stał się nieznany, obcy, nieobecny, niezauważalny? To „nie" kłębiło mu się w głowie. Nagle nie było jego nazwiska w notesach korespondentów ani w pamięci znajomych, a jeszcze mniej było go w sercach przyjaciół. Po głowie, jak na karuzeli, krążyło pytanie zadawane mu przez wszystkich i przez samego siebie: „Kim jestem?".

Zauważył, że pomimo swojej wiedzy, wykształcenia i poznanej mądrości wielu filozofów nie potrafił odpowiedzieć na to pytanie? Znał swoje imię, nazwisko, adres; rozmiar koszuli, butów, garnituru; numer dowodu osobistego, PESEL, NIP, PIN i parę innych danych stanowiących o jego tożsamości.

Ale poza tym, kim prawdziwie, wewnętrznie i głęboko był? Czy jego opinie, upodobania i zachowania rzeczywiście należały do niego? Czy akceptuje naprawdę wygłaszane przez siebie oficjalne opinie. Czy musi mieć drogi samochód, chociaż nim nie jeździ? A te ukłony, umizgi i „zamiatanie ogonem" na prawdę mu odpowiada? Czy jest to, jak wiele innych rzeczy, próba niezawiedzenia oczekiwań tych, którzy wymagali od niego, aby był tym, kim powinien być? PROFESOREM – znanym, wybitnym, szanowanym!

Powoli zaczynało mu coś świtać, coś zaczęło się układać – anonimowość, bycie zupełnie nieznanym uwalniało go od konieczności zachowywania się zgodnie z ustalonymi regułami. Obojętnie coby nie zrobił i tak nie zmieniłoby to zachowania innych w stosunku do niego. Po raz pierwszy od wielu lat odkrył coś, co ukoiło jego myśli i duszę. Zerwał się i wrzasnął: NIC NIE MUSZĘ. MAM TO W DUPIE. To, co się stało, pozwalało mu na dowolne zachowanie się bez potrzeby szukania aprobaty reszty świata.

Głęboko odetchnął i z powrotem opadł na łóżko. Poczuł się dziwnie rześko, jakby nowe powietrze wypełniło mu płuca. Jak gdyby uwolnił się od niewyobrażalnego ciężaru, który przytłaczał go do dna. Poczuł krew płynącą w żyłach i bicie własnego ser-

ca. Jak gdyby uniósł głowę nad powierzchnię wody i głęboko odetchnął. Zdziwił się, ale po raz pierwszy od niepamiętnych czasów NIE DRŻAŁ. *W końcu zrozumiał, że wszystko zależy od niego, że jest sam, że ma tylko siebie i że może się teraz śmiać lub płakać; cieszyć się lub martwić. Ale dla siebie, nie dla innych. W końcu zrozumiał, że:* JEGO WŁASNA EGZYSTENCJA NIE JEST I NIGDY NIE BYŁA UZALEŻNIONA OD INNYCH.

Odkrył, że musiał pozostać sam, aby spotkać się z samym sobą...

Zasnął spokojnie, głęboko, bez środków uspokajających i nasennych, i miał piękne sny.

Jak nigdy obudził się o dziesiątej, przeciągnął się uradowany wdzierającym się do jego pokoju promykiem słońca, który cudownie oświetlał wnętrze. Nieumyty zszedł po schodach, przyśpiewując piosenkę, którą właśnie przed chwilą ułożył, i wrzucając dres oraz trampki do kubła na śmieci. Zobaczył pod drzwiami leżącą stertę listów, gazet i innej korespondencji z całego tygodnia zaadresowanej do niego, ale nie zareagował.

Gospodyni była w kuchni i przywitała się z nim, jak gdyby nic się nie stało. Poprosił o trzy jajka na bekonie i kakao. Na placu Wolności, w drodze do pracy, dogonił go profesor Baxter i chciał kontynuować dyskusję, ale przeprosił go grzecznie, bo jest właśnie zajęty obmyślaniem planu nasadzeń roślin w swoim ogrodzie. Wykład zaczął – ku zdziwieniu wszystkich studentów – od zacytowania wiersza swojego ulubionego poety chilijskiego Pabla Nerudy: „Wyznaję, że żyłem".

Wieczorem w pubie nikt nie pamiętał tej dziwnej i szalonej poprzedniej nocy. Przynajmniej nikt nie zdobył się na żaden komentarz. Skrytykował sztukę Petera, a i tak Peter poklepał go serdecznie po plecach, mówiąc, że już od dawna trzeba było nim wstrząsnąć.

Wszystko wróciło do normy... oprócz samego profesora. Trzeba mieć nadzieję, że już nigdy nie będzie musiał prosić nikogo, aby popatrzył na niego w celu upewnienia się, że żyje.

Nie będzie szukał na zewnątrz siebie określenia tego, co jest jego istotą. Nigdy nie będzie bał się odrzucenia. Wszystko będzie jak przedtem, z wyjątkiem tego, że profesor nigdy już nie zapomni, kim jest.

● sekunda mądrości:

Najgłębszym sekretem jest to,
że życie nie polega na odkrywaniu, ale na tworzeniu.
Nie odkrywasz siebie, tylko tworzysz siebie.
W związku z tym, staraj się dowiedzieć, kim jesteś,
ale jeszcze intensywniej staraj się dowiedzieć, kim chcesz być.

Neale Donald Walsch

315

14.

O wdzięczności

Sonya Lubomirsky w swojej znakomitej, opublikowanej parę lat temu książce „Wybierz szczęście" przedstawia rezultaty swoich analiz, badań, dociekań nad szczęściem i związków tego pojęcia z pojęciem „życiowego sukcesu". Czym jest, z czego się składa, jak jest rozumiane, od czego zależy, czym jest warunkowane. Jak je osiągać, jak oceniać, jak utrzymać.

Co ciekawe, książka nie jest popularnym poradnikiem z serii, jak zostać szczęśliwym, pięknym, młodym i bogatym w dwa tygodnie, ale poważnym traktatem psychologicznym; a autorka nie jest nawiedzonym guru, ale profesorem psychologii jednego z największych uniwersytetów amerykańskich, czołowym przedstawicielem nurtu psychologii pozytywnej, która od kilkunastu lat i na zlecenie agencji rządowych USA bada „szczęście".

Dla normalnego, ale „poszukującego" człowieka książka ta może być interesująca z kilku powodów:

Powód pierwszy to zalecanie w wiarygodny, potwierdzony naukowymi metodami sposób, szeregu zmian w podejściu do życia. Zmian, które będą gwarantowały poczucie życiowego szczęścia. Wskazania te są dokładnie takie jak propagowane od wielu lat w artykułach motywacyjnych i publikacjach o zdrowym stylu życia. Są tu uwagi dotyczące pozytywnego myślenia, odpowiedniej diety, dbałości o zdrowie i cele życiowe; kontroli stresu, konieczności wybaczania, pokonania lęku; ćwiczenia afirmacji i wizualizacji itp.

Drugi powód to taki, który wynika z badań nad ogromną populacją ludzi, że szczęście jest uwarunkowane genetycznie. Zapewne jesteś zaskoczony, Drogi Czytelniku. To zaskoczenie będzie jeszcze większe, bo jak wynika z tych danych – aż w około 40% poczucie szczęścia zależy od Twojego genotypu. Czy jesteśmy u progu odkrycia genu szczęścia? Zapewne tak.

Trzeci ważny aspekt szczęścia to, ogólnie rzecz ujmując, postawa życiowa, jaką przyjmujesz wobec różnych sytuacji dnia codziennego. Jedna z dwóch, które dla potrzeb tego rozdziału nazwiemy „postawą pełni" lub „niedoboru".

„Postawa pełni" to identyfikowanie się przez to, co masz, co osiągnąłeś i posiadasz; kim jesteś i co robisz. Owocuje to życzliwością do świata, optymizmem, pewnością siebie. To pozytywny, nieprzerwany sposób realizacji kolejnych celów i marzeń życiowych. Świat i miejsce, w którym mieszkasz, jest dobre, zamieszkałe w większości przez wspaniałych ludzi. A w ogóle to żyjesz we wspaniałych czasach – najlepszym momencie historii; niezwykle ciekawym i inspirującym, w którym jeszcze nigdy tylu ludzi nie miało tak wielu możliwości spełnienia. A przyszłość? Jest jeszcze lepsza i zapowiada się jeszcze ciekawiej. Czy to znaczy, że masz założyć „różowe okulary" i nie dostrzegać istniejących w świecie problemów. Absolutnie nie. Realność rzeczywistości jest jak najbardziej potrzebna. Ale masz świadomość, że problemy istniały zawsze i po prostu należy je rozwiązywać, a trudności pokonywać, a nie o nich bez przerwy myśleć. Działasz i zachowujesz się w sposób konstruktywny i pozytywny. Jesteś skupiony na tym, co robić, by było lepiej, niż na tym, kogo obwiniać lub co stało się w przeszłości.

„Postawa niedoboru" to totalne przeciwieństwo. Sukces i powodzenie w życiu to czysty przypadek i zrządzenie losu. Szczęście i sukces? Takie słowa nie istnieją w Twoim słowniku, a Ci, co je osiągnęli, zawdzięczają to oszustwu. Wszędzie widzisz zło i niesprawiedliwość. W Twoim świecie „uczciwą pracą nie dojdziesz do niczego", „bogaci stają się jeszcze bogatsi, a biedni coraz biedniejsi", „nie ma znaczenia, co umiesz i potrafisz, ale kogo znasz". Choroby i cierpienia spotykają tylko Ciebie. Zresztą Ty nie jesteś niczemu winien, nie jesteś za nic odpowiedzialny. Zawsze masz alibi i wytłumaczenie. Nie ważne, że nic nie robisz, do niczego nie dążysz. Zresztą jak możesz cokolwiek robić? Przecież cierpisz i martwisz się – jesteś zajęty. Identyfikujesz się przez to, czego nie masz, czego nie osiągnąłeś. Na tym się koncentrujesz, o tym myślisz, to Cię wpędza w zły humor i depresję.

A teraz najciekawsze – postawę możesz wybrać i będzie ona kierowała Twoim postępowaniem. Jeżeli czytasz te słowa, to jestem pewny, że masz postawę „pełni" i patrzysz na świat w życzliwy sposób. Jeżeli tak nie jest, to zacznij praktykować „wdzięczność". To najlepszy sposób na zmianę postawy życiowej.

Sonya Lubomirsky nakazuje, upomina, przypomina – „bądź wdzięczny!". Za co? Za wszystko. Praktykuj wdzięczność codziennie, nieustannie, na piśmie. Zrób z tego codzienną praktykę, nawyk, zwyczaj. Rejestruj świadomie wszystko to wokół siebie, za co możesz być wdzięczny i wyrażaj to głośno, wyraźnie, natychmiast. Nie czekaj na dobry moment, okazję, specjalną chwilę.

Bądź wdzięczny za to: że wstałeś z łóżka raczej zdrowy niż chory; że nie doświadczyłeś wojny, samotności więzienia, tortur ani głodu; że możesz chodzić (albo nie chodzić) do kościoła, synagogi, meczetu bez strachu, nie obawiając się aresztowania, tortur, śmierci; że masz dach nad głową, ubranie na grzbiecie, jedzenie w lodówce i masz gdzie spać; masz oszczędności w banku i trochę drobnych w portfelu. Ciesz się małymi rzeczami, doceniaj świat wokół siebie i piękną przyrodę. Stań się bardziej ufny dla drugiego człowieka i czasem po prostu uśmiechnij się do kogoś na ulicy tak po prostu. Każdego dnia znajdź chwilę czasu dla siebie; zrób coś, na co masz ochotę i bądź wdzięczny, że możesz to zrobić. Bądź wdzięczny, że możesz iść na spacer i spędzić trochę czasu na powietrzu albo że możesz siedzieć w domu przy komputerze; że możesz spotykać się ze znajomymi; pojechać na wczasy, pójść do kina, kawiarni czy teatru; że możesz czytać książki, uczyć się, poznawać świat i ludzi. Bądź wdzięczny za to, co masz, a zrozumiesz, że masz bardzo wiele.

●● ● chwile refleksji:

O darach dla cesarza

Cesarz Wen w swoim życiu zdobył już wszystko to, co można było zdobyć; widział to, co można było zobaczyć, nie miał żadnych celów ani pragnień i po prostu szalenie się nudził. Nie podniecały go polowania na rzadkie zwierzęta ani wojny z podstępnymi przeciwnikami; nie pobudzało intelektualnie orzekanie w trudnych sprawach sądowych; nie inspirowała sztuka i literatura – w życiu nie było już nic ciekawego, co mogłoby go choć trochę zainteresować. Cesarz w ogromnym pałacu, otoczonym niewyobrażalnym przepychem, powoli popadał w apatię i był bliski ciężkiej depresji.

Cesarscy lekarze wymyślali różne uzdrawiające mikstury; dworzanie i doradcy – najróżniejsze podniety, aby choć trochę rozruszać znudzonego cesarza, ale na niewiele się to zdało. Jeden z doradców wpadł na pomysł, by każdy poddany raz w tygodniu składał cesarzowi jakiś dar. Cesarz na audiencji powinien osobiście przyjmować te dary i hołdy, i może go coś w końcu zainteresuje. Ludzka pomysłowość jest tak wielka, że ludzie na pewno coś ciekawego wymyślą, a to na pewno ożywi cesarza.

Każdej soboty o poranku znudzony wszechpotężny cesarz Wen odbierał hołdy swoich poddanych. Przyjmował dary, oglądał, odkładał do kosza i dalej trwał w swoistym letargu. A poddani, szczególnie ci bogaci – chcąc wzbudzić u cesarza uwagę i skierować ją na siebie – faktycznie wymyślali, tak jak przewidywał doradca, najdziwniejsze prezenty.

Pośród różnych poddanych zjawiających się na dworze, zawsze punktualnie pojawiał się stary ubogi mnich, który przynosił cesarzowi bardzo skromny dar – jabłko, gruszkę, liczi, małą śliwkę – a potem oddalał się równie cicho, jak wchodził.

I stało się coś dziwnego. Cesarz zwrócił uwagę na te bardzo skromne dary mnicha.

Przyzwyczajony do wspaniałych prezentów przyjmował owoce najpierw z obojętnością, potem z odrobiną ironii i pobłażania, a w końcu, kiedy tylko mnich znikał z sali tronowej, drwił sobie z niego, oczekując tego samego od zgromadzonych dworzan.

Cesarz był wyraźnie oburzony i pobudzony, co mu się od dawna nie zdarzało. Śmiechy i szyderstwa musiały docierać do mnicha, jednak on się tym nie zrażał. Powracał każdego tygodnia, żeby przekazać cesarskim dłoniom kolejny dar. Władca przyjmował go rutynowo, gdyż etykieta cesarska i godność nie pozwalały mu w obecności ofiarodawcy wyrażać swojego niezadowolenia, i odkładał owoce do przygotowanego na tę okazję koszyka znajdującego się blisko tronu. Kiedy mnich się oddalał, cesarz nie ukrywał swojej irytacji i narastającego oburzenia. Mnich wyraźnie z niego drwił.

Kosz był już prawie pełny.

Pewnego dnia ulubiona cesarska małpa wzięła jedną śliwkę i ją ugryzła, po czym plując kawałkami, rzuciła pod nogi władcy. Monarcha po raz pierwszy od wielu lat oniemiał z wrażenia, kiedy dostrzegł wewnątrz śliwki wielki, migocący, czerwony rubin. Rozkazał natychmiast, aby otworzono wszystkie owoce z koszyka. W każdym z nich znajdował się jakiś drogocenny kamień ogromnej wielkości: szafiry, szmaragdy, diamenty, rubiny, duże

czarne i białe perły. Zdumiony król kazał zaraz przy-
wołać do siebie mnicha i pomijając dworską etykie-
tę, zaczął go przepytywać.

– Przynosiłem ci te dary, panie – odpowiedział
mnich – abyś mógł zrozumieć, że życie obdarza cię
każdego dnia niezwykłym drogocennym prezentem,
którego ty nawet nie dostrzegasz i który wyrzucasz
beznamiętnie do kosza. Wszystko dlatego, że jesteś
otoczony nadmierną ilością bogactw.

● **sekunda mądrości:**

Najpiękniejszym ze wszystkich darów
jest każdy rozpoczynający się zwyczajny prosty dzień.

●● **chwile refleksji:**

O *starcu i śmierci*

Pewien starszy człowiek na wszystko narzekał
i był wiecznie niezadowolony. Jego życie nosiło
wszelkie znamiona szczęścia i powodzenia, ale męż-
czyźnie zawsze czegoś brakowało.

Miał żonę, ale niewystarczająco zaradną i pracowitą, która jeszcze w dodatku wcześniej od niego zmarła. Wychował dzieci, ale poszły swoimi ścieżkami i nie tymi, które on im wskazywał. Pracę miał dobrą, ale nie był z niej zadowolony, bo za mało zarabiał. Kiedy zmienił pracę i zarabiał więcej, to narzekał, że ma za mało czasu. Jak poszedł na emeryturę, utyskiwał, że to marnotrawstwo, by tak wartościowy pracownik pozostawał bez zatrudnienia. Kiedy znajomy zaproponował mu pracę, to mężczyzna ubolewał, że na stare lata musi dorabiać. Emeryturę miał za małą, by żyć i za dużą, by umrzeć. Narzekał, narzekał i narzekał, a w tym narzekaniu posuwał się do absurdu. Do tego zawsze znalazł kogoś, kto by ponarzekał wraz z nim:

– Patrz pan – mówił do sąsiada – jaka bieda wszędzie. Ludzie samochodami bez dachów jeżdżą! A jak mają w nich dachy, to takie materiałowe, płócienne. Na porządne ich nie stać.

– No – wtórował mu sąsiad. – I nie mają gdzie tego zaparkować. W sobotę i niedzielę, jak widzę tych biednych ludzi, co to pod galeriami handlowymi krążą i krążą, i nie ma dla nich miejsca, to powiem sąsiadowi, że tak mi ich żal...

– A jak są ubrani – przerywał mu staruszek – wszystko kuse, liche, podarte. Te kobiety w przykrótkich spodniach; majtki na wierzchu, brzuchy gołe... te spodnie z dziurami podarte jak ze śmietnika.

– A widziałeś pan, co jedzą?

– Co?

– Sery spleśniałe, zielone, śmierdzące. Albo te kiełbasy i szynki w skórce białej od pleśni.

– No, faktycznie – potwierdzał sąsiad emeryt.

– Wina stare piją! Zamiast młode, musujące.

– I wódki też stare – dodawał sąsiad.

– Panie, kto to kiedyś widział, żeby wódka, nawet ta na myszach, jak jej tam... whisky, czterdzieści lat przeleżała? Ona musi być do niczego. Zwietrzała, panie, i tyle. A widziałeś pan, jakie meble kupują? Stare, obdrapane, zżarte przez korniki. Nie stać ludzi na porządne meblościanki, takie, panie, jak za Gomułki były...

– Oj tak, bieda straszna.

Mężczyzna miał duży dom i choć nie był w stanie go utrzymać, to nie chciał go nikomu wynajmować, żeby go nie okradziono. Do domku letniskowego na wsi jeździł sam i tam również nikogo nie zapraszał, żeby nic nie zostało zdewastowane. Narzekał przy tym, że inni co rok jeździli na wakacje nad morze lub za granicę.

Dokuczała mu ta samotność. Znajomi tylko kłaniali mu się i obchodzili z daleka, bo nigdy dla nikogo nie miał dobrego słowa. „Zgorzkniały upierdliwy staruszek" – tak najczęściej mówili o nim sąsiedzi. Przyjaciół nie miał, bo właściwie nie chciał ich mieć. Z rodziną utrzymywał luźne kontakty, bo wydawało mu się, że chce wydrzeć ostatnie pienią-

dze, które mu zostawały z emerytury. Był niesamo-
wicie oszczędny, a nawet skąpy. Oszczędzał na
wszystkim, na czym się dało, bo odkładał na spo-
kojną starość i czarną godzinę.

Taka postawa owocowała coraz większym znie-
chęceniem do życia i coraz większą frustracją.
W swoim przekonaniu żył w coraz większej biedzie
i w coraz większym opuszczeniu. Dożywał swych
dni w głodzie, chłodzie i ubóstwie i... coraz bar-
dziej narzekał.

Pewnego wieczoru wracał z daczy do domu
samochodem, który niespodziewanie stanął w lesie
poza miastem. Padał deszcz i było zimno. Męż-
czyzna uświadomił sobie, że nie zatankował odpo-
wiedniej ilości paliwa, nie opłacił ubezpieczenia, aby
zamówić holowanie, nie miał do kogo zadzwonić,
aby prosić o pomoc, zresztą telefonu komórkowego
nie używał, by więcej zaoszczędzić. Obawiał się po-
zostawić samochód w lesie, więc zaczął mozolnie
pchać samochód do widocznej w oddali wioski. Pot
i deszcz spływały mu po twarzy. W końcu zupełnie
wyczerpany westchnął:

– Ach, mam tego wszystkiego dosyć. Niechby już
przyszła do mnie śmierć, bo nic mnie już w tym
życiu nie czeka.

I – jak to zwykle w bajkach bywa – w tym sa-
mym momencie stanęła przed nim Śmierć.

– Chcesz może czegoś ode mnie? – zapytała
grzecznie i z lekkim uśmiechem.

Staruszek chwilę się zastanowił, popatrzył na Śmierć, otarł pot z czoła i odpowiedział powoli:
– Tak, pomóż mi dopchać ten samochód do wioski.

● sekunda mądrości:

Skończ z nałogiem martwienia się, zanim on skończy z tobą.
Zmartwienia, narzekania i pretensje to modlitwy
do niewłaściwego Boga,
a zdrowie jest ceną, którą płaci się za życiowy pesymizm.
Ci, którzy nie potrafią walczyć ze zmartwieniami,
umierają młodo.

15.

O poczuciu wartości
i sprzedaży siebie

• • • minuty wiedzy:

Jestem pewny, że słowo „sprzedaż" kojarzy Ci się, Drogi Czytelniku, z handlem, targowaniem i kupczeniem. Zawsze z pieniędzmi, ceną, wartością, łatwym zyskiem nie do końca uczciwym, a w odniesieniu do samego siebie jeszcze z kilkoma innymi rzeczami, o których jednak nie chciałbym wspominać. Niezależnie od dużych zmian w świadomości społecznej, jakie zaszły i zachodzą w ostatnim okresie, słowo „sprzedaż" niesie w sobie pewien tradycyjny, trochę pejoratywny wydźwięk. Sprzedawanie bywa zajęciem mało eleganckim, na co w pewnej sytuacji, na pewnym „poziomie" nie można sobie pozwolić. Dążenie do zysku czy wysokiej prowizji uważane bywa za cel nie do końca moralny i etyczny. W pewnej chwili słowo to zastępowane jest „załatwianiem interesów", „biznesem", „marketingiem", a sprzedawca nazywany: „agentem", „menadżerem", „dealerem", „dystrybutorem". Za tymi nazwami staramy się coś ukryć. Kogoś oszukać (jestem pewny, że nawet tytuł tego rozdziału dla niektórych osób może wydać się nieco kontrowersyjny). Być może chodzi o lęk przed porażką i typowymi niepowodzeniami, które w sprzedaży są bardzo częste. Być może chodzi o pieniądze, bo o nich nie wypada mówić, ale każdy o nich myśli, szczególnie wtedy, gdy tych pieniędzy brak. Być może. Ale moim zdaniem chodzi o coś zupełnie innego, o niezrozumienie tego, czym tak naprawdę jest „sprzedaż". O to, jak bardzo umiejętności sprzedawania mogą przydać się nie tylko na drodze do sukcesu, ale w codziennym życiu.

I odwrotnie, jak znajomość życia i ludzi może przydać się w sprzedaży. To nasze negatywne doświadczenia i ugruntowane, ograniczające przekonania są przyczyną tego, że nie potrafimy podjąć działania i sprzedać to, na czym powinno nam najbardziej zależeć – SIEBIE.

Jeżeli zastanowisz się nad tym wstępem, to zapewne zgodzisz się ze mną, że sprzedaż w dzisiejszych czasach to coś zupełnie innego niż typowy jarmarczny handel. To również nie negocjacje zwane potocznie targowaniem się czy przekonywaniem klienta. Codzienne analizy zakończonych sukcesem lub porażką sprzedaży doprowadzą Cię do znacznie ogólniejszych wniosków: ja nie sprzedaję tylko produkt, ja również, a może przede wszystkim sprzedaję siebie. Swój wygląd, umiejętność słuchania, swoją akceptację i zrozumienie ludzi, ich problemów i radości.

Jeżeli w Twoim życiu empatia jest na czołowym miejscu, to na pewno da Ci to materialne korzyści. Nie musisz się uczyć „sztuczek" trafiania do ludzi. Bo zapewne intuicyjnie stosujesz jedno z fundamentalnych praw sprzedaży: **Dowiedz się, czego ludzie pragną i pomóż im to osiągnąć.**

Zdobywając doświadczenie, wzbogacaj umiejętności wyszukiwania ludzkich problemów, które może rozwiązać kupno tego, co masz do zaoferowania. Celowo użyłam słowa wyszukiwania, bo często klient nie zdaje sobie sprawy z problemu lub oszukuje sam siebie. Bywa to oszustwo świadome lub nieświadome. To, że innym, owszem, zdarzają się rzeczy złe i nawet tragiczne, to normalne. Lecz tym kimś nie będę ja czy moja rodzina. Mnie to nie dotyczy. Patrzenie w przyszłość to jednak nie przysłowiowe „krakanie" czy prowokowanie losu.

To przezorność, przewidywanie i świadomość, że gdy pojawi się faktyczny problem, wtedy będzie za późno. Tę przyszłość możesz także budować i kreować. Jeżeli dzisiaj nie myślisz o przyszłości, najczęściej w przyszłości nie masz o czym myśleć. Pomyśl: **zawsze sprzedaje się ideę nie konkretny produkt.** Niezależnie, co sprzedajemy, zawsze sprzedajemy to wszystko, co jest związane z produktem. Ułatwienia, przyjemności, wygodę, poczucie komfortu czy bezpieczeństwa. Jednym słowem przyszłość.

Profesjonalny sprzedawca cały czas się uczy, ale najwięcej od klientów i to tych tzw. trudnych. A **prawdziwa sprzedaż zaczyna się wtedy, gdy potencjalny klient powie: Nie!** Wtedy właśnie sprzedaż staje się sztuką, a nie stosowaniem wyuczonych i powielanych sztuczek. Rozwiązanie konkretnego problemu konkretnego człowieka jest możliwe tylko przy dobrej, szerokiej wiedzy o życiu, której jemu może brakować, ale nigdy nie może brakować sprzedawcy. Do tego potrzebne są pełne niepowtarzalne kompetencje, profesjonalizm w dostosowaniu oferty do potrzeb klienta i przedstawienie jej zalet prostym obrazowym językiem.

Najwięcej wzbogacają nas o doświadczenia i dostarczają ogromnej satysfakcji właśnie te sprzedaże, które wydawały się niemożliwe do pozytywnego zakończenia. Najwięcej doświadczenia życiowego możemy uzyskać, rozwiązując pozytywnie najtrudniejsze problemy, jakie to życie niesie.

Po zamknięciu sprzedaży przychodzi czas na satysfakcję. Ale tak naprawdę nie jest to moment, kiedy towar jest u klienta, a pieniądze w kasie lub na koncie. Ten prawdziwy moment satysfakcji przychodzi wtedy, kiedy klient zjawia się u nas ponownie, ale nie z reklamacją i pretensjami, tylko zadowolony i uśmiechnięty. Przekonany o tym, że dokonał słusznego wyboru i dobrego zakupu. Kiedy przyprowadził ze sobą swojego znajomego także zainteresowanego Twoją ofertą. Twojego następnego klienta.

Pomyśl i zdaj sobie sprawę z tego, że **sprzedaż nie kończy się po sprzedaży, ale zaczyna.** Wtedy właśnie zaczynają procentować: rzetelność, uczciwość, fachowość w dobraniu i przedstawieniu oferty, autentyczne zainteresowanie człowiekiem. Troska o dobro klienta i jego przyszłość. Wtedy łatwo można się przekonać, czy warto stosować sztuczki sprzedaży, sprzedawać buble, towary niepełnowartościowe, ukrywać prawdę o produktach konkurencji, okłamywać klienta, grając odpowiednie role. Każda zakończona sprzedaż powinna zapoczątkować następną. Na świecie jest tak dużo ludzi, którzy potrzebują Twojego produktu. Sam do wszystkich nie dotrzesz. Pozwól to zrobić Twoim zadowolonym klientom i bądź pewny, że zamknięcie tej kolejnej sprzedaży będzie kończyło się w Twojej obecności.

„Sukces" w sprzedaży nie jest punktem czy miejscem, do którego się dąży, osiąga go i pozostaje. To raczej stan ducha, umysłu, wewnętrznej pewności. To sposób i forma poruszania się na drodze do osiągnięcia tego punktu. Nie można osiągnąć sukcesu raz na zawsze, nie można wszystkiego sprzedać raz na zawsze i trwale, bo nic nikomu nie jest dane raz na zawsze. Każdy z nas powinien znaleźć swoją drogę czy może na początek ścieżkę sprzedaży. Powinien na nią śmiało wkroczyć lub wjechać, ale zawsze się na niej poruszać. Bo inaczej inni mogą nas przejechać.

Warto zdać sobie sprawę z tego, że całe nasze życie to umiejętność sprzedawania siebie. Swojej wiedzy w szkole, umiejętności w pracy, przyjaźni i akceptacji przyjaciołom i znajomym. Każdy sprzedaje siebie: jako dziecko, prosząc o czekoladkę; jako panna czy kawaler, umawiając się na pierwszą randkę; jako student na egzaminie i jako pracownik poszukujący pracy. Rzemieślnik sprzedaje swoje umiejętności, nauczyciel wiedzę, a lekarz fachowość. Każdy jest oceniany na podstawie umiejętności sprzedaży. Nasz wygląd, rysy twarzy, oczy, głos, mimika mówią o tym, co jest w środku. Sposób wysławiania się, poruszania, prezentacji decydują o sukcesie lub porażce. Ocenę wystawia otoczenie, ale przede wszystkim życie. W tej ustawicznej sprzedaży zwanej życiem na początek warto sprzedać siebie – sobie samemu. To bywa niekiedy najtrudniejsze.

Z badań przeprowadzonych parę lat temu w Stanach Zjednoczonych wynika, że niedostatek, bieda i brak sukcesów w życiu nie są wynikiem:
- braku wykształcenia,
- braku inteligencji,
- braku przyjaciół,
- braku wspierającej rodziny,
- braku dobrej rady,
- braku okazji,
- braku sprzyjających okoliczności i warunków,
- braku planów,
- nawet braku chęci,
- nawet kapitału.

Wynikają one w ogromnej większości z dwóch powiązanych ze sobą elementów: ograniczających przekonań dotyczących poczucia własnej wartości i braku działań do sprzedaży tego, co się ma do zaoferowania, czyli siebie.

Świat pełen jest zdolnych, wykształconych, wybitnych ludzi o ogromnej wiedzy i nieprawdopodobnych talentach, o których jednak nigdy Świat się nie dowie, bo nie opanowali umiejętności sprzedaży siebie. Najważniejszej umiejętności w życiu. Dale Carnegie napisał kiedyś i trudno odmówić mu racji: „Człowiek nie dostaje pieniędzy za to, co wie, ale za to, co robi z tym, co wie".

● ● chwile refleksji:

O prawdziwej wartości

– Mistrzu, mamy do ciebie ogromną prośbę. Chcielibyśmy dzisiaj porozmawiać o poczuciu własnej wartości. Chyba wszyscy mamy z tym problem – zaczął kolejne zajęcia jeden z uczniów.

– No właśnie – przerwał mu drugi. – Ja przyszedłem do ciebie, Mistrzu, bo czuję się tak mało dowartościowany, że wpadam w depresję i nic mi się nie chce robić.

– Ze mną jest podobnie – kontynuował kolejny uczeń. – Wszyscy mną pomiatają. Ciągle słyszę, że do niczego się nie nadaję, że nic mi dobrze nie wychodzi, że nic nie potrafię i jestem beznadziejny. Jak mam postępować, żeby to zmienić?

– Co mamy zrobić, żeby ludzie mnie szanowali? – użalał się następny uczeń.

– Ty nam mówiłeś, że jesteśmy zdolni i mądrzy, że będziemy kimś, ale to kłamstwo. Życie i okoliczności wskazują na coś zupełnie innego – dodał inny.

– Opowiem wam pewną historię – zaczął spokojnie Mistrz. – Kiedyś z identycznym problemem przyszedł młody uczeń do swojego Mistrza.

Mistrz był czymś wyraźnie zajęty i nie patrząc na ucznia, powiedział:

– Daj mi dzisiaj spokój, młodzieńcze. Jestem bardzo zajęty swoimi sprawami i nie mogę ci pomóc. Najpierw muszę dać sobie radę z własnym problemem.

– No widzisz, ty też mnie ignorujesz – zauważył.

– Przyjdź może trochę później... – zastanowił się Mistrz i dodał – A może zechciałbyś mi pomóc, mógłbym wtedy szybciej rozwiązać swój problem i wtedy zająłbym się twoją sprawą.

– Oczywiście Mistrzu – niepewnie powiedział młodzieniec, obawiając się, czy podoła sprawie, i czując jednak ponownie odrzucenie z powodu odsunięcia jego potrzeb na później.

– Mam do spłacenia dług i do jutra muszę oddać jednego dukata – ciągnął dalej Mistrz – a nie mam pieniędzy. To mój problem.

– Ja też nie mam i ci nie pożyczę – wtrącił szybko uczeń.

– No cóż, trudno. Ale możesz mi pomóc inaczej – powiedział mędrzec.

Zdjął przy tym pierścień z małego palca lewej dłoni, podał go młodzieńcowi, mówiąc:

– Weź konia ze stajni i pojedź na targ. Sprzedaj ten pierścień. Pamiętaj jednak, abyś wytargował za niego możliwie jak najwięcej i nie zgadzaj się na cenę poniżej 1 dukata. Tyle mam oddać. Jedź i wracaj szybko z pieniędzmi.

Młodzieniec wziął pierścień, wskoczył na konia i pojechał na targ. Sprawa była tak prosta, że dziwiło go, iż Mistrz nie może sobie z tym poradzić.

Na targu od razu zaczął oferować pierścień napotkanemu przy pierwszym straganie handlarzowi, który patrzył i słuchał z zainteresowaniem do momentu, kiedy uczeń nie wymienił ceny. Wtedy machnął lekceważąco ręką i odesłał go dalej. Inni kupcy reagowali bardzo podobnie. Kiedy tylko dowiadywali się, że chce za pierścionek dukata, wybuchali śmiechem, niektórzy odchodzili. Najwięcej, ile młodzieniec mógł uzyskać, to 25 miedziaków.

Pewien stary handlarz, zapewne z litości, był na tyle miły, że podjął się trudu wyjaśnienia mu, że jeden dukat ma o wiele większą wartość niż jego pierścionek. Ale kończąc swój wywód, też się uśmiechał. Ktoś inny, chcąc mu pomóc, zaoferował jednego srebrnika i worek ryżu, jednak młodzieniec,

pamiętając pouczenia Mistrza, nie przyjął ofero-
wanej zapłaty. W miarę upływu czasu był coraz
bardziej załamany. Zadanie wydało mu się nie do
wykonania.

Zaproponował kupno pierścienia chyba ponad stu
kupcom, ale na nic. Przygnębiony i zupełnie zała-
many swoim niepowodzeniem wsiadł na konia
i odjechał. Dużo by dał za to, aby móc ofiarować
Mistrzowi zapłatę i uwolnić go od jego zmartwie-
nia. Wtedy mógłby otrzymać radę i pomoc dla sie-
bie. Podjechał pod chatę i wszedł do środka.

– Mistrzu – powiedział – przykro mi bardzo, ale
nie zdołałem uzyskać za pierścień żądanej przez cie-
bie sumy. Odwiedziłem prawie stu handlarzy i kup-
ców. Najwięcej, co mi oferowano, nie przekraczało
wartości 2 czy 3 srebrników. Ale wiesz co? Stopnio-
wo traciłem zapał i nie przekonywałem kupców
wystarczająco dobrze. Przecież to nie jest uczciwe
i wręcz niemoralne. Jak można kogoś oszukiwać
i żądać tak dużo. Mówić, że pierścionek wart jest
więcej, żądać za niego całego dukata, skoro wszyscy
uważają inaczej.

– To, co powiedziałeś, jest bardzo mądre i bar-
dzo ważne, młody przyjacielu – odparł Mistrz,
uśmiechając się. – Rzeczywiście, powinniśmy naj-
pierw poznać prawdziwą wartość pierścienia.
Wsiądź jeszcze raz na konia i pojedź do tego starego
jubilera na końcu miasta. Nikt lepiej niż on nie
wyceni pierścienia. Powiedz, że ja cię przysyłam, że

chcę sprzedać ten pierścień. Zapytaj go, ile wart jest ten pierścień i ile ci może zapłacić. Ale nie zważaj na jego propozycję kupna. Wróć z powrotem z moim pierścieniem.

Młodzieniec bardzo niechętnie wsiadł z powrotem na konia i pojechał.

Stary jubiler badał klejnot bardzo starannie w świetle lampy oliwnej, patrzył na niego przez lupę, ważył pierścień na wadze i coś liczył na kartce papieru. W końcu odłożył lupę i powiedział:

– Młodzieńcze, powiedz Mistrzowi, że jeżeli zależy mu na tym, abym od razu kupił pierścień, to nie mogę dać mu więcej jak siedemdziesiąt osiem dukatów.

– 78 dukatów?! – wykrzyknął młodzieniec, nie mogąc opanować zdziwienia.

Jego zdziwienie jubiler chyba źle odczytał, bo szybko dodał:

– Tak, wiem, że to mało, ale że z czasem moglibyśmy znaleźć dobrego kupca i dostać za niego około 90... 100 – poprawił się – dukatów. No, ale jeśli to pilne. To dzisiaj tylko tyle.

Młodzieniec był rozentuzjazmowany. Pędził na łeb na szyję do Mistrza, aby podzielić się z nim dobrą nowiną.

– Usiądź – powiedział spokojnie Mistrz, wysłuchawszy go najpierw uważnie i ponownie nasuwając pierścień na mały palec lewej dłoni. – Ty również jesteś jak ten pierścień.

Jesteś skarbem, cennym klejnotem, jedynym w swoim rodzaju. Twoją wartość może oszacować tylko prawdziwy ekspert. Dlaczego wymagasz od życia, aby twą prawdziwą wartość odkrył obojętnie kto? Dlaczego budujesz własną wartość na podstawie opinii kogoś, kto się na tym nie zna. Pamiętaj, zawsze szukaj eksperta.

– Wspaniała przypowieść – uczniowie byli zachwyceni – ale czy to rozwiąże nasz problem? Czy podniesie poczucie naszej wartości?

Mistrz nic nie mówił, słuchał i szukał czegoś po kieszeniach. W końcu wyciągnął portfel i wyjął z niego nowiutki banknot 100-dolarowy. Obejrzał go starannie i ku zaskoczeniu uczniów zapytał:

– Kto z was chciałby dostać ten banknot?

Ręce podnieśli wszyscy uczniowie. Mistrz powiedział:

– Mam zamiar dać ten banknot jednemu z was, ale najpierw pozwólcie, że coś zrobię... – i zaczął go miąć.

Pokazał zgnieciony banknot i zapytał:

– Kto go chce w dalszym ciągu?

Ręce wszystkich uczniów znowu powędrowały w górę.

– A gdybym zrobił to? – Mistrz rzucił banknot na ziemię. Podeptał go butami i podniósł. Banknot był pomięty i brudny.

– A teraz kto chce te pieniądze?

Ręce podniosły się po raz trzeci.

– A gdybym jeszcze...

I Mistrz wylał na banknot herbatę z czarki, a następnie podniósł pomiętą, mokrą, brudną kulkę zielonego papieru, która w niczym nie przypominała nowiutkiego banknotu wyjętego przed chwilą z portfela.

Wszystkie ręce podniosły się po raz kolejny.

– Moi drodzy, to nasza dzisiejsza lekcja. Zapamiętajcie ją, bo jest dużo cenniejsza, niż myślicie. Nie ma znaczenia, co zrobiłem z tym banknotem, ciągle chcieliście go dostać, ponieważ nie zmniejszyłem jego wartości. To jest wciąż warte 100 dolarów! Wiele razy w życiu jesteśmy powaleni na ziemię, zmięci i rzuceni w błoto przez tych, co mają nad nami władzę. Czasami przez własne decyzje, które kiedyś podjęliśmy, i okoliczności, które przybrały zupełnie inny obrót od zakładanego. Niekiedy przez trudności, które stanęły nam na drodze. Czujemy się mniej wartościowi, bo jakaś ważna osoba zamknęła nam drzwi. Bo ktoś obrzucił nas słownym błotem. Bo powiedział: „nie, bo tak mi się podoba", „bo tak chcę". Ale to nie powinno mieć dla nas znaczenia. To nie zmienia naszej prawdziwej wartości.

Mistrz zwrócił się do pierwszego ucznia:

– Ty nigdy nie stracisz swojej prawdziwej wartości: brudny czy czysty, zmięty czy w dobrej formie jesteś ciągle bezcenny dla tych, którzy cię kochają. Nie ważne, kogo znasz, ile masz pieniędzy,

a nawet, co robisz i jaką pracę wykonujesz. War-
tość twojego życia wynika z tego, kim jesteś! Jesteś
wyjątkowy! Nigdy o tym nie zapomnij!

● sekunda mądrości:

Trzymaj się z daleka od ludzi,
którzy próbują pomniejszyć twoje ambicje i twoją wartość.
Mali ludzie zawsze tak robią,
a naprawdę wielcy starają się, abyś poczuł,
że ty też możesz być wielki.

Mark Twain

16.

O pieniądzach
i niezależności finansowej

Zdaniem wielu psychologów ludzi sukcesu – menadżerów, trenerów, multimilionerów – bogactwo i sukces w biznesie nie polega na posiadaniu pewnej sumy pieniędzy. Polega na przyjęciu szeregu nowych przekonań. Polega na zmianie postawy życiowej, zmianie sposobu myślenia i postawy wobec pieniędzy. Dla wielu osób sukces to pieniądze, a pieniądze to niezależność finansowa. Rzeczywiście, osiągnięcie niezależności materialnej jest jednym z najważniejszych celów i zadań w życiu. I od razu warto zauważyć, że nie ma w tym nic złego. Pieniądze nie są czymś złym, nagannym. Źródłem zła jest ich brak. Nie jest prawdą, że „pieniądze nie dają szczęścia", to miłość do pieniędzy nie daje szczęścia, a to zasadnicza różnica.

Większość z nas miewa kłopoty finansowe, ale mało kto zdaje sobie sprawę, że ich przyczyną jest brak wewnętrznej akceptacji pieniędzy jako dobra i błogosławieństwa. Wychowywani byliśmy w przekonaniu, że pieniądze są czymś złym, niedobrym, że można je zdobyć tylko nieuczciwą pracą, że bogaty to koniecznie złodziej i oszust. Ale z drugiej strony: bez przerwy o nich myślimy, martwimy się o nie, mówimy o nich i dla nich pracujemy. To powoduje wewnętrzne napięcia, obwinianie się, niepokoje i utratę wewnętrznego spokoju. Problemy z brakiem pieniędzy niszczą ludzi i ich związki. Doprowadzają do rozpadów małżeństw i utraty przyjaciół, niszczą firmy i zabierają poczucie wolności. Ale nie robią tego pieniądze. Rodzi to ich brak. Aby zrobić krok na drodze do niezależności finansowej, należy przede wszystkim zmienić swój wewnętrzny stosunek do pieniędzy i dóbr materialnych.

Jednym z celów na Twojej drodze sukcesu powinno być osiągnięcie niezależności finansowej. Co to ma znaczyć? To Ty powinieneś ustalić co, ale chyba będzie lepiej, jeżeli ustalisz dokładnie „ile". Powinno to być tyle, abyś przestał się martwić o pieniądze i o nich myśleć, abyś mógł pracować dla siebie i otaczających Cię ludzi, a nie dla pieniędzy. Niezależność finansowa daje swoiste poczucie wolności i daje spokój wewnętrzny. Ale tylko wtedy, gdy będzie wypracowana przez Ciebie. Kiedy nie będzie pochodziła ze spadku, darowizn, tradycji rodzinnych. Ale z Twojej pracy. Jest to niezbędny czynnik do osiągnięcia jakichkolwiek ważnych celów finansowych. Da Ci odwagę do planowania jeszcze większych celów, poczucie wolności i niezależności. Niezależność finansowa to zbyt poważna sprawa, aby pozostawić ją przypadkowi, łutowi szczęścia, losowi. Toto-lotek, ruletka, audiotele są naprawdę dobrym źródłem pieniędzy – dla tych, którzy to wymyślili i to prowadzą.

Kiedy autentycznie sam zarobisz pieniądze, nawet te najmniejsze, wtedy uwolnisz się od samoograniczeń. Wszystko, co będziesz robił, będziesz robił z radością. Uwolnisz się od stresu pieniędzy, a to jest jednym z najważniejszych elementów sukcesu. Stres to zawsze niepokój, rozwibrowanie, dziwne gwałtowne ruchy i reakcje, a pieniądze lubią spokój i delikatny ruch. Pieniądze lubią plany, inwestycje, poważne traktowanie. Pieniądze lubią szacunek i są bardzo wrażliwe na to, jak je traktujesz. Jeżeli będzie to dobre traktowanie, zawsze będą przy Tobie i będą dla Ciebie pracowały. „Nie pracuj dla pieniędzy, pozwól, aby one pracowały dla Ciebie". Może w tym miejscu pomyślisz, że z autorem jest coś nie w porządku, ale to, co piszę, ma bardzo głęboki sens. Wiedzą o tym finansiści i bankowcy, ludzie zawodowo zajmujący się pieniędzmi. Pieniądze to nie tylko papier czy bilon. Pieniądze to energia, siła, moc.

● ● chwile refleksji:

O tym, jak rozpoznać zarobiony dukat

Pewien bardzo bogaty, pracowity i powszechnie znany w mieście kupiec miał syna. I – jak to zwykle bywa w takich wypadkach – syn był hulaką i trwonił od najmłodszych lat pieniądze ojca. Z trudem ukończył szkołę, a z jeszcze większym trudem – studia. Potem zajął się „szukaniem" odpowiedniej pracy i robił to systematycznie i skrupulatnie przez wiele lat, jednak odpowiedniej pracy nie znajdował. Ojciec próbował go zachęcić, zmotywować do znalezienia jakiegokolwiek zajęcia. Bezskutecznie. Syn przyrzekał poprawę, podjęcie pracy, ale było „jak zwykle".

– Co robisz? – pytał ojciec.

– Nic.

– Ale wczoraj też nic nie robiłeś.

– Ale nie zrobiłem wszystkiego – odpowiadał ironicznie syn. I tak to trwało.

W końcu ojciec sięgnął po najpoważniejsze argumenty:

– Od dzisiaj nie dostaniesz ode mnie ani grosza. Ale powiem ci więcej, jeżeli nie weźmiesz się do pracy i nie zarobisz przynajmniej 1 dukata, to cię wydziedziczę, a tę część majątku, która miałaby przypaść tobie, przekażę na domy starców – oświadczył ojciec.

Syn wcale się tym nie przejął.

„1 dukat to przecież drobiazg" – pomyślał i nie zamierzał przerywać wyprawy na ryby z wesołą kompanią przyjaciół. Przed powrotem do domu wyjął dukata, którego kiedyś schował, i poszedł do ojca.

– Ojcze, tak jak kazałeś, podjąłem pracę i zarobiłem 1 dukata – oświadczył i wyjął „dowód rzeczowy", aby pokazać ojcu. Ten wziął dukata do ręki, starannie obejrzał i zupełnie niespodziewanie wrzucił do ognia.

– Co, co ty... zrobiłeś? – syn był zaskoczony.

– Widziałeś – odrzekł spokojnie ojciec.

Syn poszedł do siebie, kręcąc z niedowierzaniem głową.

Następnego dnia kolega urządzał przyjęcie urodzinowe i zaprosił wszystkich znajomych. Zabawa była tak znakomita, że syn znów nie myślał o pracy. Ponieważ w skrytce nie było już pieniędzy, syn poszedł do matki. Opowiedział jej wzruszającą historię o tym, jak pracował i jak został okradziony *przez nieznanych sprawców. Zastanawiał się, co teraz biedny pocznie i jak pokaże się ojcu. Kobieta w odruchu matczynej miłości wyciągnęła i dała mu dukata.*

— Ojcze, tak jak ci przyrzekłem, pracowałem cały dzień i zarobiłem — oświadczył syn i wyjął monetę.

Ojciec, tak jak poprzednio, wziął dukata do ręki, starannie obejrzał i wrzucił do ognia.

— Co znowu? Co zrobiłeś — syn był wyraźnie poirytowany.

— Nie ja, ale co ty zrobiłeś? Miałeś zarobić dukata — odrzekł spokojnie ojciec.

Trzeciego dukata syn pożyczył od siostry. Przed pokazaniem ojcu obejrzał go jednak bardzo starannie, chcąc znaleźć jakieś szczegóły, które rozpoznaje ojciec. Niczego się jednak nie dopatrzył, więc poszedł odważnie do ojca, ale i ta moneta wylądowała w ogniu. Tak samo było z pożyczoną od znajomych, uzyskaną za zastawione rzeczy w lombardzie i za sprzedanego konia.

Syn zaczął podejrzewać ojca o zdolności jasnowidzenia. Za każdym razem ojciec oglądał uważnie monetę, nabierał pewności, że nie została zarobiona i wrzucał ją do ognia. Dziwne, ale prawdziwe.

Syn miał jednak inny problem. Stopniowo wszystkie znane i dostępne mu możliwości zdobycia pieniędzy się wyczerpywały. Od ojca ich nie dostawał, od matki wstydził się brać, a siostra nie miała. Koledzy albo odmawiali pożyczki, albo dziwnie znikali z jego otoczenia. Pozostało zatem poszukać jakiegoś innego sposobu.

Przedsiębiorczy chłopak postanowił odwiedzić dalszą liczną i zamożną rodzinę, i zaczął składać niespodziewane, ale jakże miłe wizyty ciociom i wujkom. Twierdził, że jest w okolicy przypadkowo i postanowił przekazać serdeczne pozdrowienia od ojca i matki, i zapewnić, że wspaniale mieć taką rodzinę... Na odchodnym nigdy nie omieszkał dodać, że jest w małym kłopocie, bo zgubił albo skradziono mu pieniądze i... tak dostał kilka dukatów.

Jednak – jak to bywa w rodzinie – wszystko szybko się rozniosło i kolejnego wujka nie było w domu, inny też właśnie zgubił pieniądze, a kolejną ciocię, co za zbieg okoliczności, także okradziono. Więc i to źródełko dukatów szybko wyschło, zresztą wszystkie one wylądowały w ogniu.

Podczas picia porannej kawy w kafejce natknął się na innego kupca – znajomego ojca. Ten, chcąc od dawna nawiązać ściślejsze kontakty z najbardziej wpływowym kupcem w mieście, bez wahania zgodził się na zatrudnienie młodzieńca. Nie miał co prawda dla niego żadnej konkretnej pracy, ale w imię dobrych stosunków z ojcem mógł poświęcić jednego dukata. „To przyszłościowa inwestycja – myślał – która na pewno się zwróci". Wpłacił zatem młodzieńcowi zaliczkę i umówił się na spotkanie za dwa lub trzy dni w jego składzie towarów.

„W tym czasie jakieś stanowisko na pewno się znajdzie".

Ten dukat też wylądował w ogniu. Podobnie jak te wyłudzone od dostawców i hurtowników współpracujących z ojcem, a także od bankiera i proboszcza.

Syn cały czas nie mógł zrozumieć, skąd ojciec wie, że dukaty nie zostały zarobione. Przecież te, które wrzucał do ognia, wyglądały dokładnie tak samo, jak inne. Nie różniły się niczym od tych, które codzienną pracą zarabiał ojciec.

Sytuacja stawała się dramatyczna. Syn nie tylko nie miał co przynieść ojcu, lecz w dodatku zaczynało mu brakować na codzienne życie. Postanowił w końcu poszukać pracy.

Szybko okazało się, że nie jest to takie łatwe. Nie dlatego, że w mieście nie było pracy, ale dlatego, że po prostu nic nie potrafił. Z każdej pracy wyrzucano go po kilku dniach, a nawet po kilku godzinach.

„W tym mieście nie znajdę pracy" – pomyślał. „To nie przypadek, że wszyscy mnie wyrzucają. Ojciec ma tu wszędzie znajomości i zapewne interweniuje. Nie chce mi przekazać majątku. Muszę wyjechać i poszukać pracy gdzieś dalej. Im dalej, tym lepiej".

I tak też zrobił. Zły i wściekły na ojca, rodzinę i cały świat opuścił dom bez pożegnania.

Ale w innych miastach było tak samo. Tracił każdą pracę szybciej, niż ją dostawał. Żył w coraz większej nędzy i ubóstwie. Stopniowo próbował coraz cięższej i gorzej płatnej pracy. Kiedy zaczął myć gary i wynosić odpadki w karczmie, pomyślał, że gorzej już być nie może. Ale się mylił. Stąd też go wyrzucono, bo źle umył kufle do piwa i zbił kilka talerzy.

W końcu trafił do garbarni skór – najcięższej i najbardziej poniżanej pracy w okolicy. W smrodzie i oparach amoniaku, z rękami i nogami żartymi przez sole i ałuny, pracując od wschodu do zachodu słońca, zarobił 10 centów. Właściciel garbarni nie był specjalnie zadowolony z jego pracy, uważając, że „lalusiowaty panicz" zupełnie się do niej nie nadaje, ale ponieważ miał pilne zamówienie i nie miał nikogo innego, pozwolił mu przyjść też na drugi dzień.

Zapłacił za kwaterę, kupił chleb, ser i wodę, i został mu 1 cent, który pieczołowicie schował na dno kuferka.

Praca w garbarni była niezwykle ciężka. Z ogromnym trudem wstawał każdego ranka. Bolały go ręce, nogi, całe ciało; skóra na dłoniach twardniała. Po powrocie nieprzytomny ze zmęczenia walił się do łóżka. Ale codziennie odkładał 1 centa. Po tygodniu był załamany i zniechęcony, ale zawziął się i postanowił, że musi przetrwać. Po miesiącu mógł odkładać już po 2 centy. Był silniejszy, sprawniejszy, pracował szybciej i lepiej, więc dostał podwyżkę, a po dwóch miesiącach lżejszą pracę w farbiarni, chociąż chemikalia i barwniki niszczyły mu oczy, płuca i włosy. Mógł jednak odkładać codziennie po 5 centów. Po trzech miesiącach pracy uzbierał denara, ale wtedy zachorował i musiał połowę wydać na lekarza. Po roku zebrał uciułane centy i wymienił na dukata. Wziął go ostrożnie do ręki i obejrzał. Wyglądał tak samo, jak wszystkie inne.

„Ciekawe – pomyślał – jak ojciec rozpozna, czy go zarobiłem, czy dostałem".

Kiedy stanął przed ojcem, ujrzał jego zdziwienie.

– O, jesteś – przywitał go, uśmiechając się i z lekką ironią zapytał: – I co, zarobiłeś dukata?

– Tak, ojcze, zarobiłem – syn odpowiedział poważnie. Wyjął z kieszeni monetę i podał ją ojcu. Ten, tak jak poprzednio, wziął monetę w dłonie i zaczął ją starannie oglądać, a następnie wrzucił ją do ognia.

– Co, co zrobiłeś?! – krzyknął syn i rzucił się w stronę kominka.

Gołymi rękami zaczął rozgarniać drewno i w żarze szukać monety. Nie zważał na poparzenia. Kiedy znalazł i zdołał ją wyciągnąć, zaczął studzić i przerzucać z ręki do ręki. Kiedy trochę się uspokoił, zwrócił się z wyrzutem do ojca:

– Jak mogłeś... – w jego głosie słychać było ogromny żal – wyrzucić mojego dukata?

Ojciec patrzył na to wszystko dosyć spokojnie i bardzo poważnie powiedział:

– Tak, teraz jestem pewny. Zarobiłeś dukata – i przytulił serdecznie syna.

● s e k u n d a m ą d r o ś c i :

Aby ryż smakował,
w każdym jego ziarenku musi być kropelka potu

– uczy Mencjusz.

17.

O wewnętrznej integralności i życiu w prawdzie

Świat, w którym żyjemy, jest i zawsze był światem wartości. Do naszego życia wkroczyły wartości ekonomiczne, estetyczne, moralne, prawne, poznawcze, społeczne, rynkowe i religijne. Wszystkie te wartości tworzą swoisty system drogowskazów życiowych. Jeśli niektóre z nich są preferowane i szczególnie wysoko cenione, wtedy człowiek tworzy własną hierarchię wartości. To takie wewnętrzne przekonanie, że najpierw to, potem to, a następnie tamto jest dla mnie najważniejsze.

Aksjologia (nauka o wartościach) uważa, że wartością jest „to wszystko, co uchodzi za ważne i cenne dla jednostki oraz jest godne pożądania, co łączy się z pozytywnymi przeżyciami i stanowi jednocześnie cel dążeń ludzkich".

Zapewne teraz będziesz troszeczkę zaskoczony, Drogi Czytelniku, bo zanim zaczniemy ustalanie systemu wartości w życiu, mam do Ciebie jedno małe pytanie: Czy wierzysz w reinkarnację?

Wiara w reinkarnację występuje w najbardziej rozbudowanej formie w hinduizmie, ale też w buddyzmie. Niektórzy twierdzą, że wiele fragmentów Biblii wskazuje, że nie jest obca chrześcijaństwu i – według danych statystycznych – 35% Polaków na tak postawione pytanie odpowiada: wierzę.

Według wiary w reinkarnację, cykl śmierci i ponownych narodzin dusz ciągnie się aż do pełnego zjednoczenia z Bogiem. Procesem przechodzenia do następnego wcielenia nie można sterować. O jego kierunku decydują indywidualne uczynki – karma. Karmę należy rozumieć w sensie obowiązującego w życiu „prawa przyczyny i skutku" – dzisiejsze czyny tworzą przyszłe rezultaty i przez to każdy jest odpowiedzialny za własne życie, cierpienie i szczęście, jakie sprowadza na siebie i innych. Stąd poprawianie własnej karmy poprzez dobre, pozytywne, pełne miłości bliźniego uczynki skutkuje wcieleniem się po śmierci w lepszy byt, zaś pogarszanie własnej karmy powoduje wcielenie się w gorszy byt. Krąg reinkarnacji może być przerwany dopiero po osiągnięciu oświecenia, które wiąże się z całkowitym oczyszczeniem karmy w procesie rozwinięcia miłości i zjednoczenia z Bogiem.

Chrześcijanie wierzą w Sąd Ostateczny – zmartwychwstanie wszystkich umarłych, osądzenie ich uczynków i działań na ziemi; powstanie nowej ziemi, nowego nieba i całkowite zjednoczenie z Bogiem. Sąd ostateczny poprzedzony jest jednak sądem szczegółowym następującym bezpośrednio po śmierci – będącej rozłączeniem duszy od ciała człowieka. Jeżeli wyrok sądu szczegółowego jest pozytywny, dusza zostaje zbawiona i idzie do Nieba; jeżeli dowody są niewystarczające, a wątpliwości tłumaczy się na korzyść oskarżonego, to dusza wędruje do czyśćca. W przeciwnym wypadku dusza zostaje potępiona i idzie do piekła. I w tych miejscach czeka na Sąd Ostateczny.

Niezależnie od tego, co teraz odpowiedziałeś, chcę zwrócić Ci uwagę, że wszystkie religie świata nakazują, abyś to życie, które masz w tej chwili, przeżył jak najlepiej i jak najbardziej wartościowo (moja bardzo mądra babcia powtarzała, że życie w 100% kończy się śmiercią, ale jakoś trzeba godnie do niej dożyć).

Kiedy zastanawiamy się i wyjaśniamy zachowania swoje czy naszych znajomych, bardzo często intuicyjnie i podświadomie odwołujemy się do pojęcia wartości w życiu. Kiedy staramy się zrozumieć swoje nastroje, targające nami emocje, wewnętrzne konflikty, zadajemy sobie pytania: Co w życiu jest najważniejsze? Co daje mi poczucie spełnienia? Co w moim życiu ma prawdziwą wartość? W życiowych wartościach szukamy klucza do znalezienia odpowiedzi na pytania o motywację, cele i sens naszego działania.

W psychologii istnieje względna zgodność co do tego, że wartości i ich realizacja są przedmiotem najgłębszych pragnień i dążeń, dzięki którym realizuje się ludzka egzystencja. Im szybciej do naszej świadomości dotrze fakt, że urzeczywistnianie wartości nadaje znaczenie i sens ludzkiej aktywności, ujawnianej w fizycznym, psychicznym, społecznym i duchowym wymiarze, tym szybciej będziemy szczęśliwi.

Proponuję, abyś teraz wyciągnął kartkę papieru i ustalił swoją hierarchię wartości w życiu. Jeżeli wykonasz takie proste ćwiczenie, wszystko to, co było intuicyjne i nieświadome, dotrze do Twojej świadomości i stanie się autentycznym drogowskazem życia.

Jakie wartości są dla Ciebie najważniejsze? To, co najbardziej cenisz w życiu, to:

– miłość? – wiara? – bezpieczeństwo? – szczęście? – rozwój osobisty? – sukces zawodowy? – awans? – pomoc innym? – inteligencja? – przygody? – bycie docenionym? – zdrowie? – bycie akceptowanym? – praca? – pieniądze? – rodzina? – przyjaźń? – osiągnięcia? – elastyczność? – honor? – odwaga? – tolerancja? – prawdomówność? – szczerość? – cierpliwość? – umiejętność przebaczania? – optymizm? – zabawa? (jeżeli coś pominąłem, to wpisz sam).

Pytanie, które należy zadać, aby ustalić kolejność wartości: „Co jest dla mnie ważniejsze w życiu: «a» czy «b»?" (na przykład: „Co jest dla mnie ważniejsze: miłość czy sukces zawodowy?" itd.).

Ale to jeszcze nie wszystko.

Każda z wymienionych wartości ma swoje indywidualne prawa, czyli „materialne" znaczenie, jakie nadajemy naszemu przeżyciu związanemu z daną wartością. Aby odkryć, coby to miało być, należy zastanowić się i zadać kolejne pytanie: „Co musi się zdarzyć, abym czuł/czuła, że ta wartość się spełnia?" (na przykład: „Co musi się zdarzyć w moim życiu, abym czuł/czuła miłość?").

I tak po kolei z każdą wartością w Twoim indywidualnym systemie.

To, co teraz pomyślałeś i napisałeś, jest rezultatem tego, jak żyłeś do tej pory i jak spędzisz najprawdopodobniej resztę swojego życia. Ta hierarchia wartości przesądzi o przyjętej i realizowanej całościowej koncepcji Twojego życia, a tym samym o Twojej osobowości, o tym, jak sam siebie oceniasz, jak się widzisz i jaka jest TWOJA prawdziwa wartość. Ta hierarchia wartości jest swoistym kompasem, systemem nawigacji określającym dobitnie, gdzie jesteś dzisiaj, dokąd powinieneś zmierzać i jaką drogą; w co angażować czas i energię; jakich wyborów dokonywać, jaką iść drogą, z jakimi ludźmi budować związki.

Kiedy byłem bardzo młodym człowiekiem i rozpocząłem pracę na uczelni, a były to lata 70. XX wieku, zetknąłem się z „prawdziwym światem". Poznawałem, co to jest bezinteresowna zawiść ludzka, obłuda, fałsz; znajomości, przynależność, właściwe poglądy. Przeżywałam ten świat jako pasmo cierpień i niesprawiedliwości. Zapytałam wtedy mojego wspaniałego nauczyciela, promotora, skąd wie, jak trzeba w tym życiu postępować. Powiedział mi wtedy: „Panie magistrze, ja codziennie rano się golę i patrzę w lustro. Póki ciągle mam odwagę patrzeć w oczy temu człowiekowi po drugiej stronie lustra, myślę, że jest OK. Trzeba mieć zasady w życiu i się ich trzymać. Niezależnie od wszystkiego – być w porządku wobec ludzi i siebie".

Jacek Walkiewicz w książce „Pełna moc życia" ujmuje to tak: „Wartości leżą u podstaw naszych przekonań, a te znowu zapoczątkowują wszelkie działania. Wartości wspierają nasze decyzje. Pomagają wchodzić w nieznane. Trudno narzucić je drugiemu człowiekowi, ale nawet, gdyby się to udało, to i tak ich siła będzie niewielka. Cudze wartości wskazują jakiś nie do końca właściwy kierunek. Dlatego tak ważna jest świadomość tych własnych".

Wybór drogi życia, jej charakter, kierunek i sposób podróżowania po niej jest rezultatem tego zbioru wartości oraz tego, w co wierzymy. Ale wbrew pozorom nie chodzi tu o wiarę lub niewiarę w Boga. Ale o system wartości, którymi kierujemy się w życiu. O tę część naszego wewnętrznego „ja", która zgodnie z naszym systemem wartości jest dla nas na prawdę ważna. Podejmowane decyzje, ruchy, zachowania w praktyce są odzwierciedleniem naszych myśli, emocji, uczuć i przekonań. Są materialnymi rezultatami widocznymi dla każdego, kto to obserwuje. Stanowią odbicie naszego wizerunku świata i otaczających ludzi, a w szczególności samego siebie.

Poglądy, wierzenia, preferencje drugiego człowieka można poznać, przyglądając się jego decyzjom. Warto o tym pamiętać. Każdy człowiek może poznać Twoje przekonania, analizując decyzje podjęte przez Ciebie w przeszłości. Ty też możesz to zrobić; nie jest to do końca przyjemne, ale warto. Może także dojdziesz do wniosku, że w życiu warto być przyzwoitym człowiekiem i warto próbować „żyć w prawdzie".

Nasze przekonania i w pełni uświadomiony system wartości, którymi kierujemy się w życiu, są jak światło latarki w ciemnej ulicy. Oświetlają nam podróż w nieznane i pomagają utrzymać kierunek. Prawda i przyzwoitość dadzą zawsze dobry snop światła. Najgorzej, kiedy poruszamy się w ciemności, kiedy nie wiemy, co jest dla nas ważne w życiu, kiedy większość fundamentalnych decyzji podejmujemy po omacku. Nie jest również dobrze, kiedy godzimy się na różne kompromisy, relatywizmy moralne; kiedy dla dobra sprawy czegoś nie widzimy i coś tolerujemy. A najgorszą rzeczą jest ciągła zmiana zdania i koncepcji, za którą nawet wąż nie może nadążyć.

Świadomość nadrzędnych wartości bardzo upraszcza życie, ułatwia wybory, porządkuje świat. Świat po prostu staje się prostszy, a decyzje łatwiejsze. Przestajemy się miotać, biegać jak chomik w kole spacerowym; pozbywamy się niepotrzebnego balastu, uwarunkowań, relacji, zależności („temu podróżuje się najlepiej, kto niesie najlżejszy bagaż"). Stajemy się spójni, wewnętrznie zintegrowani, konsekwentni. Nie będziemy oszukiwali siebie w żadnej sytuacji. Potrafimy dostrzec nonsensy, głupoty, kłamstwa. Nasze czyny potwierdzają nasze słowa. Jesteśmy konsekwentni w myśleniu i działaniu niezależnie od miejsca i okoliczności („to, co się słyszy, można zrozumieć, ale wierzy się w to, co się widzi"). Integralność wewnętrzna to przysłowiowy „charakter".

Ludzie zintegrowani są otwarci i wiedzą, że czas pracuje na ich korzyść, potwierdzając ich racje. Dlatego umieją czekać, przeżywać porażki, nie załamywać się nawet, gdy nie odnoszą spektakularnych i natychmiastowych sukcesów.

W konsekwencji ma to kolosalne znaczenie dla osobistych decyzji, ale również dla otoczenia. Integralność wewnętrzna przywódcy jest najważniejszym elementem wywierania wpływu na współpracowników i otoczenie. W dzisiejszych czasach, kiedy zmieniają się koncepcje zarządzania, kiedy „zarządzanie zespołem" często zmienia się w dużo właściwsze „przewodzenie zespołem", zarządca, menadżer, kierownik musi mieć zwolenników. Aby mieć zwolenników, trzeba wzbudzić w nich zaufanie. Kiedy ludzie słuchają naszych poleceń, nie wiemy, czy nas rozumieją, czy nie. Kiedy mają do nas zaufanie, wykonują nasze decyzje, zaczynają działać. Mogą jednak słuchać i nic nie robić lub robić inaczej. Zaufanie wypracowuje się z czasem. Jest wynikiem konsekwencji, spójnych jednoznacznych decyzji, sprawiedliwości i wielkich nakładów wysiłku własnego. Można je stracić bardzo szybko, wystarczy kilka lub nawet jeden niespójny krok. Ludzie bez integralności bardzo szybko tracą wpływ i zaufanie podwładnych. Dotychczasowi współpracownicy, przyjaciele odwracają się od nich. Jest to bardzo przykre, kiedy widzimy jak ludzie, którzy do tej pory podążali za kimś, nagle stają się jego przeciwnikami. Jednak słowo „zdrajca" nie jest tutaj na właściwym miejscu, a wynika to z faktu, że poznanie człowieka, za którym podążali, wymagało czasu. Wymagało przemyślenia i przeanalizowania jego decyzji; przyjrzenia się rezultatom tych decyzji i postępowania. Uświadomienia sobie, że przywódca nie doprowadzi nikogo dalej, niż sam dotarł, może być szokujące.

Nie da się także pójść na skróty w kształtowaniu siebie samego i w kształtowaniu misji grupy, której przewodzimy. Nie wystarczy być inteligentnym, elastycznym, sprytnym. Kariery cwaniaków są krótkie. Są oni jak meteory, które na chwilę rozjaśniają niebo swoim blaskiem, ale szybko gasną. Wiarygodny przywódca nie będzie opierał się na koniunkturze, sprycie, ale na konsekwencji i działaniu w oparciu o integralność wewnętrzną.

Media, wizerunek, PR, obecność w ważnych miejscach u ważnych ludzi to pozorny obraz w oczach innych, a nie wysokie standardy działania i systemy wartości. Dobra inteligentna reklama wcale nie świadczy o dobrej jakości produktu. Jeżeli ktoś przecenia powierzchowną rolę swojej chwilowej sławy, reputacji, może być kiedyś niemile zaskoczony swoim upadkiem. Przywódca zintegrowany wewnętrznie będzie to rozumiał. Będzie zdawał sobie sprawę, co to jest odpowiedzialność za słowa, decyzje, najdrobniejsze postępowanie. Nie będzie troszczył się tylko o zapewnienie sobie uprawnień i przywilejów bez odpowiedzialności. Awans i związane z nimi przywileje pociągną za sobą również awans zespołu; większą wspólną odpowiedzialność i dbałość w osiąganiu wysokich standardów.

Integralności wewnętrznej nie zdobywa się łatwo i niestety nie jest ona cechą wrodzoną. Trzeba nad nią mozolnie pracować, trzeba jej się mozolnie uczyć. Cecha ta jest wynikiem wielu lat pracy nad sobą, samodyscypliny i konsekwencji.

Kiedy podejmujemy decyzję, to zawsze szukamy czegoś lub kogoś, na kim można by tę decyzję oprzeć. Pytamy, radzimy się, szukamy precedensów, autorytety. A warto uświadomić sobie, że w zasadzie mamy już takiego „starszego doradcę". To jesteśmy my sami i wynik naszych wcześniejszych działań. Dzisiaj jako osoba starsza i mądrzejsza możesz spokojnie ocenić skutki naszych przeszłych decyzji. Możemy spojrzeć z perspektywy czasu i wyciągnąć wnioski. Ich dokładna analiza nauczy nas więcej niż ktokolwiek inny. Z naszych porażek i nie najlepszych rezultatów możemy wyciągnąć wnioski, czego nie należy robić, a z sukcesów – jak mamy postępować. Warto czasami przyjrzeć się spokojnie swoim dotychczasowym przekonaniom i pozwolić, aby nas oświeciły.

Takie postępowanie ma jeszcze jeden głęboki sens. W naszych poprzednich decyzjach „jesteśmy" my sami, a nie ktoś inny. Jest szansa, że w tych bieżących również będziemy, a to utwierdzi naszą integralność i konsekwencję.

● sekunda mądrości:

Podstawowe fakty są takie, że istnieje mózg, ciało, systemy nerwowe i gruczoły oraz instynkt. Emocje, wyobraźnia i logiczne myślenie są z nimi ściśle powiązane. Poza tym istnieją jeszcze inne zjawiska, takie jak „duch", „super umysł", „wyższe wartości" lub „wyższe ja". Musimy z pewnością uznać ich istnienie i pozwolić im zająć ich prawowite miejsce w naszym życiu.

K. Bernard

O zakupach w prawdziwym sklepie

Niektórzy mieszkańcy miasta – małego, ale z wielkimi tradycjami – z zainteresowaniem obserwowali, jak na ulicy Cichej starszy mężczyzna zaczął remontować od dawna nieużywane pomieszczenie sklepowe. Nikt go nie znał, nie wiadomo skąd i kiedy przyszedł. Wymalował wnętrze, ustawił półki i ladę, pomalował okna i drzwi, a nad nimi wywiesił szyld: „Prawdziwy Sklep". Uporządkował mały ogródek przed sklepem, przystrzygł trawnik, zasadził kwiaty, przyciął żywopłot.

Sklep wyglądał normalnie. Na półkach poukładane były małe i wielkie kartony, paczki, kolorowe pudła i pudełeczka oraz skrzynki. Ale co było w tych opakowaniach? Nie wiadomo.

Sprzedawca codziennie otwierał sklep i bardzo grzecznie, i z uśmiechem zapraszał do wejścia. Pomimo ogromnej ciekawości nikt z mieszkańców jakoś nie miał odwagi wejść do sklepu i przynajmniej zapoznać się z ofertą handlową. Mieszkańcy przechodzili obok i ukradkiem tylko zerkali przez czyściutką szybę.

Pierwszy do sklepu poszedł Głupi Jaś. Zastał sprzedawcę przed sklepem, jak pochylony grzebał motyką na grządce.

– A co pan sklepowy robi? – zagadał Jaś, jak to bywa w zwyczaju lokalnych „głupków".

– Pielęgnuję truskawki – odparł sprzedawca trochę zaskoczony.

Jaś kilkakrotnie powtórzył słowo „pielęgnuję"...

– A co to znaczy „pielęgnuję", proszę pana?

Inteligentny sprzedawca szybko się zorientował, z kim rozmawia i lekko zniecierpliwiony odparł:

– To znaczy, że wyrywam chwasty spomiędzy truskawek, a potem będę nawoził owoce. Idź sobie i mi nie przeszkadzaj.

– Ale ja pytam, proszę pana, bo umysł trzeba rozwijać – odpowiedział poważnie Głupi Jaś.

– No tak, masz rację – sprzedawca lekko się uśmiechnął. – No to już wiesz.

– A co to znaczy „nawoził", proszę pana?

Kolejne pytanie ponownie poirytowało sprzedawcę.

– To znaczy – powoli cedził słowa sprzedawca – będę polewał rośliny gnojówką i posypywał kurzym gównem.

Jaś kilkakrotnie powtórzył usłyszane słowa i lekko się zdziwił:

– A to ciekawe. Bo widzi pan sklepowy, ja to truskawki polewam bitą śmietaną i posypuję cukrem pudrem – zawiesił głos, jak gdyby nad czymś się zastanawiał. – No tak, ale ja jestem wiejski głupek. Do widzenia.

Ta odpowiedź i swoista pointa tak spodobały się sprzedawcy, że wybuchnął szczerym śmiechem.

– Poczekaj, a co tak naprawdę chciałeś?

– Chciałem zobaczyć, co to za sklep.

– No to proszę, wejdź do środka – serdecznie zapraszał sprzedawca – i rozejrzyj się.

Weszli razem do sklepu.

– A co pan sprzedaje? – zapytał Jaś i rozglądał się po zastawionych półkach.

– Wszystkie prawdziwe rzeczy – odpowiedział zachęcająco sprzedawca.

Widać było, że Jaś nie zrozumiał odpowiedzi, wobec tego pytał dalej:

– A jak prawdziwe?

– Tak prawdziwe, jak sobie tego życzysz – sprzedawca był bardzo uprzejmy.

Jaś dalej nic nie rozumiał.

– Ale co tak właściwie pan sprzedaje?

– Prawdę.

Jaś wybałuszył oczy na sprzedawcę. Ten uśmiechał się do niego serdecznie.

– Sprzedaje pan prawdę? – jeszcze raz zapytał z niedowierzaniem.

– Tak.

– I to jest sklep z prawdą?

– Tak – odparł sprzedawca.

Jaś wyszedł ze sklepu z jeszcze głupszą miną, niż wszedł. To, co usłyszał od sprzedawcy, wydawało

mu się głupie i dlatego z rozbawioną miną powta-
rzał, idąc i śmiejąc się: „Sklep z prawdą".

Oczywiście inni mieszkańcy miasteczka zauwa-
żyli wizytę Jasia w sklepie i przysłuchiwali się jego
reakcji. Po mieście lotem błyskawicy rozeszła się
wiadomość, że w sklepie sprzedaje się prawdę. Wia-
domość dotarła do miejscowego uniwersytetu i wiel-
cy profesorowie poczuli się głęboko urażeni.

– Od ustalania prawdy jesteśmy my, czyli na-
uka! – grzmiał rektor uniwersytetu na posiedzeniu
senatu uczelni. – Jest zupełnie oczywiste, że to my
ustalamy, co jest naukowe, wiarygodne i prawdzi-
we. Jakim prawem ktoś wchodzi w nasze kompeten-
cje? – zadał retoryczne pytanie, a odpowiedziała mu
burza oklasków. – Miejsce prawdy jest na uniwer-
sytecie, a nie w jakimś podrzędnym sklepie. Jakim
prawem prawda dostępna jest dla wszystkich?
Prawda może dotrzeć tylko do wybranych, wtajem-
niczonych, odpowiednio przygotowanych – rektor
kontynuował wystąpienie: – Sklep trzeba zamknąć,
a sprzedawcę wydalić.

Posiedzenie senatu zakończyło się uchwałą o po-
wołaniu specjalnej komisji i konieczności inter-
wencji w sklepie.

Następnego dnia wcześnie rano trójka profeso-
rów – matematyk, fizyk i filozof – była gotowa do
przeprowadzenia inspekcji w „Prawdziwym Skle-
pie". Matematyk i fizyk nie byli zadowoleni ze swo-
jej misji. Dla nich ta cała sprawa była bez sensu;

nielogiczna i abstrakcyjna. Filozof był innego zdania.

Problemy zaczęły się następnego ranka, bo komisja nie mogła odnaleźć sklepu z prawdą. Krążyła po mieście, sprawdziła wszystkie ulice, pytała napotkanych przechodniów i stróżów prawa. Każdy coś tam słyszał o sklepie, ale jego lokalizacji nikt nie był w stanie precyzyjnie określić. W końcu postanowili podejść do problemu naukowo. Zaopatrzyli się w plan miasta, samochód, krótkofalówki i... rozpoczęli spory, jak mają szukać sklepu.

Fizyk zaproponował kolejne odwiedzanie poszczególnych kwartałów miasta. Matematyk szybko wyliczył prawdopodobieństwo lokalizacji sklepu i opierając się na statystyce, wskazał, gdzie można go zlokalizować. Filozof podszedł do problemu filozoficznie: „Jak mamy go znaleźć, to znajdziemy".

Prowadzili poszukiwania cały dzień, ale bez skutku.

— Czy ktoś w ogóle był w tym sklepie, widział go? — zapytał retorycznie fizyk.

— Podobno wiadomość o sklepie z prawdą pochodzi od głupiego Jasia — zauważył filozof.

— Tego tylko brakowało, abym odpowiedzi szukał u idioty, miejscowego głupka — obruszył się matematyk.

Ale nie było innego wyjścia. Kiedy kolejne dwa dni poszukiwań nie przyniosły oczekiwanych rezul-

tatów, odszukano Jasia, który z ogromną ochotą obiecał, że następnego dnia rano zaprowadzi trzech profesorów do prawdy.

Swoją drogą wyglądało to dosyć zabawnie i nie uszło uwagi mieszkańców, jak rano Jaś szedł przed trójką znanych w miasteczku profesorów i prowadził ich do sklepu z prawdą.

Bez trudu odnaleźli „Prawdziwy Sklep" na ulicy Cichej. Drzwi były jednak zamknięte, a sprzedawca jeszcze się w sklepie nie pojawił.

Profesorowie rozglądali się bezradnie dokoła, próbowali zajrzeć przez witrynę do środka, kiedy usłyszeli głos:

– Panowie poszukują prawdy? – zapytał stojący za nimi starszy mężczyzna, który przyjaźnie się uśmiechał.

– Właściwie nie – odrzekł fizyk. – Jesteśmy komisją uniwersytecką do ustalenia, co tak naprawdę sprzedaje się w tym sklepie?

– Czyli chcecie panowie poznać prawdę?

– Proszę pana – wtrącił się zdecydowanie matematyk – to nauka i my, jej usankcjonowani prawnie i tytularnie przedstawiciele, jesteśmy na tym świecie od ustalania prawdy i to my dowodzimy w logiczny i analityczny sposób, oczywiście opierając się na wcześniejszych założeniach, co jest prawdą. To my – zaakcentował z dumą – wskazujemy ludziom drogę do prawdy. Nie będziemy jej poszukiwać, a przynajmniej nie w jakimś tanim sklepie –

tu dosyć pogardliwie obrzucił wzrokiem drzwi, witrynę i szyld.

– A to bardzo ciekawe, co pan mówi – zauważył sprzedawca. – Z tego, co mi wiadomo, a żyję na tym świecie już ładnych parę lat, to nauka nigdy nie ustala prawdy, ale właśnie jej poszukuje. Żaden postęp wiedzy nie byłby możliwy, żadna dyskusja naukowa, gdybyśmy nie mogli podważyć istniejących teorii naukowych. To, co dzisiaj uznajemy za jedyną prawdę, jutro może okazać się poważnym błędem. Czy zgodzicie się panowie ze mną? – zwrócił się do profesorów. – I jeszcze tak na marginesie: jak możecie wskazywać ludziom drogę do prawdy, skoro nie potrafiliście odszukać nawet mojego sklepu w swoim rodzinnym mieście?

Profesorowie byli trochę zdezorientowani i zawstydzeni ostatnią uwagą. Bardzo logiczny i spokojny wywód sprzedawcy zrobił na nich wrażenie i na pewno dał do myślenia. Nie takiego obrotu sprawy chyba się spodziewali.

Fizyk i matematyk od razu rozpoczęli spór o rolę prawdy w nauce, o wyższości empirii nad teorią i zupełnie zapomnieli o celu swojej wizyty. Gestykulując, wracali na uniwersytet, uważając swoją pracę w komisji za zakończoną. Przy sklepie został tylko filozof.

– Sugeruje pan, że skoro można dyskutować i podważać teorie naukowe, to nie ma naukowej prawdy? – wtrącił zaczepnie.

– Jako handlowiec chciałem raczej nadmienić, że prawda też ma termin przydatności do użycia.

– Czyli, operując pańską handlową terminologią, nie można ustalić czegoś niezmiennego – delikatnie chrząknął – zrobić zapasów prawdy na lata, pokolenia; dla siebie, ludzkości... – profesor szukał właściwych słów i widać było, że wciągnął się w rozmowę ze sprzedawcą.

– Nie jest tak do końca. Są prawdy niezmienne: prawdy objawione, prawdy natury; z nimi się nie dyskutuje – odpowiedział spokojnie sprzedawca – ale inne wymagają ciągłej aktualizacji i uzupełniania.

– A prawda historyczna? – zapytał filozof. – Przecież czasu pan nie cofnie; tu nic nie da się zmienić.

– Ale da się interpretować – ripostował sprzedawca. – O, panie profesorze, ta prawda jest najlepiej sprzedającym się u mnie towarem i najszybciej się dezaktualizuje. Szybciej, niż pan myśli.

– No tak – potwierdził profesor, rozumiejąc aluzję sprzedawcy. – A u pana w sklepie to jaka jest prawda?

– Zawsze świeżutka, dziś mam nową dostawę. Proszę do środka – sprzedawca ożywił się i w pośpiechu przekręcał klucz w drzwiach.

Czekając na otwarcie sklepu, profesor zauważył:

– Jakoś tu pusto u pana, chyba nie ma wielu klientów?

– No wie pan, jestem dopiero na rozruchu, to pierwsze dni od otwarcia sklepu. Ludzie muszą przyzwyczaić się do tego, że można dotrzeć do prawdy. Zresztą, wie pan, prawdę mówiąc, to większość ludzi nie jest zainteresowana prawdą. To nie jest towar dla wszystkich. Jest tylko dla tych, co mają odwagę używania własnego umysłu. Wiedzą, jak z właściciela przejść na użytkownika umysłu; są zdolni i gotowi do podejmowania ryzyka.

– Przyznam, że nie rozumiem – wtrącił profesor.

– To proste. Poszukiwanie prawdy wymaga intensywnego wysiłku intelektualnego, a to, jak pan profesor wie, nie jest zbyt powszechne. Umysł człowieka jest jak ogród – tu sprzedawca wskazał na ogródek przed sklepem – trzeba go uprawiać. Ustalić grządki, zrobić nasadzenia, posadzić kwiaty, przyciąć żywopłot i pielęgnować, podlewać i wyrywać chwasty. Jeżeli tego nie zrobimy, to w ogrodzie też coś będzie rosło: chwasty i samosiejki. Ziemia nie będzie leżała odłogiem. Czasami też mogą wyrosnąć rośliny trujące. Oczywiście – sprzedawca lekko się uśmiechnął – można ogród oddać w dzierżawę. Politykom, dziennikarzom z tabloidów, serialom telewizyjnym.

– No tak, bardzo trafne porównanie – zauważył profesor. – Ma pan rację, raczej nie chcemy znać prawdy. A kiedy jeszcze trzeba nad nią pracować, za nią zapłacić – profesor refleksyjnie zawiesił głos i zamilkł.

Zapadła cisza. Milczenie przerwał sprzedawca:

– A jaka prawda pana interesuje: cała aktualna prawda, półprawda czy może jakiś jej fragment, jakaś cząstka? Jest także prawda obiektywna oraz subiektywna, którą dopasowujemy indywidualnie. Mam pozorne prawdy w mniejszych i większych opakowaniach – sprzedawca wskazywał ręką na półki, oprowadzając profesora po sklepie.

Ten z zainteresowaniem przyglądał się bardzo bogatej ofercie. Jego uwagę przyciągnęły dosyć duże zakurzone opakowania na dwóch półkach jednego z regałów.

– A tej prawdy pan nie aktualizuje – było to bardziej stwierdzenie niż pytanie.

– O tak, rzeczywiście. Tą prawdą nikt nie jest zainteresowany. To smutna i bolesna prawda – odparł sprzedawca. – Ale proszę nie ruszać tego pudełka – filozof w tym czasie próbował zajrzeć do płaskiego pudełka na środkowej półce.

– Dlaczego?

– Do tej prawdy konieczne są specjalne okulary. To prawda, która kole w oczy. Ale proszę spojrzeć tutaj. To naga prawda, może ona pana zainteresuje? Zresztą, jestem bardzo elastyczny i mogę wybrać to, co jest panu potrzebne.

Profesor w tym czasie buszował po sklepie i trafił na półkę z nowościami. Dostrzegł tam złote pudełko z napisem: „Mściwa prawda".

– A to co takiego? – wskazał na opakowanie.

– O, to jest coś naprawdę ciekawego. Mam to w promocji – odparł sprzedawca, biorąc pudełko do ręki.

– Ale nie bardzo rozumiem tę nazwę – kontynuował profesor.

– Może rzeczywiście nazwa jest niezbyt trafna, ale producent nie bardzo wiedział, jak tę prawdę nazwać. „Zemsta prawdy", „odwet prawdy", „prawda odwetowa". W końcu zdecydował się na „mściwą prawdę".

– Przyznam, że dalej nie rozumiem. Jak prawda może się mścić, myśleć o odwecie? – profesor był lekko zdezorientowany.

– To bardzo silna, najmocniejsza prawda, która ma taką ogromną moc, że każde kłamstwo staje się faktem w życiu tego, kto je wypowiedział. Każde kłamstwo, oszustwo firmy staje się faktem. Kłamstwa na szczeblach rządów, państw, organizacji międzynarodowych stają się rzeczywistością.

– Bardzo ciekawe, bardzo – profesor kiwał głową. – Może pan to rozwinąć?

– Przypuśćmy, że ma pan kłopoty finansowe i chce pożyczyć pieniądze od swojego bogatego znajomego, ale on okazuje się skąpym i nieprzychylnym człowiekiem, który oświadcza panu, że nie ma pieniędzy, bo się właśnie spłukał na giełdzie, co nie jest prawdą. I wtedy prawda się mści. W tej samej chwili pana znajomy traci cały swój majątek na giełdzie. Albo jeszcze inaczej: człowiek, który planuje napaść i kradzież, w tym samym czasie zostaje napadnięty i okradziony.

– Niesamowite – profesor trzymał w ręce pudełko z prawdą. – Przecież to zmieniłoby świat.

– Oczywiście – kontynuował sprzedawca – podałem tylko pewne negatywne zastosowania, no ale związane z typową zemstą prawdy. Ale proszę sobie wyobrazić fałszywego przyjaciela, który wbrew własnej woli staje się prawdziwym przyjacielem – wszyscy obłudnicy i poplecznicy przeobraziliby się w takich, jakich udają: w osoby szczere, bezpośrednie, ujmujące. Czyż nie byłoby to piękne?

– O tak – rozmarzył się profesor. – Ludzie nie knuliby niczego przeciwko sobie. Zniknęłyby plotki, intrygi, pomówienia. Zmianie uległyby relacje międzyludzkie. Czynienie dobra i mówienie prawdy opłacałoby się bardziej niż cokolwiek innego – profesor wyraźnie puścił wodze wyobraźni. – Łatwo uzmysłowić sobie, jak by ta „mściwa prawda" poprawiła stosunki międzynarodowe. To byłoby naprawdę wspaniałe.

– To może podam panu profesorowi opakowanie? – zapytał z nadzieją sprzedawca. – W pana środowisku byłoby duże zapotrzebowanie na „odwet prawdy". Problemy plagiatów, fałszerstw naukowych, nierzetelnych opinii i recenzji, wykradania pomysłów... – sprzedawca kontynuował.

Profesor w tym czasie wracał z obłoków na ziemię i stanowczo odrzucił propozycję.

– Nie, dziękuje, bardzo dziękuję, jeszcze nie dzisiaj. Chyba nie jestem gotowy, bo w zasadzie myślałem o czymś innym – i znowu się zamyślił.

– A o czym? Jaką prawdę w takim razie podać panu profesorowi?

– Jako naukowiec, chciałbym dotrzeć do całej aktualnej prawdy – odparł uczony.

– Nie interesują mnie namiastki, lizanie cukierka przez szybę, żadne mamidła, relatywizm moralny. Chciałbym nabyć całą aktualną prawdę. Jasną i niepodzielną. Czy ma pan coś takiego?

– Oczywiście – sprzedawca wskazał na półkę, na której leżała cała prawda w oryginalnym opakowaniu.

– Ale czy to jest prawdziwa prawda? W dzisiejszych czasach wszystko jest podrabiane w Chinach, na Tajwanie. Prawda jest też fałszowana.

– Panie profesorze – zaczął z lekkim napomnieniem sprzedawca – prawdy nie można podrobić. Nie da się. Prawda podrobiona nie jest już prawdą.

– No tak, ma pan rację. To poproszę.

– Oczywiście – sprzedawca sięgnął na półkę, ale przez moment się zawahał. – Tylko czy ma pan profesor świadomość, że cena tej prawdy jest dosyć wysoka? – w głosie sprzedawcy zabrzmiało współczucie.

– Ile? – zapytał krótko i konkretnie filozof.

– Jeżeli weźmie pan tę prawdę, to zapłaci utratą spokoju wewnętrznego i poczucia bezpieczeństwa do końca swojego życia. W cenie zawiera się też utrata przyjaciół i życie w samotności.

Ta odpowiedź po raz kolejny wprowadziła profesora w zdziwienie i lekkie zakłopotanie. Widać, że nie był przygotowany na taką cenę. Zaczął niepewnie rozglądać się po sklepie.

– To może jednak zdecyduję się... jak na razie... na półprawdę – spojrzał pytająco na sprzedawcę. – Na nią chyba będzie mnie stać?

– Sadzę, że tak, ale tego produktu przy pańskim statusie zawodowym... – sprzedawca zawiesił głos – raczej bym panu nie proponował.

– A dlaczego?

– Półprawda to kłamstwo, tylko inaczej opakowane. Mam ją, aby zwiększyć ofertę handlową, zresztą bardzo dobrze się sprzedaje.

W tym momencie przed sklep zajechał duży, elegancki samochód. Zatrzymał się z piskiem opon i do sklepu weszła, a w zasadzie wbiegła para młodych ludzi. Rozglądali się niepewnie.

– Proszę pana – zaczęła w pośpiechu kobieta – dowiedzieliśmy się właśnie od znajomych pracujących na uniwersytecie, że prowadzi pan prawdziwy sklep i sprzedaje pan prawdziwe rzeczy. Mimo że nie mamy zbyt dużo czasu, to postanowiliśmy wpaść do pana, bo mamy pewną ważną sprawę rodzinną. Chodzi o to, że...

– Przejdź do konkretów – przerwał jej mężczyzna, patrząc przy tym na zegarek.

– No właśnie – zaczęła jeszcze raz kobieta, zwracając się do sprzedawcy, który – podobnie jak profesor – patrzył na tę scenę z dużym zaciekawieniem. – Chodzi o to, że nasza córeczka ma dzisiaj imieniny i w ostatniej chwili przypomnieliśmy sobie, że trzeba jej coś kupić. Coś naprawdę ciekawego, prawdziwego i oryginalnego. Jesteśmy cały czas poza domem; wyjazdy, interesy...

– Chcemy jej kupić coś – znowu przerwał mężczyzna – co ją naprawdę ucieszy, rozweseli, zajmie na długo i rozwieje uczucie samotności!

– Bardzo mi przykro – odparł smutno sprzedawca. – Obawiam się, że nie mam nic takiego. Powiem krótko: to jest sklep z prawdą, rodziców nie sprzedaję.

● sekunda mądrości:

Słowa prawdy są niemiłe dla ucha,
ale dla postępowania korzystne jak lekarstwo,
co – choć w ustach gorzkie – chorobę leczy

– o czym pisze Sy-ma Cien.

18.

O zdrowym stylu życia

Ciało i zdrowie, a precyzyjniej zdrowe ciało to fizyczny aspekt drogi sukcesu. Kiedy boli cię ząb lub masz silne bóle migrenowe, czy możesz twórczo myśleć, planować i cieszyć się? Oczywiście nie, bo cała uwaga skoncentrowana jest na bólu i próbach jego eliminacji. Wszyscy o tym wiemy, ale też wszyscy o tym zapominamy, nie dbając w należyty sposób o swoje ciało i zdrowie. Przypominamy sobie wtedy, gdy samo, w dramatyczny sposób, upomni się o swoje prawa i należyte miejsce w naszym życiu. Pochłonięci realizacją poważniejszych celów – pracą, karierą, pasjonującymi zajęciami – odsuwamy sprawy zdrowia na później. Bywa, że na to „później" nie ma już czasu.

Zdrowie i ciało powinno być jednym z naszych kluczowych celów, nawet jeżeli będzie się nam wydawało, że inne aspekty sukcesu są dużo ważniejsze. Trzeba pamiętać o tym już na starcie, kiedy jesteś zdrowy i nic ci nie jest. Kiedy masz 30 lat, to pamiętaj, że być może będziesz miał 60, a może 90.

Biolodzy i fizjolodzy powszechnie twierdzą, że człowiek „zaprojektowany" jest na 120 lat. Każdy zgon wcześniejszy można wobec tego uznać za nieprawidłowy. A zgon przy 120 latach – to po prostu „zmęczenie materiałowe". Kiedy zaplanujesz sobie długie zdrowe życie – minimum 120 lat – to przy problemach i dolegliwościach około sześćdziesiątki pomyślisz sobie: „mały kryzys na półmetku, to normalne" – i bez lęku, strachu i obaw pokonasz te dolegliwości. Organizm potraktuje to jako konieczność. Zdrowe ciało to nie tylko kwestia tężyzny fizycznej i góry mięśni.

Jest ono potrzebne każdemu. Niezależnie od tego, czy Twoja praca związana jest z umysłem, czy duchem; czy jesteś biznesmenem lub naukowcem; czy mnichem lub artystą. Jeżeli będziesz o nim zapominał, szybko przekonasz się, że zatrzyma Cię ono na drodze innych Twoich celów. Nie zrobisz postępu, kroku naprzód, jeżeli nie będziesz myślał o swoim zdrowiu.

Organizm człowieka jest tak fantastycznie skonstruowany, że sam dąży do regeneracji i samonaprawiania. Wystarczy mu nie przeszkadzać, a ciało w naturalny sposób dojdzie do zdrowia. Jeżeli wyeliminujemy negatywne czynniki zewnętrzne, czynniki środowiskowe i destrukcyjne czynniki wewnętrzne – psychiczne i emocjonalne – zdrowie i energia pojawi się spontanicznie. Bardzo często wystarczy przerwać łańcuch nawyków i przyzwyczajeń, złego postępowania, a ciało wróci do poprzedniego stanu. To tak, jak gdyby w ciele wbudowana była swoista pamięć strukturalna – po wyeliminowaniu zakłócenia wszystko wraca do normalnego stanu.

Jeden z moich przyjaciół, znakomity lekarz chirurg z bardzo długim stażem operacyjnym i ordynatorskim, tłumaczył mi kiedyś, aby chorobę traktować jako informacje i ostrzeżenie, że coś niedobrego dzieje się w życiu. Coś w nim trzeba zmienić. Człowiek nie choruje, nie cierpi i nie boli go „coś" bez powodu. Musisz wyeliminować przyczynę, a ona zawsze tkwi w Twoim życiu fizycznym, duchowym, emocjonalnym. W tym, co jesz, co pijesz, jak śpisz, odpoczywasz, gdzie i z kim pracujesz; czy się modlisz, medytujesz, czy masz czas na chwile refleksji i osobistego zastanowienia się nad życiem; czy wybaczyłeś urazy, uczynione ci zło, czy zapomniałeś, odpuściłeś, zadośćuczyniłeś wyrządzone krzywdy.

„Jeżeli zachorujesz i trafisz do szpitala, to jest to ostrzeżenie. Pobędziesz tam miesiąc. Lekarze Cię podleczą, może zoperują, dadzą odpowiednie leki. Zdrowy wrócisz do domu i nic nie zmienisz w swoim życiu. To gdzie trafisz za rok? Jak myślisz? Czy to nie będzie głupota? Jeżeli człowiek robi cały czas to samo i tak samo, a oczekuje innych rezultatów i wyników, to jest to przejaw głupoty. Niczego innego".

Możesz osiągnąć wszystkie zaszczyty tego świata i wszystkie jego dobra materialne, ale stracisz zdrowie – stracisz spokój wewnętrzny. Wtedy nie będzie możliwe, abyś cieszył się tym, co uzyskałeś.

Zawsze wyobrażaj sobie siebie jako idealnie zdrowego człowieka. Nigdy nie mów o swoich problemach ze zdrowiem i ciałem. Zawsze myśl tak, jakbyś był idealnie zdrowy i sprawny fizycznie. Stwórz w swoim umyśle pozytywną wizję swojego ciała i zdrowia. Jak znakomicie się czujesz, jak ważysz tyle, co chcesz, jak uprawiasz sport, jak fantastycznie spędzasz wolny czas, jak idealnie się odżywiasz. Twój umysł potraktuje to jako rozkaz i z każdym dniem będziesz zbliżał się do tej idealnej wizji.

●● chwile refleksji:

Para staruszków trafiła w końcu do nieba. Był to zresztą przypadek, a raczej wypadek, i to tragiczny. Samolot, którym lecieli na 70. rocznicę ukończenia szkoły średniej, niestety się rozbił. Mieli pra-

wie po 90 lat i od 65 byli małżeństwem. Nigdy nie chorowali, żyli skromnie, do czego skłaniał ich nie najlepszy stan majątkowy i topniejące oszczędności. Całe życie oddawali co boskie Bogu, a co cesarskie – cesarzowi. Ona dbała o ich prawidłowe odżywianie, a on – zgodnie z zasadą, że mężczyzna w domu może mieć albo spokój, albo rację – na wszystko przystawał i na wszystko się zgadzał.

Już w bramach nieba stało się coś dziwnego. Zostali oddzieleni od pozostałej grupy i skierowani do niewielkiej bramy (nie zauważyli napisu VIP), gdzie przywitał ich osobiście Święty Piotr i zaprosił na prywatną audiencję. Już pierwszy rzut oka na dokumentację życia sugerował decyzję. Dokumenty i świadectwa nie budziły najmniejszej wątpliwości:

– Niebo się należy, i to wersja SUPERPREMIUM – oświadczył przyjaźnie Święty Piotr.

– A co to znaczy? – z przestrachem zapytała ona. Wszystko działo się dla niej zdecydowanie za szybko. – To niebo też ma swoje wersje i kategorie?

– Oczywiście, ale wszystko wytłumaczy wam dyżurny anioł, który się wami zajmie – powiedział Święty Piotr.

Wstał, podał obojgu rękę i z uśmiechem dodał:

– Obowiązki mnie wzywają, muszę pędzić do sali rozpraw i wyroków. Dzisiaj dużo pracy. Życzę miłego wiecznego pobytu... Zresztą będziemy się widywali. Witajcie w niebie!

Natychmiast pojawił się obok nich sympatyczny anioł, pomógł wstać i delikatnie wyprowadził z sali.

– Teraz przejdziemy do sali przeistoczeń – powiedział łagodnym głosem. – To mój rewir i tym się zajmuję.

Oboje powoli, wspierając się z godnością na laseczkach, pokuśtykali za aniołem.

– A co to znaczy? – napięcie nie opuszczało staruszki.

– Wybierzecie sobie swoją cielesną postać z tego okresu życia, który zapragniecie.

– Naprawdę? – nie chciała wierzyć.

– Tak, z tego okresu, w którym czuliście się najlepiej, najlepiej wyglądaliście, byliście najsprawniejsi.

Ona wybrała sobie koniec 25. roku życia, on – 30. W jednej chwili odmłodnieli o 60 lat.

Spojrzeli na siebie z satysfakcją.

– A teraz przejdziemy do sali wspomnień, tutaj zajmie się już wami mój kolega.

– Proszę się wygodnie rozsiąść w fotelach – instruował anioł od wspomnień, gdy weszli do nowej sali – założyć okulary i słuchawki. Zobaczycie film z waszego życia. Proszę używać tych dwóch przycisków na joysticku, żeby zatwierdzić lub skasować poszczególne fragmenty. Oczywiście, proszę zatwierdzać tylko ludzi przyjaznych i pozytywne sytuacje. To, co wspaniałe, najwspanialsze.

– I co nam to da? – kobieta była bardzo ciekawa.

– Takie zostaną wam wspomnienia z ziemskiego życia, ale też tylko takich ludzi będziecie tu spotykać. Reszta zostanie na trwale wymazana.

– Niesamowite – kobieta była cały czas podekscytowana.

– No przecież w niebie nie możecie żyć samotnie – zauważył anioł. – Człowiek jest istotą społeczną. Musi mieć towarzystwo i znajomych. Najlepiej takich, których lubi i z którymi mile spędza czas. Zorganizować wam jakąś muzyczkę? – zapytał trochę z zaskoczenia. – Macie coś ulubionego? Klasyka, pop?

– No to może... – zastanawiała się kobieta – może Cztery pory roku Vivaldiego.

– Oj, obawiam się, że Vivaldi jest w tej chwili zajęty, bo dyryguje orkiestrą na przyjęciu do nieba pierwszej kategorii dużej grupy po katastrofie samolotu. A może Mozart? – zapytał ostrożnie anioł. – Chyba jest wolny.

– A mógłbym prosić o Johna Lennona? – po raz pierwszy głos zabrał mężczyzna.

– Niestety, John nie jest w naszym rewirze.

– Dobrze, niech będzie Mozart, ale coś spokojnego – z wahaniem zdecydowała kobieta.

Już po chwili przy fortepianie siedział sam Wolfgang Amadeusz Mozart, a salę zalała łagodna, spokojna muzyka.

Przed oczami staruszków zaczęły się przesuwać obrazy, a przyciski „Cancel" i „OK" były w ciągłym użyciu.

Po dłuższej chwili zrelaksowani, odprężeni i pełni pozytywnych wspomnień zostali przejęci przez trzeciego anioła.

– Teraz przejdziemy do waszej rezydencji, ale jeszcze po drodze zajrzymy do sali zwanej kącikiem życzeń. O czym marzyliście całe życie? Czego pragnęliście, a co nigdy się nie spełniło?

– Ja... – zaczęła kobieta, która wyraźnie i szybko adaptowała się do zaistniałej sytuacji – całe życie pragnęłam, aby przyszła taka chwila, kiedy nie będę musiała ograniczać się z zakupami...

– Proponuję kartę kredytową bez limitu dziennego i bez konieczności spłaty w jakimkolwiek terminie – wszedł w słowo anioł. – Jesteśmy na to przygotowani. Panie często wybierają tę formę spełniania marzeń.

– Bardzo mi to odpowiada. A ty, kochanie – zwróciła się do męża, chcąc go trochę ośmielić i zaktywizować. – Czy już zdecydowałeś?

– Całe życie marzyłem o sportowym samochodzie. Porsche 911, lamborghini albo coś amerykańskiego... na przykład dodge viper – rozmarzył się mężczyzna.

– Obawiam się, że akurat tego życzenia nie będę mógł spełnić. U nas w niebie panuje spokój, żyjemy bez pośpiechu. Poruszamy się pieszo, zresztą nigdzie nie jest daleko. Gdzie tu jeździć? Wbrew pozorom nie ma tu dużego tłoku. Nie potrzebujemy samochodów. No może – zastanawiał się anioł – w przyszłości jakiś przydział na lektykę, rower, może rikszę...

Mężczyzna posmutniał.

– No dobrze, to może odłożę to życzenie na później – oznajmił.

– Oczywiście, możesz z niego skorzystać, kiedy zechcesz. No to chodźmy do rezydencji.

Opuścili salę i wyszli na piękną, zalaną słońcem główną ulicę nieba. Panował na niej przyjemny, spokojny gwar. Sympatyczni ludzie pozdrawiali ich uprzejmie. W ogródkach kawiarnianych serwowano aromatyczna kawę i wspaniale wyglądające pączki. W gazetach podawano tylko dobre wiadomości. Palmy po obu stronach zapewniały przyjemny cień, wiał lekki wiaterek, dookoła unosił się zapach kwiatów. Kobieta i mężczyzna poczuli głód. Kawy nie pili od dawna (zła na nadciśnienie), a pączka nie jedli kilkadziesiąt lat (mąka i cukier – dwie białe śmierci).

– Widzę, że macie ochotę na kawę – zauważył anioł. – Poczekajcie chwilę, rozejrzę się za jakimś wolnym stolikiem – i zniknął w drzwiach najbliższej kawiarenki.

Nagle zza zakrętu wyjechało z piskiem opon czerwone maserati. Mężczyzna od razu rozpoznał model grancabrio i stanął jak wryty. Za kierownicą zobaczył kierowcę w jego wieku ubranego w luźną białą koszulę, z rozwianymi długimi włosami, brodą i wąsami. Maserati przemknęło i dostrzegł tylko numer rejestracyjny: NA001JH.

Kiedy wrócił anioł z informacją, że ma stolik, mężczyzna nie krył swojego oburzenia:

– Coś mi się nie zgadza, przed chwilą mówiłeś, że tutaj nie ma samochodów, że cisza i spokój. A ja widziałem jakiegoś playboya z Neapolu w najnowszym modelu marki Maserati!

– A, to... – anioł nie był zdziwiony ani zaskoczony. – NA to nie skrót od Napoli, ale od Nazaret. A w ogóle to był syn szefa – mężczyzna osłupiał. – No to chodźcie na tę kawę i pączki.

Po chwili dotarli do przepięknej doliny. Przed ich oczami rozpościerał się widok na wspaniałe zalesione wzgórza, czyste i błękitne jezioro z piaszczystą plażą oraz eleganckimi zabudowaniami idealnie wkomponowanymi w krajobraz.

Rezydencja była urządzona i gotowa do zamieszkania: meble wyściełane jedwabiem i inkrustowane złotem na wprost dwustucalowego telewizora z ekranem grafenowym, barek zaopatrzony we wszystkie alkohole świata, wygodne szerokie łóżko wodne w sypialni, jacuzzi i wodospad w łazience, wygodne fotele z aksamitnej skóry na tarasie z widokiem na pole golfowe – najpiękniejsze, jakie mężczyzna w życiu widział; nowoczesna, w pełni wyposażona kuchnia tak naszpikowana elektroniką i udogodnieniami, jak najnowocześniejsze samoloty; do tego spiżarnia pełna wszystkich dóbr...

– Ale nie musicie niczego gotować – uspokajał anioł. – Jeden telefon i z niebiańskiej kuchni dostarczymy wszystko, czego zapragniecie. Możecie też spożywać posiłki w pobliskim klubie i w towarzystwie różnych znakomitości. Otwarty jest dwadzieścia cztery godziny na dobę. Może was zaprowadzę? – zaproponował.

Wyraźnie oszołomieni wychodzili z rezydencji, kiedy kobieta dostrzegła folder reklamowy biura turystycznego, leżący na stoliczku w holu.

– A to też jakaś propozycja? – zapytała, biorąc folder do ręki.

– Tak, oczywiście, to nasze biuro turystyczne „Siódme Niebo" z aktualną ofertą wycieczek nad Niebiańskie Morze i w Góry Diamentowe. Oczywiście możecie skorzystać także z oferty zimowej i udać się na narty.

Weszli do restauracji klubowej, gdzie na stole zobaczyli najwykwintniejsze frykasy, zaczynając od homarów, poprzez filet mignon, aż po wspaniałe ciasta i kremowe desery.

Mężczyzna zerknął nerwowo na kobietę, a potem zwrócił się do przewodnika:

– A gdzie są otręby pszenne, kiełki soi, niskokaloryczne dania bez tłuszczu?

– O nie – uśmiechnął się anioł – tutaj możecie jeść, co chcecie i ile chcecie, a i tak nigdy nic wam nie będzie. Jesteście w niebie.

– I nikt nie będzie mierzył mi ciśnienia, sprawdzał poziomu cukru ani cholesterolu, gonił na badania okresowe? – dopytywał się coraz bardziej zdenerwowany mężczyzna.

– Nie, nigdy więcej. To już przeszłość. Macie tutaj po prostu dobrze wypoczywać i dobrze się bawić.

Ta odpowiedź zamiast uspokoić, jeszcze bardziej zdenerwowała mężczyznę. Nie kryjąc złości, z piorunującym spojrzeniem zwrócił się do swojej żony:

– Widzisz, ty i ten twój zdrowy styl życia! Mogliśmy już tu być 20 lat temu.

● **sekunda mądrości:**

Zatem, jeśli naprawdę chcesz czuć się zdrowo do 120 lat –
dołącz do swojej „apteczki" najskuteczniejsze leki:
medytację, ćwiczenia relaksacyjne; radość, śmiech i optymizm.
Jeśli do tego dodasz odpowiednią dietę,
rekreację i właściwe oddychanie –
to masz ogromną szansę na życie w pełnym zdrowiu
do bardzo późnej starości.

Dawid Servan Schreiber

19.

O podejmowaniu najlepszych decyzji

Sukces kojarzy się z doskonałością, a doskonałość z podejmowaniem najlepszych decyzji. Co wybrać? Jak postąpić? Gdzie się zwrócić? – te pytania stawiamy sobie codziennie. Szczęśliwe życie polega podobno na umiejętności podejmowania decyzji. Jeżeli dodamy: dobrych decyzji – najlepszych życiowych decyzji, to często uważamy, że ma to zapewnić gigantyczny sukces zawodowy, perfekcyjne życie rodzinne, brak stresu i spokój wewnętrzny. Szybkość zmian w otaczającej rzeczywistości i konkurencja w każdej dziedzinie stwarza powszechną świadomość faktu, że nie ma czasu na błędy, nie ma czasu na przeciętność, a kiepskie decyzje, choćbyśmy popełniali ich niewiele, będą zawsze stwarzały problemy zawodowe i wprowadzały zamieszanie w życiu prywatnym. Szukamy zatem czegoś najlepszego: sposobu, metody, patentu; studiujemy i czytamy o genialnych decyzjach wybitnych poprzedników i... dochodzimy do wniosku, że są to wyżyny nie do osiągnięcia. Owocuje to powszechnym napięciem, stresem i tak dużą utratą energii życiowej, że jest najczęstszym powodem wypalenia, depresji, chorób psychicznych. Dążenie do perfekcjonizmu to taka współczesna choroba zawodowa.

Z drugiej strony, kiedy podjąłeś nie najlepszą decyzję, kiedy popełniłeś życiowy lub zawodowy błąd, zastanawiałeś się, Drogi Czytelniku, dlaczego tak wielu inteligentnych, wykształconych, specjalnie przygotowanych do tego celu ludzi też popełnia błędy? Podejmuje nieprawidłowe decyzje o ogromnych konsekwencjach społecznych, politycznych, ekonomicznych? Czy jest jakiś niezawodny system decydowania, najlepszego wyboru, podejmowania optymalnych decyzji?

W pierwszej chwili odpowiedź wydaje się prosta. Nie wiemy, jak działać, kiedy w grę wchodzą interesy innych osób – grupy, zespołu, rodziny. Boimy się odpowiedzialności; boimy się ryzyka, niepowodzenia i strat; krytyki i negatywnej oceny – to nieważne, że ze strony osób, które same nie podejmują decyzji. To owocuje niezdecydowaniem, obawą przed pomyłkami i zwlekaniem; decyzjami połowicznymi. Trudno jest pogodzić rozum i emocje; awans zawodowy i życie rodzinne. Przed wyborem stajemy także codziennie w różnych prozaicznych sytuacjach. I tutaj decyzje wcale nie są prostsze. Dla wielu ludzi problemem jest: jak się dzisiaj ubrać; którą drogą pojechać, aby ominąć korek; co kupić w hipermarkecie; do której szkoły posłać dziecko; gdzie zjeść lunch; gdzie pojechać na wakacje czy iść do kina na nowego Bonda itd. Najpoważniejszy jednak problem leży w tym – jestem o tym przekonany – że nikt nigdy nie uczył nas podejmowania decyzji.

Zdolność podejmowania decyzji jest podobno podstawą umiejętności zarządzania – również sobą i swoim życiem. Warto zwrócić uwagę, że chodzi o „jakiekolwiek decyzje". Wcale nie te najlepsze, perfekcyjne, bezbłędne. To ważne. Może wystarczy podejmować lepsze decyzje, a nie te najlepsze? Słowo „najlepsze" od razu wprowadza niepotrzebny przymus, zakłopotanie i napięcie. Wprowadza obawę, że nie wszystko jesteśmy w stanie sprawdzić, ogarnąć, przeanalizować każdą koncepcję. Skłania do nadmiernego, nieproporcjonalnego do rangi problemu zastanawiania się i analizowania. Aby sprawy toczyły się lepiej, trzeba podejmować lepsze decyzje. Czasami minimalnie lepsze, ale jeżeli poziom poprawy będzie cały czas utrzymywany, to w końcu decyzję będą dobre, bardzo dobre, najlepsze.

Oczywiście, otwartym pozostanie pytanie, co to są decyzje lepsze? To takie decyzje, przy których podejmowaniu czujemy się lepiej i które przynoszą nam lepsze rezultaty.

Jeżeli jednak nie wiemy, co mamy robić, to warto zacząć od starannego przemyślenia tego, czego robić nie należy! Jeżeli nie jesteśmy w stanie przewidzieć, która decyzja przyniesie „sukces", to przemyślmy porażkę. Który wybór, jaka decyzja (lub jej brak) przyniesie „ból", a w konsekwencji porażkę? Jedno jest pewne, jeżeli chcemy cokolwiek zmienić na lepsze, to musimy przestać robić to, co dotychczas. Aby podejmować lepsze decyzje, musimy najpierw przestać realizować gorsze! Powstrzymując działania złych lub dotychczasowych decyzji, stwarzamy przestrzeń w naszym umyśle, którą mogą wypełnić lepsze. Nie jest to wcale takie łatwe. Nasza podświadomość uparcie trzyma się tego, co znane. Nieważne, że to nam nie służy, jest niekorzystne. Ale jest znajome, z czym czujemy się bezpiecznie. Widać to najdobitniej w różnych organizacjach i firmach, gdzie nieefektywne działania są akceptowane, bo gwarantuje to swojskie układy.

Spencer Johnson w książce „Tak czy Nie" proponuje naukę podejmowania dobrych decyzji rozpocząć od „gimnastyki mózgu", czyli zadawania sobie pytań. Nazywa je „pytaniami do umysłu" – czyli do logicznej lewej półkuli mózgu, i „pytaniami do serca" – czyli uświadomienie sobie emocji, jakie powoduje podjęta decyzja.

Przed każdą decyzją warto zapytać samego siebie: Czy jest to rzeczywista potrzeba, czy chwilowa zachcianka? Odpowiedź ma być krótka: tak lub nie. Przy czym nie należy bać się odpowiedzi „nie", bo właśnie wtedy zaczynamy sprawie poświęcać więcej uwagi i możemy wypracować lepsze decyzje. „Nie" zmusza nas do analizy drogi i kierunku działania, w którym poruszamy się w życiu. Przypomina o priorytetach, systemie wartości i ostatecznym celu, a to z kolei pozwala odróżnić zachciankę – czyli chwilowe życzenie od rzeczywistej potrzeby – czyli konieczności. Zachcianki są chwilowymi atrakcyjnymi rozrywkami wywoływanymi przez nastroje i emocje. Czasami przez presję otoczenia. Nigdy nie dają poczucia spełnienia, bo powodują pojawienie się następnych, następnych i następnych. Potrzeby mają charakter podstawowy, fundamentalny, podtrzymujący. To realizacja zasad i ważnych spraw w życiu.

Mamy ochotę na lody, ale potrzebujemy chleba. Na jedno i drugie nie starcza. Lody są bardzo dobre, lecz na nich nie przeżyjemy. Pragniemy luksusowego, wielkiego domu, lecz tak naprawdę potrzebujemy ciepła ogniska domowego. Jeżeli chcesz być skuteczny, najpierw stwórz „dom", a potem buduj jego materialną oprawę. Kiedy zrealizujesz to, czego autentycznie potrzebujesz, wtedy dopiero przychodzi czas na zachcianki – ale nie wcześniej. Zachcianek mamy wokół siebie mnóstwo, autentycznych potrzeb niewiele.

Zanim przejdziesz do sprawdzenia tej metody na ważnych decyzjach podejmowanych na drodze sukcesu, proponuję to od razu przetestować na zakupach. Weź do ręki każdą kolejną rzecz przed włożeniem do koszyka i zadaj sobie spokojne pytanie: „Czy to jest zachcianka, czy potrzebuję tego naprawdę?".

Powtórz to samo jeszcze raz przed kasą. Jestem pewny, że będziesz zdziwiony asortymentem i ilością tego, co przyniesiesz do domu. Jeżeli będziesz miał problem z odróżnieniem zachcianki od potrzeb, to pamiętaj: jeżeli czegoś chcesz teraz, natychmiast, to jest to na pewno zachcianka. Jeżeli zadasz sobie pytanie: „Czy w przyszłości też będę chciał, aby było to przeze mnie zrobione?" – i odpowiesz „tak", to jest to rzeczywista potrzeba.

Drugie pytanie jest równie proste: „Czy poinformowałem siebie o wszystkich możliwościach i rozważyłem je? Zawsze mamy jakieś możliwości. Często jest ich więcej, niż myślisz. Kiedy mówisz do siebie: „Nie mam innego wyjścia", po prostu uśmiechnij się i bądź pewny, że są inne możliwości, tylko nie uświadamiasz ich sobie. W sytuacjach przymusowych, w położeniach bez wyjścia, pod ścianą i na zakręcie nasz mózg pierwotny poraża nasz umysł uczuciem podświadomego lęku. Wyłącza logiczne myślenie. I nie jest ważne, czy powodowane jest to zagrożeniem racjonalnym, czy irracjonalnym – wymyślonym. To właśnie powoduje, że nie widzisz tego, co być może widzą inni. Ty też byś to zobaczył, gdybyś spokojniej i lepiej poinformował siebie.

Poinformować siebie, tzn. zdobyć wiarygodne informacje. Najlepiej w oparciu o własne obserwacje – „aby więcej wiedzieć, musisz więcej widzieć". Informacja to zbiór faktów i odczuć. Tego, co na prawdę istnieje i tego, co ludzie o tym myślą. Możesz skorzystać z wiarygodnych, sprawdzonych ekspertów, ale musisz to zweryfikować. Zbierając informacje, musisz wiedzieć, że są informacje przyjemne i te, których potrzebujesz. Uważaj na „szczęśliwe uszy" – czyli złudzenia. Czy jesteś pewny, że to, co dociera do Twojego umysłu, jest faktycznie tym, co słyszysz? A te informacje, którymi dysponujesz, to są jakiego typu? „Prawdziwe" czy „przyjemne"? Musisz to rozważyć i przemyśleć. Przed sobą bądź szczery. Życie w świecie złudzeń i iluzji niesie ze sobą stały przyćmiony ból.

Nie wiem do końca, czy Chińczycy mają rację, ale oni umysł nie lokują tylko w mózgu, ale uważają, że jego znaczna część mieści się w sercu. A przynajmniej ta część umysłu i świadomości, która odpowiada za podejmowanie decyzji.

Faktycznie – każda trudna decyzja wywołuje emocje i uczucia, a one w powszechnym rozumieniu lokują się w sercu. Im trudniejsza decyzja, tym mocniejsze reakcje serca i mniej nad nimi panujemy.

Serce kojarzone jest od wieków z przymiotami uczuciowymi i duchowymi, które powodują, że mamy świadomość, czujemy i przeżywamy. Co ciekawe, podobno nie ma zdolności odnawiania się – chociażby mogło? „To oczywiste" – odpowiesz – „jest tak zaprojektowane i tak zbudowane, że może działać wiecznie w niezawodny sposób". Dokładnie tak. Ale z drugiej strony medycyna twierdzi, że największym zagrożeniem dla osób po sześćdziesiątym piątym roku życia są choroby serca i układu krążenia. Ten genialnie zaprojektowany w kategoriach technologicznych narząd, wykonujący w ciągu życia niewyobrażalną pracę, powstający w łonie matki jeszcze zanim powstanie mózg, zamiast regenerować się, nagle przestaje funkcjonować? Komórki serca, tak prężne, tak fantastycznie sterowane, po kilkudziesięciu latach pracy nagle mają dość? To z logicznego punktu widzenia nie ma sensu. Chyba że istnieje jakiś czynnik, którego nie bierzemy pod uwagę?

Może przyczyna niewydolności serca wcale nie tkwi w fizycznych aspektach życia: cholesterolu, diecie, stresie czy skażeniu środowiska. Może to jest „skutek", a przyczyną są... ludzkie negatywne emocje – lęk, żal, ból, które doprowadzają do „strajku" najważniejszego organu w ciele. To samo życie prowadzi do niewydolności ciała, a ściślej, targane emocjami decyzje, nieuzdrowione rany, żale, straty, rozczarowania, frustracje. Kiedy cierpi dusza, ta informacja przekazywana jest do ciała jako istotna blokada siły życiowej. Emocjonalne i mentalne przyczyny cierpienia wywołują skutki fizyczne, które są w stanie nawet zabić.

Logiczny umysł, kiedy zadamy mu szereg logicznych pytań, pozwoli nam przemyśleć decyzje i wybrać najlepszy wariant – z logicznego, obiektywnego punktu widzenia. Nie jest jednak dla nikogo tajemnicą, że nie zawsze z takimi, obiektywnie słusznymi i prawidłowymi decyzjami czujemy się dobrze. A wręcz przeciwnie – czujemy się fatalnie, „boli nas serce" albo „się kraje". Mija czas i okazuje się, że decyzja była zła, że gdybyśmy zaufali swoim emocjom i podjęli decyzję „z sercem", to byłoby inaczej. Poddaliśmy się presji otoczenia, argumentom zdrowego rozsądku, liczbom, faktom, precedensom i doświadczeniu, a tymczasem tym razem było inaczej.

Myślimy logicznie umysłem. Czujemy sercem. Ale serce ma swoje przedłużenie. Jest nim całe nasze ciało. Czujemy ciałem. W umyśle może panować zamęt i walka sprzecznych teorii. Ciało i uczucia przemawiają do nas prostym kodem binarnym: tak i nie. Na pewne rzeczy, z którymi czujemy się dobrze, ciało mówi TAK. Staje się lekkie, wesołe, odprężone, wyprostowane. Na inne decyzje – pochyla się, ciężką głowę chowa pomiędzy ramionami, jest smutne, słabe i mówi NIE.

Kiedy użyjesz logicznego umysłu, dokonasz analizy plusów i minusów, wszystkich za i wszystkich przeciw, a decyzja wciąż jest niejednoznaczna – odwołaj się do swojego serca. Zapytaj sam siebie: „Jak się czuję z taką decyzją?". I czekaj; obserwuj ciało i swoje odczucia. Jak zachowuje się Twoje serce. Jeżeli pojawią się dobre symptomy, bądź pewny, że decyzja jest dobra. Jeżeli poczujesz nieuzasadniony niepokój, to tego nie rób.

To proste pytanie: „Jak się czuję z tą decyzją?" można sobie zadać jeszcze przed jej faktycznym podjęciem. Możesz sobie wyobrazić, że podjąłeś decyzję A. Jak się z tą myślą czujesz? A teraz decyzję B – jak się teraz czujesz?

– Chcesz przeprowadzić poważną rozmowę ze swoim dzieckiem i zerwać z nim wszelkie kontakty.

– Dlaczego?

– Bo Cię nie słucha i wiąże się z nieodpowiednim (według Ciebie) partnerem. Masz na to ewidentne dowody.

– No to wyrzuć go z domu, zerwij kontakty (wyobraź sobie, że je zrywasz i nie kontaktujecie się ze sobą).

– Jak się czujesz z tą decyzją?

– Źle.

– A dlaczego?

– Bo go kochasz, martwisz się o niego i bardzo Ci go brakuje.

– To nie rób mu wymówek i nie zrywaj więzi rodzinnych.

– I jak się teraz czujesz?

– Też źle.

– To idź do niego, nie bój się i patrząc mu prosto w oczy, powiedz, że jest Ci źle. I jemu jest źle. Nie dyskutuj z nim, ale zapytaj: „Co by się musiało zdarzyć, aby było inaczej?".

(Pamiętaj jednak najważniejszą prawdę w swoim postępowaniu w stosunku do dzieci: możesz mieć rację albo kochać. Innej możliwości nie ma. I jak masz rację, to do stołu Wigilijnego zasiadasz sam... ze swoją racją. A jak kochasz – to przy stole brakuje wolnych miejsc).

Przy takich pytaniach i działaniach pojawią się jeszcze dwa silne uczucia: entuzjazm i lęk. Zwróć uwagę na to, aby Twoimi decyzjami nigdy nie rządził lęk, aby nie dyktował Ci działania. Lęk szybko wywołuje złość i agresję, a najgorsze decyzje są podejmowane w złości i lęku. Entuzjazm to pewność siebie i spokój wewnętrzny, energia i ochota dalszego działania. Lęk to niepokój, paraliż i wyczerpanie. Kiedy pojawia się uczucie lęku i strachu, to aby skierować się w stronę właściwej decyzji, warto zapytać swojego serca: „A co bym zrobił, gdybym się nie bał?". I tak właśnie rób.

Z lepszymi decyzjami jest tak, jak z ćwiczeniami fizycznymi. Każdy kolejny dzień jest łatwiejszy, a ćwiczenia coraz przyjemniejsze. Codzienna gimnastyka mózgu polega na stawianiu sobie pytań i wizualizowaniu. Co by było, gdybyś wybrał wariant ten... lub tamten. Co wtedy by się stało? Jak się z tym czuję?

Może ta propozycja podejmowania lepszych decyzji trochę Cię odstrasza, bo tylko te pytania i pytania. Kiedy jednak zastosujesz przy podejmowaniu ważnej decyzji kolejne etapy tego, o czym tutaj piszę, szybko zorientujesz się, że wcale Cię to nie męczy. Wręcz przeciwnie, wciągasz się powoli w tę grę pytań i odpowiedzi. Jesteś spokojniejszy i masz coraz jaśniejszy obraz sytuacji. Dlaczego?

Czy widziałeś kiedykolwiek, co robią ludzie, kiedy na coś czekają? Na coś, na co nie mają specjalnego wpływu? Jadą pociągiem, siedzą w poczekalni, leżą na plaży i zażywają słonecznych kąpieli? No co robią? Rozwiązują krzyżówki. A wiesz, dlaczego to taka powszechna rozrywka? Bo nasz umysł uwielbia pytania i zagadki; uwielbia gimnastykę; uwielbia być stymulowany i pobudzany. Pamiętaj: narząd nieużywany obumiera i zanika. Zacznij to robić, a rezultaty Cię zaskoczą.

I na koniec jeszcze coś najistotniejszego. Zawsze staraj się podjąć decyzję najlepiej, jak potrafisz; zrobić wszystko, co możesz zrobić. To nie znaczy, że masz to zrobić perfekcyjnie, nie. Po prostu najlepiej, jak Ty potrafisz w tej chwili. A jak już podejmiesz tę decyzję, to nigdy się nie obwiniaj, nigdy się nie tłumacz. Jeżeli ktoś Cię krytykuje, jest niezadowolony i potrafi lepiej, pozwól mu na to, żeby zrobił to za Ciebie. Jeżeli jest rzeczywiście lepiej, naucz się od niego i tak postępuj.

Nigdy się nie obwiniaj, nigdy się nie tłumacz. Przyjaciele i Ci, którzy Cię kochają, nie potrzebują tego. Wrogowie i tak nie uwierzą.

● ● chwila refleksji:

Pewien biznesmen z Zachodniego Wybrzeża miał wybrać się w podróż służbową do Europy. Mimo że podróż była starannie zaplanowana przez sztab asystentów i sekretarek, a wybór linii lotniczych poprzedzony dogłębną analizą sieci połączeń, niewiele brakowało, aby się spóźnił. Tylko dobrej decyzji podczas ostatniego głosowania zawdzięczał to, że w ostatniej chwili mógł opuścić salę posiedzeń zarządu. Kierowca cudem ominął korek tylko dlatego, że kazał mu jechać na lotnisko zupełnie inną drogą niż zazwyczaj. Zdążył na odprawę tuż przed zamknięciem bramek i stanął do właściwej kolejki, która posuwała się najszybciej. Kiedy wygodnie rozsiadł się na swoim miejscu i napięcie spowodowane pośpiechem oraz szybkimi decyzjami opadło, usłyszał komunikat, że samolot wystartuje jednak z niewielkim opóźnieniem z powodu zbliżającej się burzy. Odruchowo spojrzał na zegarek.

„Na przesiadkę w Houston mam 30 minut" – pomyślał. – „Zdążę na pewno".

Samolot rzeczywiście wystartował z niewielkim opóźnieniem, ale ze względu na złą pogodę leciał nieco dłużej i opóźnienie zwiększyło się do 30 minut. Wywołało to u biznesmena ogromny niepokój i stres spowodowany niemal pewnym przedłużeniem podróży. Fakt, że drugi samolot czekał, biznesmen uznał za szczęśliwy zbieg okoliczności.

Kiedy doleciał do Londynu, jego bagaż wyjechał pierwszy na karuzeli, dzięki temu wyszedł jako pierwszy z lotniska. Przywitał go rzęsisty deszcz, ale na wprost drzwi czekała pusta taksówka.

„Chyba jestem szczęściarzem" – pomyślał, sadowiąc się w środku i podając adres hotelu.

– Co pan taki zadowolony? – zagadnął przyjaźnie taksówkarz. – Z daleka pan leci?

– Z Houston – odparł biznesmen – ale tak naprawdę to z Zachodniego Wybrzeża.

– I po tak długiej podróży jeszcze ma pan dobry humor? – kontynuował taksówkarz.

– Bo wie pan – zaczął biznesmen – od rana mam szczęście, podejmuję fantastyczne decyzje i wszystko mi się idealnie układa...

I opowiedział taksówkarzowi o wszystkich zdarzeniach, które uznał za szczęśliwe.

– To zupełnie jak Thomas.

– Kto? Przepraszam, nie dosłyszałem.

– Był taki facet, Thomas Klain, który zawsze i wszędzie podejmował najlepsze decyzje, robił wszystko idealnie. A przy tym był największym szczęściarzem i farciarzem, jaki chodził kiedykolwiek po ziemi.

– Przyznam, że o nim nie słyszałem.

– Był w stanie zawsze znaleźć miejsce do parkowania tuż przed wejściem. Niezależnie od tego, czy rano jechał do City, po południu do marketu, czy wieczorem do teatru.

– Nie, chyba pana poniosło. Nikt nie ma tyle szczęścia.

– Thomas miał. Nawet jak się spóźniał do opery i przyjeżdżał tuż przed końcem pierwszego aktu, to wiedział, w który sektor na parkingu skręcić i miejsce na niego czekało – kontynuował z westchnieniem taksówkarz. – Samochód prowadził zresztą fenomenalnie. A przy tym, jaki był miły, kultural-

ny i uroczy dla wszystkich dokoła. Natura obdarzyła go niezwykłą siłą, sprawnością i gibkością ciała. Mógłby z pewnością zostać zawodowym piłkarzem lub tenisistą. A jak jeździł na nartach – zachwycał się taksówkarz.

– Przesadza pan... – nieufnie zauważył biznesmen.

– Przesadzam? – kierowca był lekko oburzony. – Proszę pana, był przystojniejszy niż Brad Pitt, inteligentniejszy niż Stephen Hawking. Och, trzeba go było zobaczyć we fraku... Prawdziwy dżentelmen olśniewający urodą, dowcipem i intelektem. Na parkiecie Fred Astaire, a przy tym miał taki głos, że jak otworzył usta, to kobiety mdlały. Pavarotti mógłby się przy nim schować. Był duszą towarzystwa, jak on opowiadał... – kierowca znowu westchnął. – Jakie dowcipy znał. Wszyscy słuchali go z zapartym tchem. Ale nie, proszę pana, niech pan sobie nie myśli – kierowca wtrącił jak gdyby od niechcenia – że był to jakiś bawidamek. Nie, nic z tych rzeczy. Lubił być w domu, sam odkurzał, zmywał naczynia, wyprowadzał psa. Potrafił wszystko naprawić. Jak wbijał gwóźdź, nigdy nie trafił w palec, a gdy poprawiał oświetlenie, nigdy nie wysadził korków.

– To niemożliwe. Chyba pan to wszystko wymyśla... – pasażer z niedowierzaniem kręcił głową. – Takich mężczyzn nie ma.

– Nic podobnego, Thomas taki był. Miał też wiele innych zalet, o których otwarcie się nie mówi.

Zawsze wiedział, jak dać szczęście kobiecie i jak ją zadowolić. Zresztą, rozumiał kobiety jak nikt inny. Niech pan sobie wyobrazi, że potrafił np. starannie nałożyć żonie farbę na głowę i pomóc jej w ufarbowaniu włosów albo w nałożeniu maseczki kosmetycznej.

– Nie no, tutaj to pan przesadził. To wręcz fantastyczne – pasażer wątpił coraz bardziej.

– Naprawdę nie przesadzam. A weźmy święta: zawsze wiedział, gdzie kupić najładniejszą choinkę, najdorodniejszego indyka, wybrał najtrafniejszy prezent dla teścia i teściowej, znał wszystkie kolędy i pięknie je śpiewał, nie potrzebując do tego kilku głębszych. Nigdy zresztą nie upił się u rodziny.

– No a jak mu szło z pieniędzmi? – biznesmen poczuł się trochę urażony, bo podświadome porównanie z Thomasem nie wypadało dla niego zbyt korzystnie.

– Pieniądze? Proszę pana, Thomas był geniuszem interesów. Że szły mu dobrze, to mało powiedziane. Wszystko, czego się tknął, zamieniało się w złoto. A jak grał na giełdzie! Jakie decyzje! Proszę pana, sam Warren Buffett często go prosił o konsultacje.

– To musiał być fantastyczny człowiek – biznesmen był wyraźnie zainteresowany. – Jak pan go poznał?

– Hm, prawdę mówiąc... – taksówkarz zawiesił głos – nigdy się nie spotkaliśmy. – Nie zdążyłem. Był bardzo wysoko ubezpieczony i taktownie *wcześnie zmarł, zostawiając swoją żonę z pokaźną polisą.*

– To skąd pan tyle o nim wie? Jak pan go tak dobrze poznał?

– Ożeniłem się z wdową po nim – wyjaśnił taksówkarz. – Żona często go wspomina.

● sekunda mądrości:

Człowiek staje się doskonalszy w miarę upływu lat,
a genialny po śmierci

– jak uczy Konfucjusz.

●● chwile refleksji:

Idealny partner i przyjaciel

Victoria była piękną młodą kobietą. Samodzielną, niezależną, wykształconą i dobrze zarabiającą. Zajmowała eksponowane stanowisko w dużej korporacji. Mieszkanie miała małe, ale własne; samochód średniej klasy, ale spłacony. Mogła pozwolić sobie na letnie i zimowe wyjazdy wakacyjne – zawsze za swoje pieniądze. Była członkinią kilku klubów fitness i SPA; posiadała stały karnet do kina i teatru oraz wejściówkę do opery. Miała pieniądze, grono licznych przyjaciół i znajomych. Miała wszystkie atrybuty potrzebne do szczęśliwego życia, a jednak nie była szczęśliwa. Dlaczego? Bo była samotna.

Właściwie nie wiadomo, z czego to wynikało. Victoria nie stroniła nigdy od męskiego towarzystwa i zawsze w jej otoczeniu kręciło się kilku potencjalnych kandydatów na narzeczonego.

Może powodem był jej charakter – trudny i wymagający? Perfekcjonizm? Być może.

Może brak czasu na normalność – zbyt dużo ruchu i zamieszania wokół, aby ktoś normalny przystanął?

Może poświęcanie wszystkiego pracy, awansom i swoiste uzależnienie od korporacji?

– Świat, w którym żyjemy, zbudowany jest ze stopni, schodów i drabin. A funkcjonowanie w korporacji polega na wspinaniu się, przepychaniu łokciami, strącaniu i ściąganiu w dół. Musisz być w tym najlepszy – tak często mówiła do swoich podwładnych.

Współpracownicy uważali ją za osobę bezwzględną, którą od piranii odróżnia tylko szminka i pomalowane paznokcie. Ona odgryzała się stwierdzeniem, że „nie można mieć pretensji do tych, co idą przed nami, o to, że idą zbyt szybko. Można co najwyżej do nich dołączyć i ich wyprzedzić".

Może taką postawę przenosiła również na swoje relacje z partnerami? Nie wiadomo.

Po kilku nieudanych związkach, które umacniały ją w przekonaniu, że każdemu mężczyźnie czegoś brakuje, a generalnie wszyscy faceci to świnie, doszła do tego, że lepiej żyć samemu niż w byle jakim towarzystwie. Nabrała do życia w związku specyficznego dystansu. Na zaczepki przyjaciół: „Jak tam Victoria, jesteś z kimś?", odpowiadała z uśmiechem: „Nie, mam za małe mieszkanie, żeby trzymać faceta!".

Kiedy w gronie przyjaciół koleżanki użalały się, że nie ma już prawdziwych mężczyzn – wysportowanych, zadbanych, opiekuńczych, łagodnych i dobrze ubranych – Victoria miała zdanie zupełnie przeciwne: „Nieprawda, moje drogie, jesteście w błędzie. Można spotkać wielu przystojnych, miłych, dobrze ubranych i pachnących mężczyzn, ale oni mają już swoich chłopaków!" – odpowiadała.

Aż pewnego dnia, jak to zwykle w bajkach bywa, spotkała mężczyznę swojego życia. Księcia z tej bajki. Był młody, piękny, bogaty i mądry. Był idealny i wszystko miał idealne: ciało, umysł i duchowość. Kochał Victorię do szaleństwa. Żyli ze sobą... niedługo i wszystko potem było jak zwykle. Wybuchały kolejne awantury, a w końcu przyszła ta największa i gwałtowne rozstanie.

Kiedy następnego dnia Victoria obudziła się w swoim łóżku sama, znalazła list:

„Victorio, kochanie moje, jeśli kiedykolwiek będziesz potrzebowała kogoś, kto będzie cieszyć się zawsze na Twój widok, nawet gdy jesteś bez makijażu lub wracasz po 16 godzinach z pracy, proponuję... postaraj się o psa.

Jeśli kiedykolwiek będziesz potrzebowała kogoś, kto zje wszystko, co mu odgrzejesz w mikrofalówce lub zamówisz «u Chińczyka» i nigdy nie powie Ci, że nie gotujesz tak, jak jego matka, proponuję... postaraj się o psa.

Jeśli kiedykolwiek będziesz potrzebowała kogoś, kto zawsze ma ochotę wyjść z Tobą obojętnie o której godzinie wszystko jedno do kogo, na jak długi spacer i dokądkolwiek chcesz, proponuję... postaraj się o psa.

Jeśli kiedykolwiek będziesz potrzebowała kogoś, kto przyniesie Ci gazetę i nie wymiętosi jej wcześniej, przeglądając rubryki sportową i motoryzacyjną, proponuję... postaraj się o psa.

Jeśli kiedykolwiek będziesz potrzebowała kogoś, kto nie ma w biurku paralizatora, gazu pieprzowego czy straszaka, lub innej śmiercionośnej broni, która Cię przeraża, naraża życie Twoje i wszystkich sąsiadów, a w razie potrzeby spłoszy włamywaczy, proponuję... postaraj się o psa.

Jeśli kiedykolwiek będziesz potrzebowała kogoś, kto nigdy nie dotyka pilota od TV, nie wrzeszczy podczas meczu i transmisji z Formuły 1, kto usiądzie obok Ciebie i przytuli się, kiedy oglądasz

*komedie romantyczne, proponuję... postaraj się
o psa.*

*Jeśli kiedykolwiek będziesz potrzebowała kogoś,
kto przyjdzie do Twojego łóżka tylko po to, żeby
ogrzać Ci stopy i kogo możesz wypchnąć z łóżka,
kiedy zaczyna się do Ciebie przytulać lub chrapie,
proponuję... postaraj się o psa.*

*Jeśli kiedykolwiek będziesz potrzebowała kogoś,
kto nigdy nie ma uwag na temat tego, co robisz, nie
obchodzi go, czy jesteś ładna, czy brzydka, gruba
czy chuda, młoda czy stara, i kto kocha Cię bezwa-
runkowo, całkowicie, proponuję... postaraj się o psa.*

*Jeżeli kiedykolwiek będziesz potrzebowała kogoś,
kto zachowuje się tak, jak gdyby każde słowo, które
wypowiadasz, było godne słuchania i nie proponuje Ci rozmowy na żaden błahy temat, taki jak seks,
samochody, sport albo wspólne życie, proponuję...
postaraj się o psa.*

*Jeżeli kiedykolwiek będziesz potrzebowała kogoś,
kto nie będzie chciał się z Tobą kochać i mieć z Tobą
dzieci, proponuję... postaraj się o psa.*

*Ale z drugiej strony, jeśli kiedykolwiek będziesz
potrzebowała kogoś, kto nigdy nie przyjdzie, kiedy
go potrzebujesz; ignoruje Cię całkowicie, kiedy wracasz do domu z pracy; ma własne zdanie i nie boi
się go wyrażać; wszędzie zostawia włosy; mija Cię
obojętnie w kuchni; często nie wraca na noc; przychodzi do domu tylko po to, by zjeść, wyspać się
i nabałaganić; zachowuje się tak, jak gdyby sensem*

Twojego istnienia było wyłącznie zapewnianie mu szczęścia, wtedy, moja kochana, proponuję... postaraj się o kota!".

● **sekunda mądrości:**

Twój partner nie jest idealny, ale on zawsze taki był
i dlatego wybrał Ciebie.
Gdyby był ideałem, Ty nie byłabyś jego partnerką.

●● **chwila refleksji:**

Tylko to, co najlepsze

Pewien prosty, ale bardzo przebojowy człowiek dorobił się ogromnej fortuny i stał się ważny. Zgodnie ze starym przysłowiem: „Jak Pan Bóg daje biednemu pieniądze, to mu resztki rozumu odbiera", wydawał mnóstwo pieniędzy. Zawsze w jego domu i otoczeniu musiało być to, co najdroższe, najlepsze, czego nikt jeszcze nie ma. W pewnej chwili stało się to jego celem życia i szczególną obsesją.

Pewnego dnia poczuł się bardzo źle i zaczął uskarżać się na uporczywy ból z prawej strony jamy brzusz-

nej. Jego domowy najlepszy lekarz stwierdził, że jest to najprawdopodobniej zapalenie wyrostka robaczkowego – na tym etapie niegroźna przypadłość, z którą poradzi sobie dobrze każdy dyplomowany chirurg w kraju. Zalecił konsultacje w miejscowym, dobrym szpitalu i operację. Propozycja lekarza nie spotkała się jednak ze zrozumieniem. Będąc przejęty poczuciem własnej ważności i pobudzany swoją obsesją, rozpoczął również poszukiwania tego, co najlepsze w świecie medycznym. Zaczął jeździć z jednego miasta do drugiego, z jednej kliniki do drugiej, z jednego kraju do innego w poszukiwaniu najlepszego szpitala i najlepszego człowieka do tego zadania. W końcu musi mieć to, co najlepsze. Za każdym razem, gdy polecono mu kompetentnego chirurga, miał obawę, czy nie ma kogoś bardziej kompetentnego. Kiedy trafiał do jakiejś kliniki, zaczynał się obawiać, że może być inna, droższa i przez to bardziej dla niego odpowiednia.

Będąc cały czas na środkach przeciwbólowych, nie reagował na ostrzeżenia swojego lekarza, że stan zdrowia się pogarsza. Któregoś dnia, w trakcie kolejnej samotnej podróży samochodem w poszukiwaniu najlepszego chirurga, jego stan tak się pogorszył, że zapadł w śpiączkę. Operacja powinna zostać przeprowadzona natychmiast, bo jego życie było w poważnym niebezpieczeństwie. Lecz znajdował się w jakiejś zapadłej wsi, gdzie jedyną osobą używającą noża na żywym stworzeniu, był wiejski rzeźnik. Okoliczni wieśniacy mówili, że najlepszy.

● sekunda mądrości:

Nie chodzi o to, aby w życiu robić wszystkie rzeczy najlepiej
i we właściwy sposób.
Chodzi przede wszystkim o to, aby robić właściwe rzeczy.

Peter Drucker

20.

O odpowiedzialności na drodze Sukcesu

● ● ● minuty mądrości:

We wszystkim, co robisz i do czego dążysz, powinieneś być odpowiedzialny. Każde działanie powinno dawać Ci satysfakcję i poczucie, że jest lepiej, niż było kiedyś. Myśl o sobie jako o inwestycji i inwestuj w siebie. Staraj się być lepszym, bardziej kompetentnym człowiekiem. Ale to, że będziesz tak o sobie myślał, to jeszcze za mało. Ważne, aby inni zaczęli tak myśleć o Tobie.

Ucz się, czytaj, pisz. Chodź na kursy, seminaria, słuchaj kaset. Załóż swoją osobistą bibliotekę samorozwoju i taśmotekę motywacyjną. Rób to bez przerwy. Magnetowid i dyktafon niech staną się Twoimi narzędziami pracy. Z samochodu zrób przenośne „laboratorium psychoedukacji". Naucz się gospodarować czasem i samym sobą. Co robisz, kiedy nic nie robisz?

Może tak się zdarzyć, że stracisz nagle wszystko, co wydawało Ci się trwałe i niezniszczalne. Los się nagle odmieni. Ale tego, co masz w sobie, nikt Ci nigdy nie zabierze.

I postępuj tak zawsze, a przede wszystkim wtedy, gdy nikt Cię nie obserwuje, gdy nie masz co liczyć na poklaski i uznanie. Nie czekasz na nagrodę czy karę. To, co robisz i jak postępujesz, powinno wynikać z Twojego wewnętrznego przekonania i wewnętrznej odpowiedzialności.

Pamiętaj o swoich rozrywkach, hobby, zainteresowaniach. Realizuj je. Bądź ekspertem w swoich zainteresowaniach. Samorealizuj się i samoakceptuj. Jeżeli Twoje hobby to latanie balonem, to lataj coraz lepiej i dalej. Jeżeli całe życie chciałeś grać na trąbce, to zacznij grać właśnie dzisiaj. Jeżeli lubisz wędkować, to pamiętaj, żeby znaleźć czas, aby to robić. Obok wielu innych rzeczy da Ci to poczucie faktycznej samorealizacji. Jeżeli robisz coś lepiej niż inni, a na pewno jest coś takiego co robisz doskonale, opisz to i podziel się z innymi. Stwórz coś swojego. Coś indywidualnego i niepowtarzalnego. To jest właśnie odpowiedzialny rozwój. Gdybyś mógł tworzyć, to co byś stworzył? Co byś zostawił?

Poznawaj ludzi, ale także samego siebie. Staraj się poznać, kim jesteś, skąd biorą się Twoje takie, a nie inne zachowania. Dlaczego tak myślisz i tak czujesz. Musisz zrozumieć wszystkie czynniki i siły, które kształtowały i kształtują Twoją osobowość. Zacznij uczyć się psychologii praktycznej, poznaj siłę wyobraźni i wizualizacji, dotrzyj do źródła swoich emocji. Lepiej zrozumiesz wtedy ludzi, reakcje i różne sytuacje. Samopoznanie to rozwój świadomości. Wiedza o sobie to przeciwwaga do lęku i strachu, i akceptacja siebie. Akceptując siebie, możesz osiągnąć to, czego pragniesz w innych dziedzinach życia.

Staraj się patrzeć w górę i mierzyć do wysokich celów. Otaczaj się ludźmi, którzy myślą i działają podobnie jak Ty albo są dla Ciebie ideałami i wzorami. Nigdy też nie trać czasu na użalanie się i zamartwianie przeszłością. Zawsze myśl o przyszłości. Swojej przyszłości. Pamiętaj: przyszłość to polisa, na którą odkładasz dzisiaj.

Dom przyszłości

Był sobie pewien bardzo mądry król, który słynął ze swojej sprawiedliwości, mądrości, uczciwości i – co też ważne – łagodności. Odnosiło się to do wszystkich jego urzędników i dostojników dworskich, ale także do zwykłych poddanych. Wszyscy obywatele tego królestwa korzystaliby w pełni z tak wspaniałego władcy, gdyby nie to, że w jednej z nadmorskich prowincji władzę sprawował w jego imieniu naczelnik, który słynął z nieuczciwości, łapownictwa, oszustwa i ogromnej pazerności na pieniądze. Naczelnik rządził w tej prowincji od wielu lat, jeszcze za czasów ojca obecnego władcy i król, czy to ze względu na sentyment, czy dawne zasługi, przymykał oczy na te niegodziwości. Łagodził napięcia, wynagradzał krzywdy, skargi załatwiał na korzyść poddanych. W końcu jednak wielu poddanym bardzo uprzykrzyła się ta postępująca demoralizacja naczelnika i ze wszystkich stron płynęły do króla prośby, aby coś z „tym" zrobił, bo sytuacja jest nie do zniesienia.

Jakież było zaskoczenie wszystkich, kiedy król skierował do naczelnika list – zamówienie. Prosił go o wybudowanie w jego prowincji wspaniałej willi według jego własnego projektu i uznania. Mógł *wybrać najpiękniejszą lokalizację i nie liczyć się z żadnymi kosztami. Wszystko zostanie uregulowane z królewskiego skarbca, według rachunków i faktur wystawionych przez naczelnika. W liście król prosił go o osobisty nadzór nad całością, o staranne, najwyższej jakości wyposażenie i wykończenia oraz obdarzał go bezgranicznym zaufaniem. Cel budowy willi król wyjawi w późniejszym terminie.*

Naczelnik niezwykle podłechtany pismem władcy i zadowolony z pokładanego w nim zaufania od razu zwietrzył dla siebie wspaniały interes. „Zapewne król" – pomyślał – „buduje dla siebie kolejną rezydencję, z której pewnie i tak nie będzie miał czasu skorzystać". Nie ważne, co i jak zbuduję, ważne, żeby się ładnie prezentowało. Natychmiast więc rozpoczął pracę i wiele czynności nadzorował osobiście, myśląc jednak cały czas o sobie. Postanowił zbudować dom jak najtaniej i najoszczędniej, wystawić jak najwyższe rachunki, aby w ten sposób zagarnąć dla siebie zaoszczędzone nieuczciwie pieniądze. Wykopy i fundamenty zrobiono niestarannie, do budowy ścian wykorzystał stare materiały i surowce, zwietrzały cement i zmurszałe cegły, zatrudnił niedoświadczonych i mniej wykwalifikowanych robotników, przeterminowane farby, drewno z kornikami i marmury najgorszej jakości. Co do wyposażenia domu to pomyślał sobie, że lepiej byłoby pożyczyć meble, dywany i zastawy na otwarcie, a potem się odda itd. W końcu willa została ukończona.

Na uroczystość otwarcia przyjechał król z dostojnikami i całym dworem, licznie zgromadziła się także ludność prowincji, która znając przekręty naczelnika i sposób budowania willi, drżała przy każdym większym wietrze, bo budynek w każdej chwili mógł stać się gruzowiskiem. Przed bramą ustawiła się orkiestra i zaproszeni goście. Naczelnik uroczyście podszedł i wręczył klucze do posiadłości królowi.

Król jednak oddał mu je natychmiast i uśmiechając się, powiedział:

– Ten dom jest dla ciebie. Przekazuję ci go mocą dekretu i rozkazu królewskiego. Opuść swoją starą rezydencję i przenieś się tutaj, gdzie wszystko od początku do końca jest starannie przez ciebie przemyślane, zaprojektowane i według twojego gustu wykończone. Mieszkaj w nim. Niech ten dom będzie moim podziękowaniem dla ciebie za rzetelną pracę i uczciwą służbę. Niech będzie wyrazem mojego poważania i szacunku. A przechodząc się po nim, rozkoszując się jego solidnością i pięknem, będąc z siebie dumny i zadowolony, niech towarzyszy ci myśl, że każdy twój dzień i wszystkie twoje czyny są jak cegły, z których budujesz dom swojej przyszłości.

● sekunda mądrości:

Przyszłość to polisa,
na którą świadomie i odpowiedzialnie odkładasz dzisiaj.

●● chwila refleksji:

O parobku, który potrafił spać podczas burzy

Pewien bogaty gospodarz potrzebował do swojego gospodarstwa parobka do pracy w stajni i stodole. Zgodnie z obowiązującymi zwyczajami, rozpoczął poszukiwania na najbliższym jarmarku w wiosce. Rozmawiał z kilkoma młodymi ludźmi, ale żaden nie zdobył jego zaufania. Ten nie znał się na pracy przy zwierzętach, inny żądał za wiele, jeszcze inny miał mało uczciwy wygląd.

W końcu już prawie zrezygnowany dostrzegł jeszcze jednego, nieznanego sobie młodzieńca, który przyglądał się koniom. Był bardzo szczupły i nie wyglądał na zbyt silnego, ale gospodarz nie miał wyjścia.

— Poszukuję pomocnika do pracy w gospodarstwie — zagadnął młodzieńca. — Nie szukasz pracy?

— Tak, Panie — odparł młodzieniec.

– A znasz się na roli i pracy w gospodarstwie?

– Tak, Panie.

– A co umiesz robić najlepiej?

– Potrafię spać w burzliwą noc – odparł młodzieniec.

– Co mówisz? – zapytał zaskoczony gospodarz, chcąc sprawdzić, czy dobrze usłyszał.

– Potrafię spokojnie spać podczas burzy – odrzekł spokojnie młodzieniec.

– I za to ci ktoś płaci? – gospodarz nie ukrywał zdziwienia. – Że śpisz?

– Tak, Panie.

Gospodarz pokręcił głową i odszedł, myśląc, jak wielu głupców jest na tym świecie. Potrzebował silnego pomocnika do ciężkiej pracy przy oporządzaniu bydła, koni i trzody, a nie jakiegoś szaleńca, który jest dumny z tego, że umie spać w burzliwe noce.

Gospodarz szukał dalej, ale do późnego popołudnia nikogo nie znalazł i pora była wracać do domu. Nie mając innego wyjścia, zdecydował się zatrudnić ostatniego wolnego parobka – tego, co umie spać w burzliwą noc.

– W porządku, biorę cię na próbę. Zobaczymy, co potrafisz robić.

– Niech się Pan nie martwi, ja mogę spać w burzliwą noc.

Nowy parobek był w gospodarstwie kilka tygodni. Nikomu się nie naprzykrzał, z nikim się nie *kłócił. Robił to, co mu kazano. Zwierzęta miały to, co potrzebowały. Zresztą gospodarz tak był zajęty przy żniwach, że nie zwracał wielkiej uwagi na to, jak pracował młodzieniec.*

Pewnej nocy obudziła go straszliwa burza. Silny wiatr miotał drzewami i wył w kominie, grad trzaskał w okna, a drzwi przeraźliwie skrzypiały. Gospodarz mocno zaniepokojony wyskoczył z łóżka. Burza mogła otworzyć na oścież drzwi stajni, przestraszyć konie i krowy, porozrzucać siano, słomę i paszę, wyrządzić mnóstwo różnych szkód.

Pobiegł do pokoju parobka i zaczął stukać w drzwi, krzycząc:

– Wstawaj, obudź się – ale parobek spał.

– Wstawaj i pomóż mi, zanim wiatr rozniesie stajnię i pouciekają zwierzęta.

Zza drzwi nie dochodził żaden głos. Nacisnął klamkę i wszedł. Zobaczył, jak parobek smacznie śpi i nie ma najmniejszego zamiaru się obudzić.

Machnął zrezygnowany ręką i pobiegł po schodach w dół. Nie miał czasu do stracenia. Burza rozszalała się na dobre.

Z ogromnym trudem przedarł się przez podwórze i dotarł do zagrody. I tu spotkało go wielkie zaskoczenie.

Drzwi do stajni były szczelnie zamknięte, a okna starannie zablokowane. Siano i słoma poprzykrywane i tak poukładane, że żaden wiatr nie byłby w stanie ich rozwiać. Konie i krowy uwiązane, a kury i trzoda wyjątkowo spokojne. Na zewnątrz wiatr gwałtownie szalał, a wewnątrz zwierzęta spały spokojnie. Wszystko było należycie zabezpieczone.

I wtedy gospodarz zrozumiał, co miał na myśli młodzieniec, gdy mówił, że może spać nawet w burzliwą noc. Każdego dnia wykonywał starannie i dobrze swoje obowiązki. Sprawdzał dokładnie, czy wszystko było zrobione, jak należy. Zamykał szczelnie drzwi i okna, przywiązywał i opiekował się zwierzętami. Był przygotowany na burzę każdego dnia, dlatego nigdy się jej nie lękał i mógł spać spokojnie.

● **s e k u n d a   m ą d r o ś c i :**

W życiu wielu ludzi wie, co powinno robić,
ale mało ludzi robi to, co powinno...
Nie wystarczy tylko wiedzieć! Musisz podjąć działanie i tak
robić!

Dale Carnegie

•• chwila refleksji:

Dwaj młodzi ludzie – studenci, jesienią, tuż przed egzaminem magisterskim, wybrali się na wycieczkę w góry. Chodzili, zwiedzali, wdrapywali się na szczyty i schodzili w doliny. Nocowali w schroniskach lub wiejskich chatach. Pewnego dnia, a raczej pewnego wieczoru, dotarli w taką partię gór, której zupełnie nie znali i zgubili się. Zbliżał się wieczór i groził im nocleg na gołej ziemi i w bardzo niskiej temperaturze. Dlatego z mozołem i niemałym trudem przedzierali się przez las z nadzieją, że w końcu dotrą do jakiejś drogi i wioski. Nagle w ciemnościach zobaczyli światło i zaczęli iść w jego kierunku, Doszli do wysokiego potężnego muru. Trochę zdziwieni zaczęli posuwać się wzdłuż muru i dotarli do wielkiej kutej z żelaza wspaniałej bramy. Za bramą zobaczyli oświetlony, duży dziedziniec wspaniałej posiadłości: ogród, fontanna; piękny, starannie odrestaurowany pałac, garaże, a na podjeździe trzy samochody: najnowsze modele – sportowy Lamborgini Aventador, terenowy Infinity Q30 i limuzyna Maybach S600. Nieco z boku zauważyli kort tenisowy i sporej wielkości basen oraz halę do squasha.

Z dużymi oporami zdecydowali się na naciśnięcie dzwonka przy bramie. Po pewnej chwili w pałacu otworzyły się drzwi i wyszedł służący w nowiutkiej starannie dopasowanej liberii. Podszedł do nich z uśmiechem, otworzył bramę i nie czekając na ich prośbę zaprosił do środka. Weszli na dziedziniec i stanęli. Służący starannie zamknął kutą bramę i zapraszającym gestem wskazał, aby pójść za nim. Idąc w stronę pałacu młodzieńcy opowiadali, jak to zgubili się w górach i prosili, czy mogą przenocować.

– Oczywiście.

Służący zapewniał, że nie ma żadnych przeszkód. Wskazał im pomieszczenie, gdzie mogą zostawić bagaże oraz łazienkę, aby mogli się odświeżyć, a Pani zaprasza do jadalni na kolację, bo zapewne są zmarznięci i głodni.

Weszli do przepięknie urządzonego pałacu – z jednej strony z ogromnym przepychem, a z drugiej – z ogromnym smakiem i znawstwem świadczącym o poziomie i dobrym guście właściciela. Służący wskazał każdemu z nich osobną łazienkę i zaprosił za czterdzieści pięć minut do jadalni. O tym, jak były urządzone łazienki i z jakim przepychem, lepiej nie pisać.

Jeszcze nigdy w życiu nie byli w takim pałacu i w takim miejscu, a gorąca kąpiel w wannie z jacuzzi po tylu dniach wędrówki i turystycznych warunków wydawała im się czymś wręcz niesamowitym.

Zrelaksowani i odprężeni; przebrani w nowe rzeczy, które także dziwnym trafem znalazły się w łazienkach przygotowane dla nich, weszli do

jasno oświetlonej jadalni. Zza stołu na ich powita-
nie wyszła przepiękna młoda dziewczyna. Mogła
mieć 20–25 lat. Miała ciemne długie włosy, ciem-
noszafirową suknię do ziemi i wspaniałą połysku-
jącą w świetle biżuterię z szmaragdów, szafirów
i diamentów. Uśmiechnęła się na powitanie, poda-
ła każdemu rękę i zaprosiła do stołu. Rozpoczęła się
kolacja. Przy stole uwijało się kilku służących zmie-
niających nakrycia, sztućce i półmiski. Przekąski,
przystawki, sałatki, mięsa, ryby – do tego najwspa-
nialsze, znakomicie dobrane wina, które akcepto-
wała lekkim skinieniem głowy Pani domu. Z sąsied-
niego pomieszczenia dobiegała dyskretna, „żywa"
muzyka kwartetu smyczkowego. Oczywiście roz-
mawiali – o wszystkim, śmiali się i stopniowo, jak
rozluźniała się atmosfera, żartowali.

Pani domu była przemiłą osobą znającą się na
sztuce, malarstwie, literaturze, ale również na do-
brych samochodach i sporcie. Zniknął jakikolwiek
dystans i skrępowanie. Wieczór wszystkim wyda-
wał się i był cudowny. Czas płynął niepostrzeżenie.
Zjedli wspaniały deser, wypili kawę. Zbliżała się
północ. Młodzieńcy poczuli się zmęczeni wrażenia-
mi, ale także obfity posiłek i wypity alkohol zrobiły
swoje.

Pani domu widząc ich znużenie wezwała służą-
cego i powiedziała:

– Jestem samotną, niezamężna kobietą. Mieszkam
w tym domu sama. Względy etyczne i moralne nie

pozwalają mi nocować z wami pod jednym dachem. Dlatego proszę, abyście przenieśli się teraz do pa-wilonu dla gości – służący wskaże wam drogę – i tam udali się na spoczynek.

Rano służba odwiezie was na dworzec i wrócicie do domów. Gdybyśmy się jutro nie zobaczyli, to życzę wam wszystkiego dobrego i dziękuję za wspa-niały wieczór. – Wstała, podała rękę na pożegnanie i wyszła.

Służący zaprowadził ich do gustownego pawilo-nu dla gości oddalonego jakieś sto metrów od pała-cu. Wskazał sypialnie i zaprosił jutro rano na śnia-danie do pałacu. Położyli się do łóżek pełni wrażeń.

Rano zjedli sami wspaniałe śniadanie – Pani jesz-cze spała – i służący odwiózł ich jednym z luksuso-wych samochodów na dworzec. Wracali zamyśleni do domu.

Minęło dziewięć miesięcy.

Do jednego z młodych ludzi przyszedł list pole-cony z oficjalnymi pieczęciami. Otworzył, zaczął czytać.

Powoli zmieniała mu się twarz, zaczęły drżeć ręce. Sięgnął nerwowo po słuchawkę telefonu i zadzwo-nił do swojego przyjaciela. Poprosił go o natych-miastowe spotkanie, bo ma ważną sprawę do omówienia. Po kilku godzinach siedzieli w kawiar-ni naprzeciwko siebie.

Ten, który otrzymał list, zaczął powoli, cedząc przez zęby każde słowo:

– Wtedy w górach u... tej dziewczyny... gdy no-
cowaliśmy w pawilonie... poszedłeś do niej... i spędziłeś z nią noc... – zawiesił głos.

– Tak, chciałem ci to powiedzieć – drugi, wyraźnie zmieszany, próbował wyjaśnić – ale nie było
jakoś okazji.

– I... moje nazwisko... i adres... podałeś... jako...
swój? – pierwszy powoli mówił, dalej patrząc koledze w oczy.

– Tak, bardzo cię przepraszam, to miał być taki
żart – był coraz bardziej zmieszany – może... niezbyt odpowiedzialny?

– Chciałem ci powiedzieć... że dostałem dzisiaj
list... od prawnika tej dziewczyny – przy stoliku
zapadła cisza. – Trzy dni temu zmarła, była nie-
uleczalnie chora, nie miała żadnej rodziny ani
spadkobierców, w testamencie zapisała mi cały swój
majątek.

● sekunda mądrości:

Decydującym czynnikiem w życiu nie jest to,
co się nam przydarza,
ale nasza wobec tych zdarzeń postawa.

21.

O czasie
i jego wykorzystaniu

Kiedy masz jakiś cel w swojej głowie, będziesz mógł sformułować plan jego osiągnięcia. A w planie poczesne miejsce zawsze zajmują terminy.

Bądź zawsze odpowiedzialny za swój czas. Pozwól, aby był to naprawdę Twój czas. Jeżeli potrzebujesz „mocy" do napędu swojego życia, to – zgodnie z zasadami fizyki – jest to „praca" i „czas", w jakim ją wykonujesz, czyli praca wykonana w jednostce czasu.

Jeśli cenisz sobie moc, to musisz mieć kontrolę nad swoim czasem. To niezwykłe uczucie – mieć kontrolę nad swoim czasem i używać go dla swojej korzyści. Najlepszym sposobem, aby to zrobić, to ustalić preferencje i intencje, jak go wykorzystać. Pomyśl o czasie, jak o koncie bankowym, z ograniczonym zasobem finansowym – trzeba je wydać mądrze i z celem. Czasami czujemy się tak, jakbyśmy byli na ustawicznym debecie; nigdy nie mieli wystarczająco dużo czasu. Ale prawda jest taka, że czas jest nieskończony. To czynności, które powinieneś wykonać w 30 minut, zabierają Ci dwa tygodnie. Możesz za tę rzecz zapłacić „dużo za dużo" lub bardzo mało – robisz, co chcesz.

Mamy to samo niebo nad głową, ale jakież inne horyzonty! Każdy z nas ma inne „pole widzenia"; taką osobistą „przestrzeń możliwości", a raczej „klatkę bezpieczeństwa", a jedną z kłódek zamykających jest „czas". Nie ważne, co to takiego, ale kogo można umieścić w środku? Myślę, że nie byłoby Ci wygodnie, gdyby fizycznie zamknięto Cię w klatce. Więc dlaczego pozwalasz, aby robiły to Twoje myśli: „Nie mam czasu!", „Dzisiaj nie!", „To nie jest odpowiednia pora!", „Ciężkie czasy!"?

Przestań ulegać i dawać się zwodzić przez spokój i zacisze rzeczy znanych. Przez nic nierobienie i bezmyślne tracenie czasu. Nigdy nie wyrośniesz ponad resztę, myśląc tak samo, jak oni. Jeżeli nie Ty – to kto? Jeżeli nie dzisiaj – to kiedy? Kiedy czujesz, że coś jest na tyle dobre, że warto się temu poświęcić, to nie wahaj się i poświęć cały czas właśnie temu. Postaw przed sobą wyzwanie i wymyśl sposób, aby to zrealizować. Aby było lepiej! I nie wierz tym, którzy mówią, że „lepsze jest wrogiem dobrego". Przesuwaj granice tego, co inni uważają za niemożliwe i odważnie idź drogą mniej uczęszczaną. Szczególnie, jeśli wziąć pod uwagę drogę do sukcesu. Sukces jest „stanem", który jest dla niewielu. A kiedy Twój czas rzeczywiście dobiegnie końca, nie będziesz miał takiego poczucia, że go traciłeś.

Naucz się inwestować swój czas i traktować jako „aktywa", a nie tracić jak „pasywa". Poświęcaj każdą minutę na rozwój osobisty; postaraj się spędzić codziennie godzinę na czytaniu, jeden dzień w miesiącu na szkoleniu; prowadząc samochód, słuchaj audiobooków i jedz lunch w towarzystwie ludzi sukcesu; pracuj lub studiuj coś, co jest Twoją pasją, co Cię interesuje. Sukces wynika z naszego głodu i pragnienia, aby być kimś lepszym. Więc pozwalaj sobie na realizację tego, co będzie sprawiało, że poczujesz się lepiej. Czasami godzina poświęcona na zdobycie wiedzy; piętnaście minut rozmowy z kimś mądrym; przeczytanie jednego artykułu może zaoszczędzić Ci miesięcy zbędnego trudu i lat rozczarowań.

Z moich obserwacji wynika, że człowiek najbardziej marnuje życie poprzez niewłaściwe wykorzystanie wolnego czasu. Będąc w pracy, marzymy, aby wrócić do domu i mieć trochę wolnego czasu, a po powrocie nie mamy pojęcia, co z tym czasem zrobić. Czekamy na weekend, a gdy przychodzi, spędzamy go przed telewizorem lub snujemy się bezsensownie po galeriach handlowych. Przez kilka miesięcy marzymy o urlopie, a kiedy już mamy ten urlop, to nudzimy się niemiłosiernie. Jak na ironię praca jest łatwiejsza niż czas wolny. Praca ma cele, określone zasady i formuły, dostarcza informacji zwrotnej, stawia wyzwania, a to wszystko zachęca do zaangażowania i koncentracji. Czas wolny nie posiada takich zasad i dlatego wymaga bardzo dużego wysiłku, żeby stworzyć „coś" dającego satysfakcję. Jeżeli tego nie stworzysz, nie zaplanujesz i nie określisz swoich oczekiwań, to najprawdopodobniej samo nie zdarzy się „nic", co dałoby poczucie spełnienia i regeneracji. Hobby wymagające pewnych umiejętności, pasja, nawyki wyznaczające cele, zainteresowania, a przede wszystkim wewnętrzna dyscyplina w kierunku samorozwoju pomagają w uczynieniu z wolnego czasu tego, czym powinien być – regeneracją i rekreacją. Większość z nas, nie wiedząc o tym, przegapia po prostu możliwość cieszenia się czasem wolnym i staje się on frustrującą udręką.

Wiedzą o tym specjaliści od przemysłu rozrywkowego i zapełniają nam czas wolny „ciekawymi i przyjemnymi" zajęciami. Obserwujemy przez półtora miesiąca po kilka godzin dziennie zmagania sportowców na wielkich stadionach mistrzostw świata, zamiast samemu wykorzystać potencjał fizyczny do poprawy stanu zdrowia i samopoczucia. Nie chcemy poodejmować ryzyka realizacji własnych marzeń, za to godzinami patrzymy w ekran telewizora na aktorów udających, że przeżywają życie. Unikamy emocji, ale patrzymy na sztuczne emocje innych. Patrzymy na rozrywkowe programy i czasami zastanawiamy się, gdzie jest ta rozrywka. Nie wypowiadamy własnych poglądów i nie rozmawiamy, ale godzinami obserwujemy pasjonujące kłótnie polityków. Na wakacjach poddajemy się bezsensownej kulturze masowej i masowej rozrywce: plaża (gofry, lody, rejs statkiem po morzu, rybka, alkohol, spacer po promenadzie), dyskoteka, grill i różne sezonowe atrakcje przy braku pogody takie jak: automaty do gry, bilardy, ping-pongi, ewentualnie skok na bungee, lot paralotnią, skuter wodny, tor gokartowy itd. Wielu z nas podróżuje, a objazdowe wycieczki zagraniczne do egzotycznych krajów i zwiedzanie ciekawych miejsc jest dosyć popularną formą tzw. wypoczynku. Ale jak podkreślają przewodnicy i piloci tych wycieczek, 75% uczestników jest zainteresowana tylko tym, aby hotel był dobry, szwedzki stół na śniadanie i kolację, częste wizyty na bazarach lub w sklepach. A zwiedzanie tych interesujących miejsc? No może tak, ale niezbyt „nachalnie", „bo i tak tego nikt nie zapamięta". Popularny slogan, że „podróże kształcą", należałoby uzupełnić: „ale wykształconych".

Wszystkie te formy biernej rozrywki, oprócz istotnego drenażu kieszeni i umysłu, mają zamaskować ogromne marnotrawstwo wolnego czasu. Są to substytuty imitujące rzeczywistość, marnujące naszą wewnętrzną energię do realizacji różnych złożonych celów i zapewnienia sobie satysfakcjonującego rozwoju. Takie formy spędzania wolnego czasu nie są niczym innym jak pasożytami umysłu. Absorbują naszą energię psychiczną, nie dając niczego w zamian. Zostawiają nas po dwóch tygodniach jeszcze bardziej zmęczonymi, wyczerpanymi, zrezygnowanymi. Większość mass mediów i biernych rozrywek nie jest przeznaczona do uszczęśliwiania nas i umacniania w poczuciu spełnienia. Ich celem jest coś zupełnie innego. Jeżeli nie przejmiemy nad nimi kontroli, zarówno praca, jak i czas wolny będą przynosiły same rozczarowania.

Znam kilku ludzi, którzy moim zdaniem, nauczyli się czerpać zadowolenie z pracy i prowadzą wartościowe życie. Zapytałem ich, jak wykorzystują czas przeznaczony na wypoczynek, jak spędzają wakacje? Byłem zaskoczony, gdy każdy z nich miał ten czas zaplanowany z najdrobniejszymi szczegółami: piętnaście książek do przeczytania przez trzy tygodnie; poznanie dokładnie tej, a nie innej części masywu górskiego Sudetów i przejście dwudziestoma szlakami; codzienne przejechanie rowerem 60 km i dokładne zwiedzenie Pojezierza Drawskiego itd. Żaden z nich nie planował wyjazdu gdziekolwiek i nic nierobienie, ale każdy podkreślał, że odkąd przejął kontrolę nad czasem wolnym i po prostu go nie marnuje w głupi sposób, jego życie stało się bardziej wartościowe. Improwizacja jest dobra, kiedy jest dobrze zaplanowana.

Warto się nad tym zastanowić i już dziś pomyśleć konkretnie o nadchodzącym weekendzie, zbliżającym się wolnym od pracy okresie świąt i o tych wakacjach w następnym roku...

●● chwile refleksji:

Bezcenny czas

W kolejce w aptece stało kilka osób, trochę zniecierpliwionych. Obsługiwana przez farmaceutę kobieta w średnim wieku nie mogła zdecydować się na rodzaj pasty do zębów oraz wielkość i twardość szczoteczki. Popisywała się znawstwem przedmiotu, tłumaczyła farmaceucie, jak jest to ważne zagadnienie dla jamy ustnej, zmieniała zdanie, marudziła. Stojący za nią starszy mężczyzna próbował bardzo grzecznie wpłynąć na jej decyzję i przyspieszyć obsługę.

– Bardzo panią przepraszam – zwrócił się do kobiety – ale bardzo mi się spieszy. Może zastanowiłaby się pani gdzieś na boku i podjęła ostateczną decyzję, a w tym czasie pan obsłużyłby kilka osób?

Kobieta, wyraźnie poirytowana zwróceniem „jej" uwagi, spojrzała na niego zimno i nieprzyjemnie, i w nonszalancki sposób odpowiedziała:

– A gdzież to takiemu staruchowi jak pan może się jeszcze spieszyć? – przez jej twarz przeleciał szyderczy uśmiech.

W aptece zrobiło się bardzo cicho. Starszy mężczyzna uśmiechnął się do niej i spokojnie powiedział:

– Szanowna pani, mam 70 lat, w moim wieku każda minuta jest bezcenna.

439

– O, niech pan nie przesadza – kobieta nie zmieniała tonu – jeszcze pan zdąży. Co, spieszy się pan, bo czeka na pana jakaś „specjalna okazja"? – dokończyła już wyraźnie złośliwie i nieprzyjemnie.

Mężczyzna popatrzył jej prosto w oczy i zaczął mówić:

– Dwa lata temu otworzyłem szufladę w komodzie mojej żony i wyjąłem z niej płaski karton, w którym była jej piękna jedwabna bluzka z przepiękną, ręcznie haftowaną koronką. Kupiłem ją dla niej trzydzieści lat wcześniej, gdy po raz pierwszy byliśmy w Nowym Jorku. Nigdy jej nie założyła, czekała z tym na jakąś specjalną okazję. Dobrze, pomyślałem, dzisiaj jest ta specjalna okazja. Zbliżyłem się do jej łóżka i położyłem tę śliczną bluzkę obok innych rzeczy przy jej głowie. Niedługo zaczną ją ubierać do trumny. Po krótkiej gwałtownej chorobie dzień wcześniej zmarła.

Kobieta spuściła wzrok.

– Każdy dzień, który przeżywamy – kontynuował starszy pan – jest tą specjalną okazją. Nasze okazje już minęły. Nie wolno tracić czasu i odkładać wszystko na potem. Od tego dnia więcej czytam, a mniej sprzątam. Siadam na tarasie i rozkoszuję się urodą okolicy bez poczucia winy, że nie wyplewiłem ogródka. Spędzam jak najwięcej czasu z moimi bliskimi i przyjaciółmi, a mniej się martwię jutrem. Zrozumiałem, że życie to ciągłość doświadczeń, które trzeba przeżyć w radości, a nie próbować je przetrwać *lub ścierpieć. Już niczego nie odkładam na potem. Piję codziennie z moich antycznych kryształowych kieliszków. Zakładam nowe ubranie na zakupy w hipermarkecie, jeżeli tylko mam na to ochotę.*

Nie zachowuję moich najlepszych perfum na specjalne imprezy, tylko używam ich codziennie, kiedy pragnę poczuć je na sobie. Wyrzuciłem ze swojego słownika słowa: „może kiedyś", „pewnego dnia". Jeżeli coś jest warte zobaczenia, usłyszenia lub przeżycia, chcę to zobaczyć, usłyszeć i przeżyć teraz. Każdego dnia rano powtarzam sobie, że ten dzień jest wyjątkowy i dzisiaj czeka mnie coś naprawdę ekscytującego. Każdy dzień, każda godzina, każda minuta jest nią. Dlatego, niech mi pani wybaczy, nie mogę sobie pozwolić na ich bezsensowne tracenie w kolejkach.*

● s e k u n d a   m ą d r o ś c i :

Miarą powodzenia w życiu jest odpowiedź na pytanie: przez jaki odsetek czasu czujesz się naprawdę szczęśliwy?
Odpowiadając sobie na to pytanie, dowiesz się, jak daleko zaszedłeś oraz jak daleka jeszcze droga przed tobą.
Nie czekaj, aż będzie prościej, łatwiej, lepiej.
Nie będzie.
Trudności i problemy będą zawsze.
Ucz się być szczęśliwy tu i teraz. Bo możesz nie zdążyć.

Czy zdajesz sobie sprawę z tego, Drogi Czytelniku, że miesiąc wcale nie ma 30 albo 31 dni, a 365 lub 6? Po prostu tyle kartek na życie dostajesz i przez tyle dni egzystujesz. W Twoim mieście istnieje Biuro Życia, które te sprawy reguluje. Przekonaj się o tym.

Tego dnia było tak jak zwykle. Zaczęło się od tradycyjnego schematu. Mark Parker, światowej sławy profesor fizyki kwantowej, wstał o siódmej rano. Szurając swoimi pantoflami, poczłapał w kierunku łazienki. Umył zęby, ogolił się i skropił twarz dobrą wodą toaletową. Zażył poranne leki (na depresję, nadciśnienie, obniżenie cholesterolu) i suplementy diety (tran, magnez, wapń, koenzym Q10; witaminę C, B12 i D3) – jak to nazywał – „śniadanko kosmonauty". Włożył dres, trampki i wybiegł do parku. Nie cierpiał biegać alejkami, ale dobry obyczaj akademicki nakazywał demonstrowanie sprawności fizycznej, najlepiej porannym joggingiem lub jazdą na rowerze. Był to też ważny rytuał towarzyski, bo profesor spotykał podczas biegu wszystkie inne znaczące postacie uczelni.

I tu wydarzyła się pierwsza niespodzianka – jedyną osobą, którą spotkał tego dnia, był jego sąsiad, emerytowany profesor matematyki teoretycznej i stosowanej – Jones.

Parker niespecjalnie przepadał za Jonesem. Uważał go za dziwaka, któremu zajmowanie się teorią nieskończoności i czasoprzestrzenią wyraźnie zaszkodziło na zdrowiu, głównie psychicznym. Jones był mocno podekscytowany. „Chyba nie wziął leków" – pomyślał Parker.

– Słyszał pan już, panie profesorze, o tej absurdalnej propozycji Unii Europejskiej? Co pan na ten temat sądzi jako fizyk?

– Nie wiem, o czym pan mówi. – Parker był zaskoczony. – Jaka propozycja, panie profesorze?

– Aby wprowadzić kartki na życie!

– Brzmi to absurdalnie, ale przyznam, że do końca tego nie rozumiem. – Profesor Parker zachowywał charakterystyczną dla siebie powściągliwość.

Zresztą w stosunku do Jonesa było to ze wszech miar uzasadnione. Jakieś pół roku temu Jones wymyślił, aby zaproponować komisarzowi unijnemu wprowadzenie powszechnego podatku od mówienia. Twierdził, że w czasach kryzysu i gospodarki rynkowej podatek od słów rozwiązałby wiele problemów – nie tylko w skali globalnej, ale i poszczególnych obywateli. Przeniosłoby to obciążenie finansowe ze zwykłych robotników i prostych ludzi (raczej oszczędnych w mowie) na wytrwałych mówców i polityków. Skróciłoby to znacznie obrady parlamentu, wyeliminowało kłótnie polityków z telewizji i usunęło bezsensowne komentarze dziennikarskie. Zresztą te właśnie grona i tak byłyby – zdaniem

Jonesa – najpoważniejszymi płatnikami tego podatku. Im dłuższa kłótnia, tym więcej pieniędzy szłoby na szkoły, drogi, przedszkola. Opozycja stałaby się bardziej powściągliwa i nie wracałaby bez końca do tych samych spraw. Załatwianie spraw w urzędach trwałoby krócej. Procesy sądowe nie ciągnęłyby się latami i we wszystkich możliwych instancjach. Zmieniłoby to także życie wielu rodzin – kobiety miałyby do wyboru: albo zamilknąć, albo zrujnować rodzinę. Małżeństwa trwałyby dłużej i rzadziej się rozpadały, ponieważ kłótnie stałyby się bardzo kosztowne. Telefony komórkowe nie przesłaniałyby życia nastolatkom, które zyskałyby więcej czasu na naukę. „Milczenie naprawdę stałoby się złotem!" – wykrzykiwał Jones, biegając po parku. Poszedł jeszcze dalej i zaczął opracowywać cennik słów: przekleństwa, kłamstwa i złośliwości byłyby opodatkowane najwyżej. Wymyślił również strukturę urzędu, który zajmowałby się ściąganiem tego podatku – czegoś na wzór tantiem. Na szczęście po paru tygodniach zapomniał o tym. Kiedy profesor Parker przypomniał sobie to wszystko, ciężko westchnął.

– To znaczy, że dostaniemy kartki na życie w danym miesiącu – Jones rozwijał swą myśl. – I to wcale nie 30 czy 31. Będzie to uzależnione od poziomu przydatności dla społeczeństwa. Ma to być recepta na kryzys. Aby zapobiec recesji i zapewnić lepszą wydajność pracującej części ludności, dokona się eliminacji – Jones zaakcentował ostatnie słowo – *nieproduktywnych elementów społeczeństwa. Urzędnicy unijni uważają, że światowy kryzys jest spowodowany złym wykorzystaniem czasu efektywnego i złym zarządzaniem nim.*

– Panie profesorze – Parker chciał uspokoić swojego rozmówcę – to zapewne jakaś plotka, a poza tym brzmi to tak fantastycznie... – Parker się zamyślił. – To by znaczyło, że nieprawdą jest powszechne mniemanie i miesiąc nie ma już określonej liczby dni? Nie, to bzdura.

– To oczywiste – podjął temat Jones. – Godzina, minuta, sekunda to wartości umowne. Czas jest pojęciem względnym i dla każdego człowieka układa się inaczej. Zależy od subiektywnego wykorzystania rzeczywistości. Czy nie spotyka pan określonych ludzi tylko w określone dni, w określonych sytuacjach, miejscach? A innym razem nie? Dla nich czas płynie inaczej i ich czasoprzestrzeń nie spotyka się z pańską, bo jest inaczej zagięta. I to właśnie chce wykorzystać Unia – Jones podniósł głos i mocno gestykulował. Był wyraźnie wzburzony.

Tego było już trochę za wiele, nawet jak na profesora fizyki teoretycznej, i Parker, zły na dzisiejszy „bezsens” biegania, wrócił do domu. Wziął prysznic, jak zawsze elegancko się ubrał i zszedł na dół po korespondencję. Miał zwyczaj zaczynać „oficjalny” dzień od kawy i przeglądania listów, aby od razu odpowiedzieć ważnym osobom. Jednak myśląc o spotkaniu z Jonesem, odłożył korespondencję i włączył komputer, aby przeczytać, co się dzieje na świecie. Nie znalazł jednak nic ciekawego, żadnej wzmianki o tym, o czym opowiadał Jones.

„E tam, bzdura. Dałem się podejść jak dziecko jakiemuś nawiedzonemu szaleńcowi" – pomyślał.

Trochę w złym humorze skończył śniadanie, składające się z soku ze świeżych pomarańczy oraz płatków z mlekiem (zalecanych przez lekarzy), wyszedł na ulicę i skierował się w stronę uczelni.

Wszystko wyglądało tak jak zwykle: samochody poruszały się tymi samymi ulicami i jak zawsze hałasowały, tramwaje wydawały charakterystyczne odgłosy na zakrętach, gazeciarze rozdawali bezpłatne numery dzienników. Wziął do ręki gazetę i po chwili sam przyłapał się na tym, że studiuje rubrykę wiadomości, szukając czegoś na temat rewelacji Jonesa. Niczego nie było. Ale zamiast spokoju zaczął odczuwać niezrozumiałe podenerwowanie. Rozejrzał się dokoła. Wszystko wyglądało normalnie. Rytuał, który odgrywał w „teatrze życia", przebiegał zgodnie ze scenariuszem. Tak samo od dwudziestu lat.

Zaczął myśleć o tym, że po południu musi zagrać w golfa z dziekanem Stonem i spróbować załatwić dofinansowanie dla swojej katedry. Nienawidził golfa i nie cierpiał nudziarza Stone'a, ale takie były zwyczaje na uczelni, że interesy wypadało załatwiać podczas golfa.

Przechodząc przez plac Niepodległości, prawie zderzył się z profesorem Baxterem, znanym konser-

watystą i radykałem. Znali się od lat i godzinami byli w stanie prowadzić długie rozmowy na temat struktur metafizycznych bytów pozazmysłowych. Wczorajsza dyskusja była szczególnie interesująca, ale nie została dokończona, dlatego pomachał mu ręką na powitanie, mając nadzieję na kontynuację rozmowy w drodze na uczelnię. Bardzo zależało mu na wygłoszeniu własnej opinii w tej sprawie. Jednak profesor jakby nie pamiętał wczorajszej rozmowy i przeszedł od razu do porannych plotek:

— Jeżeli o mnie chodzi, to ja jestem zdecydowanie za!

— Za czym, panie profesorze? — zapytał Parker.

— Za takim humanitarnym uśmierceniem na kilka dni w miesiącu wszystkich darmozjadów, bezrobotnych, starców, emerytów i rencistów — podniósł głos Baxter.

— No a gdyby pan został zakwalifikowany do takiej grupy? — Parker zapytał retorycznie.

— Chyba pan żartuje, profesorze. My? Elita intelektualna ludzkości, filary prestiżu społecznego i moralnego? — Baxter zaczął się śmiać. — A gdyby nawet — głos mu spoważniał — to jestem w stanie z dumą i radością przyjąć swój los i poświęcić własną osobę dla dobra społecznego.

Ostatnie słowa dotarły do Parkera zakłócone nieco śmiechem studentów spieszących na zajęcia. Oni też dyskutowali o kartkach na życie. „W każdej plotce może być trochę prawdy" — pomyślał Parker.

Dzień zaczynał się wyraźnie źle. Ogarnęło go dziwne zniechęcenie i apatia. Tuż przed wejściem do gmachu uczelni zdecydował się wrócić do domu. Miał zaległą lekturę dotyczącą tematu swoich badań i musiał zrobić korektę artykułu do czasopisma. Wypada też, aby był przygotowany do wystąpienia na posiedzeniu rady wydziału.

Tej nocy spał źle i obudził się wcześniej niż zwykle. Włączył telewizor – żadnych ciekawych wiadomości. Nic na temat kartek. Sprawa dziwnym trafem bardzo go niepokoiła. Zszedł na dół i jedząc płatki na mleku, zaczął z niecierpliwością wypatrywać listonosza. Nie wiadomo, dlaczego pomyślał, że listonosz jako urzędnik państwowy coś musi o sprawie kartek wiedzieć. W końcu zobaczył go na początku ulicy. Listonosz zatrzymał się przy skrzynce i wrzucił do niej kilka kopert. Profesor szybko wybiegł i zapytał:

– Czy nie ma pan jakichś wiadomości o kartkach na życie?

Listonosz, nieco zdziwiony, przejrzał jeszcze raz torbę i poinformował go, że nie ma nic takiego. Zapewnił także, że nic mu na ten temat nie wiadomo oraz że w kraju nie ma żadnych problemów z doręczaniem urzędowych listów.

Profesor, zamiast się uspokoić, zmartwił się jeszcze bardziej. Czuł, że coś się dzieje, ale nie wiedział co. Po południu włożył klubową marynarkę, zapakował butelkę dobrej szkockiej whisky i udał się do swojego znajomego, podsekretarza stanu w Ministerstwie Spraw Publicznych, Aleksandra Bolzano. Nie lubił go wprawdzie, ale często u niego bywał, bo cenił go za zdrowy rozsądek. No i była to bardzo pożyteczna znajomość. Bolzano, podobnie jak profesor, lubił szkocką whisky i nie był zaskoczony niezapowiedzianą wizytą. Jak zwykle bardzo grzecznie, ale powściągliwie odpowiedział uściskiem na serdeczne powitanie profesora, przyjął z wdzięcznością butelkę i zaprosił do wspólnej degustacji przy już zaopatrzonym w kieliszki stole.

Coś jednak było na rzeczy i – tak jak przeczuwał Parker – nie ma dymu bez ognia. W miarę trwania kolacji i tego, jak poziom whisky zbliżał się do dna, Bolzano zdradzał coraz więcej szczegółów projektu unijnego. Oczywiście nie ma mowy o żadnym uśmiercaniu kogokolwiek. Po prostu obetnie się im czas życia. Każdy będzie miał prawo do pewnej liczby dni życia w miesiącu w zależności od stopnia użyteczności społecznej. W każdym mieście powołane zostały już biura życia, kartki są już wydrukowane, a specjalne komisje do spraw życia, zgodnie z wytycznymi komisji unijnej, poszczególnym ludziom będą przydzielały karty czasu. Ustawa ma być uchwalona przez parlament i niezwłocznie wejść w życie.

Parker, wlewając resztki alkoholu do szklanki Bolzano, postanowił się dowiedzieć, czy czasem podsekretarz stanu nie wie, ile jemu, profesorowi *filozofii, będzie przysługiwało kartek w miesiącu. Bolzano, wyraźnie zmiękczony alkoholem, nie krył niczego. Zgodnie z ustawą, do grupy „obywateli, których utrzymanie i egzystencja nie jest rekompensowana żadną rzeczywistą pracą", wlicza się również wszystkich – jak się dobitnie wyraził – „darmozjadów akademickich" i przyznaje się prawo do dwunastu dni istnienia w miesiącu.*

W pierwszej chwili profesor Parker poczuł się obrażony tym określeniem. Potem pomyślał, że to dobry żart i rozsiadając się swobodnie w fotelu, poprosił, aby gospodarz stuknął się w czoło i przestał bredzić. On, jako profesor fizyki teoretycznej, nie musi przekonywać o swojej użyteczności społecznej nikogo, a zwłaszcza takiego chama i gbura, jakim jest podsekretarz stanu Bolzano. Skończyło się to fatalnie – Bolzano, pomimo stanu wskazującego na nadużycie alkoholu, zawołał ogrodnika i gospodynię, i nakazał im wyrzucić profesora na ulicę. To zupełnie wyprowadziło Parkera z równowagi. Tracąc panowanie nad sobą, zaczął wykrzykiwać obraźliwe słowa w stronę gospodarza, rządu, parlamentu i całej unii. Dał tym samym gospodyni i służącemu wystarczający powód, żeby zostać brutalnie wyrzucony z domu (zrobili to zresztą z dużą wprawą, ponieważ w ciągu ostatnich kilku lat Parker wielokrotnie w ten sposób opuszczał dom Bolzano).

Wracając do siebie, natknął się na sąsiadów. „Ciekawe, ile oni dostaną" – pomyślał.

W domu usiadł w fotelu i się zamyślił. Jego głową zawładnęła powoli – najpierw całkowicie absurdalna, ale stopniowo coraz bardziej prawdopodobna – myśl: „Jeżeli to wszystko prawda, co mówił Bolzano, to muszę postarać się o jakąś pracę użyteczną społecznie: portiera, strażnika, sprzątacza, ogrodnika". Odrzucił jednak te myśli: „Nie, to niemożliwe, Bolzano za dużo wypił i drwił sobie ze mnie".

Przez kolejnych kilka dni nie wychodził z domu. W końcu ogłoszono uchwalenie „Ustawy o redukcji". Było dokładnie tak, jak mówił Bolzano. Miała obowiązywać od pierwszego maja – profesorowie fizyki teoretycznej dostali dwanaście dni w miesiącu.

Łamiąc wewnętrzny opór i walcząc ze sobą, zadzwonił do podsekretarza stanu Bolzano z przeprosinami. Ten o niczym nie pamiętał i rozmawiał z profesorem serdecznie. Ośmielony tym Parker zapytał o jakąś posadę:

– Zgłosił się pan za późno. Dlaczego, do diabła, czekał pan z tym do dzisiaj? Właśnie przed chwilą dałem znajomemu ostatnią posadę gońca u nas w ministerstwie.

– Jak mogłem przypuszczać, że ustawa obejmie także mnie. Myślałem, że to żart. Kiedy jedliśmy razem kolację, nie powiedział mi pan wyraźnie, kogo będzie dotyczyć ustawa...

– O, bardzo pana przepraszam. Powiedziałem jak najwyraźniej, że ustawa dotyczyć będzie wszystkich „darmozjadów akademickich".

Mijały ciężkie dni. Powszechnie komentowano decyzję unii i przydział dni dla poszczególnych profesji. Parker wyczekiwał na korespondencję, która nie nadchodziła, na telefon lub na wizytę któregoś z przyjaciół, który wpadłby w odwiedziny. Ale nic takiego się nie działo. Nikt nie dzwonił, nie przychodziły żadne listy, nikt nie zbliżał się do jego domu. „Zapewne otoczenie traktuje mnie jak półżywego, za byt wyłaniający się z nicości" – rozmyślał. „Ustawa jest niesprawiedliwa".

Stary Jones dostał cztery dni życia, jego młodsza o trzydzieści lat żona – dwadzieścia cztery. Inni profesorowie, podobnie jak Parker, byli wyraźnie niezadowoleni i zapowiadali zbiorowe odwołania. Parker też podpisał petycję. Na ulicy spotykał wielu ludzi, głównie młodych, których ustawa nie obejmowała i którzy wyraźnie się tym szczycili. Ich postawa była dla profesora nie do przyjęcia. Co za egoiści. Nie tylko tę niesprawiedliwą ustawę uważają za rzecz jak najbardziej naturalną, ale wydaje się, że nawet są z tego powodu zadowoleni.

Listonosz i roznosiciel mleka też przestali się mu kłaniać. Gospodyni stała się opryskliwa – ustawa ich nie dotyczyła.

W końcu otrzymał zawiadomienie z biura życia, że powinien zgłosić się po swoje karty na następny miesiąc, czyli maj. Stojąc trzy godziny w kilkusetosobowej kolejce do Wydziału Spraw Publicznych Urzędu Miasta, wśród starców, emerytów i ładnych młodych kobiet o pustych twarzach, nie bez satysfakcji rozpoznawał znajomych z uniwersytetu. Baxter był wściekły i głośno mówił, że to jeszcze jeden lewicowy zamach na zdrowe ciało prawicy. Ale akurat w tej kwestii chyba się pomylił, bo członkowie partii – i lewicowych, i narodowych – dostali prawo tylko do dziesięciu dni życia w miesiącu.

Tłum był zirytowany i wzburzony. Pracownicy ochrony (których ustawa nie objęła) traktowali petentów z pogardą jak odpadki ludzkości. Zmęczenie i niecierpliwość tłumu rozładowywali szturchnięciami i szarpaniną, czasami kopniakami. Profesor przełykał te zniewagę, myśląc w duchu: „Teraz to ja jestem wyklętym ludem ziemi". W końcu dotarł przed oblicze naczelnika wydziału i odebrał swoje talony. Dwanaście jasnozielonych kartek, z których każda była warta dwadzieścia cztery godziny życia.

Jeszcze przed 1 maja przyszła z biura życia odpowiedź na złożone odwołanie. Dodatkowe trzy kartki. Zawsze coś.

W końcu przyszedł pierwszy dzień maja. Niby wszystko było tak jak normalnie, ale profesor Parker zauważył jakąś dziwną intensywność w swoim życiu. Szybciej chodził, więcej jadł, szybciej mówił, dużo pisał i prawie nie spał. 5 maja na porannym joggingu, zamiast Jonesa, spotkał jego młodą żonę. O dziwo zadowoloną i uśmiechniętą. Opowiadała, jak to było. Na minutę przed dwunastą Jones trzymał swoją żonę za rękę i dawał jej swoje ostatnie *wskazówki. Dokładnie o dwunastej poczuła, jak dłoń męża topnieje w jej własnej dłoni. Obok leżało jedynie puste ubranie. Niesamowite.*

13 maja odbyła się rada wydziału. Dziekan Stone nie wiedzieć czemu, zakwalifikowany przez administrację do kategorii żyjących w pełnym wymiarze, traktował wszystkich pobłażliwie i lekceważąco. Był nikczemny, zarozumiały, złośliwy i pełen hipokryzji. Wszyscy profesorowie, członkowie rady – ofiary ustawy żyjące na ostatnich talonach w tym miesiącu – nie protestowali, kiedy użalał się nad ich losem i z ironią zapewniał, że zajmie się wszystkimi sprawami pod ich nieobecność. Po 15 maja planował mianowicie drugie posiedzenie rady, na którym zamierzał przegłosować kilka ważnych kwestii, np. dofinansowanie dla Katedry Filozofii, a wyniki głosowania podać w czerwcu. Profesor Parker miał już wstać i nazwać Stona obłudnym nikczemnikiem, gdyby nie nadzieja, że kiedyś zajmie jego miejsce...

Powoli zbliżał się piętnasty dzień maja. Parker najnormalniej w świecie bał się unicestwienia. Był przygnębiony i cały czas myślał, jak to będzie „tam" i czy na pewno „zmartwychwstanie" z początkiem kolejnego miesiąca.

„A jeśli w ustawie jest błąd" – myślał – „co często zdarzało się temu parlamentowi, i z tych, którzy odeszli, nikt nie wróci, to czy ktoś się o nich upomni? A niby kto by to miał być? Przecież nie spadkobiercy ani następcy".

Miał przed oczami obłudną twarz swojego adiunkta, Raviego Jamala, który przyrzekał uczciwie kierować katedrą pod jego nieobecność.

„A gdyby się nawet upomnieli, to co z tego? Wielka mi pociecha. Na pewno będzie to dla mnie istotne na tamtym świecie".

Uporządkował dokumenty, wyrzucił śmieci, wziął podwójną dawkę środków nasennych, położył się do łóżka i nie wiadomo kiedy zasnął.

Ocknął się. Otworzył oczy. Wrażenie strachu poprzedzającego śmierć jeszcze go nie opuściło. Pierwsza myśl, jaka przyszła mu do głowy, to: „Żyję". Spojrzał na zegarek: godzina 5.36. Zegarek też stanął? Złapał za telefon i zadzwonił do Bolzano, aby zapytać go o datę. Ten był wściekły i nie krył oburzenia, że ktoś zrywa go z łóżka o takiej porze. Zupełnie nie poruszył go entuzjazm Parkera i wyraźnie powiedział, gdzie ma jego radość z powodu powrotu do życia.

Profesor głęboko odetchnął i ponownie opadł na łóżko. Poczuł się dziwnie rześko, jakby nowe powietrze wypełniło mu płuca. Poczuł krew płynącą w żyłach i bicie własnego serca. Zdziwił się, ale po raz pierwszy od niepamiętnych czasów nie drżał. Nieumyty i nieogolony włożył dres i trampki, i z radością pobiegł do parku. Tu oczywiście spotkał Jonesa, który podobnie jak on zachowywał się jak wariat.

– Widzi pan, różnica między czasem przestrzennym, obiektywnym, a czasem biologicznym, prze-

żywanym nie jest wymysłem fizyków – zaczął wyjaśniać Parkerowi. – Jesteśmy tego dowodem. W rzeczywistości panuje wszechpotężna względność czasu; czas absolutny nie istnieje – oddalił się, krzycząc i machając rękami.

W ciągu dwóch tygodni natura dokonała znacznego przeobrażenia. Drzewa pokryły się zdecydowanie bujniejszymi liśćmi, na klombach zakwitły kwiaty, w powietrzu czuło się powiew lata. Profesor spotkał w alejkach wielu „wskrzeszonych" tego ranka. Byli uśmiechnięci, dzielili się swoimi opiniami i wrażeniami.

Idąc do pracy, wymienił parę grzecznościowych uwag z Baxterem. Pozdrowił uśmiechem studentów, ponarzekał na hałasujące tramwaje. W katedrze też właściwie nic się nie zmieniło. Zajęcia były prowadzone, a studenci nie zauważyli zmiany wykładowców. W gabinecie książki leżały tam, gdzie je Parker zostawił, notatek nikt nie ruszał, tylko w piórze wysechł atrament. Ravi Jamal złożył do samego siebie, jako szefa katedry, podanie o podwyżkę dla siebie i swojego zespołu, i dostał pozytywną opinię, ale dziekan Stone jak zwykle to zastopował.

Myśl, że jego świat mógł żyć i egzystować bez niego przez dwa tygodnie, zaczęła budzić w profesorze ogromne rozgoryczenie. To uczucie jeszcze się pogłębiło, kiedy dotarła do niego wiadomość, że otwarcie nowej Pracowni Filozofii Pozytywnej rada

*wydziału na posiedzeniu w dniu 20 maja zaplano-
wała na szesnasty dzień tego miesiąca.*

– To świnia z tego Stone'a, zrobił to celowo.

*Profesor miał dokonać otwarcia i wygłosić wy-
kład inauguracyjny. Bardzo ważny wykład, który
miał mu otworzyć bramy Akademii. A przecież 16.
będzie już jeden dzień w niebycie...*

*Mijały kolejne dni i znikali następni ludzie. Tym
razem jakoś spokojnie i bez nadmiernych ekscyta-
cji. Cóż, człowiek przyzwyczaja się do wszystkiego,
nawet do nienormalności. Przejście w niebyt zaczęło być swoistym rytuałem. Ludzie zbierali się w do-
mach na kolację, pili szampana, grali w karty
i wspólnie na kilka dni opuszczali ten świat.*

*Jak się okazało, z powrotami związany był pe-
wien problem. Otóż powracający ludzie budzili się...
nago. Było przy tym dużo śmiechu, konsternacji, ale
też powszechnego zrozumienia. Gorzej, kiedy odej-
ścia zdarzały się nagle – samochody tkwiły w kor-
kach, a pociągi kursowały z dużym opóźnieniem.
Niektórzy wracali do swoich sypialni i swoich łóżek,
w których budzili się w towarzystwie nie tylko partnera, ale też osób trzecich. Przypadek czy kolejny
błąd w ustawie?*

*Kiedy zbliżała się połowa miesiąca, Parker nie
odczuwał ani lęku, ani obawy, wręcz przeciwnie –
lekką ekscytację i pozytywne podniecenie doświadczenia czegoś metafizycznego. Powrót do normalnego życia pierwszego dnia kolejnego miesiąca też nie*

wywołał poprzedniej euforii. Sprawy zdawały się normować i stabilizować.

Podczas kolejnej wizyty u podsekretarza stanu Bolzano poznał poufne informacje, że „Ustawa o redukcji" zaczynała przynosić wymierne efekty. Ceny spadły wyraźnie; na rynku – szczególnie w drugiej połowie miesiąca – jest więcej żywności i różnych dóbr, przez co czarny rynek zupełnie traci na ważności. Ustawa uderzyła także w bogaczy, bankierów i spekulantów giełdowych. Bolzano był zachwycony uczuciem ulgi i spokoju, jakie towarzyszą życiu mniej więcej po piętnastym, czyli pod nieobecność racjonowanych dziennikarzy, szumowin intelektualnych i – jak to nazywał – motłochu medialnego. Można wtedy zdać sobie sprawę, jak niebezpieczni dla społeczeństwa są intelektualiści i społeczni aktywiści. Wprowadzają zamęt i bałagan; mają niepotrzebne pretensje i roszczenia. Bolzano potwierdzał opinie, które Parker słyszał już wcześniej od innych żyjących w pełnym wymiarze. Takie zdanie miał dziekan Stone, jego asystent Jamal, ale także listonosz i gospodyni. Dla Parker był to sygnał rodzącego się powoli konfliktu między żyjącymi w pełnym wymiarze a pozostałymi. Podłożem konfliktu była oczywiście wzajemna zazdrość. Ci, którzy mają kartki na życie, zazdroszczą tym, co żyją do końca miesiąca. To nie tylko zazdrość, ale i uraz, a także żal do uprzywilejowanych. Ale fakt, że ci ostatni zazdroszczą redukowanym „tajemnicy

i dotknięcia nieznanego", jest co najmniej zastana-
wiający. Ale tak było i Parker mógł się o tym prze-
konać kilkukrotnie podczas niby to beztroskich roz-
mów i dociekań. Paradoksalnie to oni dostrzegali
barierę nicości i znikania znajomych, przyjaciół
i najbliższych.

– Co się z wami dzieje w tym czasie, kiedy my
tu tkwimy przykuci do tego świata łańcuchami co-
dzienności? – wypytywał na przykład Bolzano.

Redukowani tego nie dostrzegali. Względna
śmierć i skrócenie życia owocowały u nich większą
jego intensywnością, co wielokrotnie stawało się po-
wodem większego zadowolenia. Odejście w niebyt
traktowano jak wakacje w innym wymiarze.

14 czerwca, dzień przed terminowym odejściem,
wydarzyło się coś niezwykłego. Do drzwi gabinetu
zapukał palacz z kotłowni instytutowej. Parker znał
go pobieżnie: nieśmiały, nierzucający się w oczy,
lat około pięćdziesięciu. Chciał sprzedać część swo-
ich talonów na życie, aby kupić lekarstwa chorej
żonie, bo marna pensja ledwo starczała na utrzy-
manie. Profesor był wyraźnie zaskoczony propozycją,
która wydała mu się wręcz nieludzka i haniebna,
odmówił i zaproponował palaczowi bezinteresow-
ne wsparcie w postaci 100 euro. Palacz, powodo-
wany uzasadnioną dumą, nie chciał ich jednak przy-
jąć. Sytuacja stała się dalece niezręczna dla obu
stron. W końcu profesor zgodził się przyjąć jeden
talon w formie rekompensaty za finansowe wspar-

cie i w przekonaniu, że nigdy tego talonu nie zuży-
je. Zmienił jednak szybko swoje postanowienie, kie-
dy pomyślał o minie dziekana Stone'a, kiedy zjawi
się szesnastego na otwarciu nowej pracowni i – tak
jak było zaplanowane – wygłosi referat.

Ale ta wizyta znowu zaniepokoiła profesora:

„Czy to znaczy, że ludzkie życie staje się tanim
towarem rynkowym" – pytał sam siebie.

Wracając do domu, wstąpił do uczelnianego pubu
Pod Zielonym Kogutem na kufelek guinnessa i wdał
się w rozmowę z zaprzyjaźnionym barmanem, któ-
ry – nie krępując się – zaoferował talony na życie
po 120 euro za sztukę. Miał ich jeszcze około trzy-
dziestu. Jeżeli nie dziś, to – jak zapewnił – zawsze
jest do dyspozycji. Profesor był zdruzgotany. Oka-
zało się, że czarny rynek kartek na życie kwitnie
i zaczyna się rozwijać na wielką skalę. Wyspecjali-
zowani agenci odwiedzają biednych rencistów, eme-
rytów i namawiają ich do sprzedania paru dni życia
w zamian za dodatkowe środki na utrzymanie. Inni
spekulanci wyławiają swoje ofiary z tłumu bezro-
botnych, więźniów, chorych i cierpiących. Kurs ta-
lonu ustalił się na poziomie od 100 do 120 euro,
ale popyt ciągle rósł. Zdarzały się także kradzieże
talonów, co wskazuje na to, że zaczęły się tym zaj-
mować profesjonalne grupy przestępcze.

Otwarcie pracowni było bardzo uroczyste. Za-
szczyciło je wiele osobistości ze świata nauki, biz-
nesu, medycyny. Zjawili się również czołowi poli-

tycy, przedstawiciele duchowieństwa, a nawet sam biskup (wszyscy żyjący w pełnym wymiarze). Porywający referat profesora Parkera przyjęto wręcz entuzjastycznie, a wielowątkowa dyskusja przeniosła się w kuluary. Przy suto zastawionych stołach i ciągle uzupełnianych kieliszkach roztrząsano problemy codzienności i ktoś wspomniał o czarnym rynku talonów na życie. Podekscytowany swoim tak dobrze przyjętym wystąpieniem profesor Parker głośno i szczerze wyraził swoje daleko idące oburzenie na takie niegodziwe praktyki jak handel ludzkim czasem. Nie zrobił tego do końca bezinteresownie. Chciał wywrzeć dobre wrażenie na przedstawicielach Akademii, a zwłaszcza na biskupie. Ale tu spotkała go niespodzianka. Audytorium przyjęło wystąpienie z powściągliwością i chłodem. Jego ekscelencja uśmiechnął się do profesora dobrotliwie, tak jak uczyniłby w stosunku do młodego, niedoświadczonego kleryka trawionego apostolskim żarem, i zmienił temat rozmowy. Po kolacji wziął go protekcjonalnie pod rękę i zaczął opowiadać przypowieści o pracowitym rolniku, któremu brakuje ziemi i odkupuje ją od leniwego – który ma tej ziemi pod dostatkiem, ale leży ona odłogiem – uprawia, sieje na niej i zbiera bogate plony z korzyścią dla wszystkich. Biskupa poparli inni goście i jednomyślnie potępili fałszywy sentymentalizm, naiwność i skrupuły profesora, które przesłaniają mu jedną jedyną prawdę – jak wiele fantastycznych rzeczy może zrobić w tym dodatkowym czasie. Jego dokonania w niewyobrażalny wręcz sposób mogą wzbogacić kulturę i rozsławić kraj. W takim wypadku zakup talonów jest moralnym obowiązkiem wobec ludzkości. Profesor, wracając wieczorem do domu (spieszył się, aby przed dwunastą być w łóżku), wstąpił do Zielonego Koguta i nabył pięć dodatkowych talonów.

Następnego ranka w parku spotkał Jonesa, choć nie powinno go być od niemal dwóch tygodni. „A zatem on też musiał zakupić dodatkowe kartki... Ciekawe po ile?" – pomyślał Parker.

Jones czuł się świetnie i jak zwykle opowiadał swoje brednie o czasie:

– A wie pan, profesorze, że moja bratanica w poprzednim miesiącu, chyba gdzieś około dwudziestego, wygrała w kasynie piętnaście talonów? I twierdzi – tu zawiesił głos – że zużyła wszystkie.

– Przyznam, że znowu pana nie rozumiem – Parker nie krył zdziwienia. – Jak to „zużyła wszystkie"?

– No właśnie, ona twierdzi, że przeżyła trzydzieści pięć dni w maju.

– Co za bzdura! Miesiąc, który wydłuża się do trzydziestu pięciu dni na użytek pana bratanicy? Pan wybaczy, ale nie mogę tego słuchać, bo to urąga zdrowemu rozsądkowi i ubliża mojej inteligencji.

Profesor oddalił się pospiesznie utwierdzony w przekonaniu, że Jones do końca postradał zmysły.

Plotka, że miesiąc maj był dla niektórych dłuższy o kilka dni, zataczała coraz szersze kręgi i spowodowała, że talony osiągnęły astronomiczną cenę 500 euro, a mimo to było o nie coraz trudniej. Profesor Parker nie uważał się za naiwnego. Ignorował wszelkie informacje i próby uwiarygodnienia tych bajek. Nie reagował na propozycje nabycia talonów w dobrej cenie od palacza czy barmana z Zielonego Koguta. Doszedł do wniosku, że talony, które ma, w zupełności wystarczą mu na dokończenie pilnych spraw badawczych i naukowych.

Było jednak coś, co go wyraźnie intrygowało. Ci, którzy żyli w pełnym wymiarze, nie kryli swojego zadowolenia z tego powodu, że można dokupić dodatkowe kartki. Fakt, że wielu zamożnych ludzi wydaje kolosalne sumy, aby przedłużać sobie egzystencję, dawało im poczucie spełnienia i przekonanie, że ich los jest godny pozazdroszczenia, że są wartościowszą częścią społeczeństwa. Obnosili się z tym z pychą i dumą. Powstała nawet swoista moda na małą niebieską kokardkę przypiętą do marynarki czy swetra, która miała informować otoczenie: „Jestem kimś lepszym. Mam to zagwarantowane prawnie. Patrz na mnie i zazdrość, żyję w pełnym wymiarze".

To wyraźnie bulwersowało profesora, jak wszystko zresztą, co było związane z nierównością zapisaną w ustawie.

Gdzieś około 20 czerwca profesor otrzymał list polecony od swojego mieszkającego na wsi wujka, *o którym nieco ostatnio zapomniał. Ten starszy i schorowany mężczyzna postanowił w nicości oczekiwać poprawy zdrowia i przysyłał Parkerowi w prezencie dwadzieścia talonów, swoich i żony, do – jak to ujął – „godnego wykorzystania". Czerwiec ma 30 dni, więc profesor zaczął rozważać sprzedaż nadwyżki jedenastu talonów, żeby podreperować budżet, ale na razie wrzucił je do szuflady biurka. Był zresztą bardzo zajęty codziennymi obowiązkami. Intensywnie pracował, więcej i szybciej pisał, nie ociągał się z recenzjami, był bardziej rzeczowy i mniej rozwlekły podczas konsultacji. Wybierał tylko te spotkania i seminaria, które były wartościowe, a nie te, na których wypadało być. Zaczął nawet pisać książkę, do której przymierzał się od kilku lat. Miał wrażenie, że pod presją „unicestwienia" za parę dni stał się bardziej efektywny i efektowny w tym, co robi; lepiej zorganizowany, bardziej poukładany. Dawało mu to z jednej strony poczucie niemałej satysfakcji, a z drugiej w pewien sposób frustrowało, że tak wiele dni swojego życia zmarnował. W tym nawale pracy najnormalniej w świecie zapomniał o talonach w szufladzie. Zorientował się rano przed kioskiem z gazetami, kiedy wracał z porannego joggingu po parku. Data 31 czerwca wydała mu się co najmniej dziwna. Kiedy podszedł do kioskarza i zaczął wyrażać swoje zdziwienie z faktu, że czerwiec ma 31 dni, sprzedawca patrzył na niego mniej więcej w taki sam sposób,* jak on patrzył na Jonesa, kiedy ten wygłaszał swoje brednie.

Po powrocie do domu Parker sprawdził talony w szufladzie – było ich jeszcze dziewięć.

Włączył telewizor. Trafił na prognozę pogody na najbliższy tydzień, to znaczy do 38 czerwca. Opadł na krzesło z niedowierzaniem. Przełączył na wiadomości. „Premier udaje się jutro, 32 czerwca, z dawno oczekiwaną oficjalną wizytą do USA. Wraca dopiero po 40 czerwca, gdyż połączy to z prywatnym wypoczynkiem na Hawajach".

Parker w napięciu czekał następnego dnia. Niesamowite: był 32 czerwca. Podekscytowany pobiegł jak zwykle do parku. Niby wszystko wyglądało tak jak zwykle, ale w parku nie spotkał nikogo znajomego. Jacyś dwaj mężczyźni przebiegający obok rozmawiali o wyjeździe do Brukseli trzydziestego szóstego. Idąc do pracy, spotkał Baxtera. Szedł z błędnym wzrokiem i rozglądał się dookoła w osłupieniu. Na uniwersytecie spotkał jeszcze jednego znajomego profesora, który „przedłużył" sobie miesiąc. Oczywiście tylko w celach naukowych i badawczych. Co ciekawe, nie spotkał dziekana Stone'a ani Raviego Jamala, czyli żyjących w pełnym wymiarze. „Czyżby «pełnowymiarowi» nie byli świadomi anomalii czasowych i nie mieli dostępu do talonów przedłużających miesiąc?".

W kolejnych dniach z Parkerem zaczęło się dziać coś dziwnego. Napięcie go opuściło, a w to miejsce pojawiły się znudzenie i apatia. Ulice pustoszały: było na nich coraz mniej ludzi, coraz mniej samochodów, panował jakiś niezrozumiały spokój. 35 i 36 czerwca nie spotykał już nikogo znajomego. Po parku biegali nieznani ludzie, listonosz był inny, gosposia nie przychodziła. Na uniwersytecie sale wykładowe zionęły pustką, zamknięte były laboratoria. Nieznajomi strażnicy mocno się zdziwili, kiedy pobierał klucze, i zażądali legitymacji uniwersyteckiej. Od niego! Jednego z najbardziej znanych i szanowanych filarów tej uczelni! W swoim gabinecie spotkał jakiegoś gburowatego typa, na którym jego tytuły nie zrobiły wrażenia i który stanowczo twierdził, że jest to jego miejsce pracy i nie ma zamiaru go opuścić. Postraszenie go dziekanem Stonem również nie dało rezultatu, bo zdaniem tego gbura ktoś inny był dziekanem wydziału. Nawet urzędniczki w dziekanacie zapytały Parkera o nazwisko. Profesor posnuł się bez sensu po dziedzińcu i zniechęcony wrócił do pustego domu. Zadzwonił do Bolzano, ale nikt nie odbierał. Otworzył butelkę whisky i wypił kilka głębszych. To wyraźnie dobrze mu zrobiło. Rozluźniony i pobudzony kolejnym kieliszkiem wypitego alkoholu zdecydował się zajrzeć do Zielonego Koguta, gdzie zwykle chodził ze swoimi przyjaciółmi na wieczorne pogaduszki. W tym pubie, pełnym pracowników akademickich i studentów, był dosyć znaną osobą. Kiedy wszedł, zobaczył kilka osób siedzących przy jego ulubionym stoliku w rogu sali. Wziął krzesło i bezceremonialnie się do nich przysiadł. W normalnych warunkach obecność profesora dodatkowo nobilitowała dany stolik. Tym razem jednak zapanowała grobowa cisza, która mogła oznaczać tylko jedno – niechęć zebranych do nowo przybyłego.

Profesor nie wytrzymał:

– Możecie mi powiedzieć, o co w tym wszystkim chodzi? – wypita w całości duża butelka whisky robiła swoje. – Czego chcecie ode mnie, co macie przeciwko mnie?! – zaczął wykrzykiwać i gwałtownie gestykulować.

Zebrani przy stole popatrzyli na siebie ze zdziwieniem. Jedni wyraźnie rozbawieni, drudzy zniechęceni i oburzeni. Jeden z mężczyzn, zapewne psychiatra, popukał się w czoło, wystawiając tym samym diagnozę nowo przybyłemu.

Parker uspokoił się i jeszcze raz poprosił o wytłumaczenie. Potem zaczął usilnie nalegać, a na koniec, rzuciwszy się na ziemię, błagać, aby wytłumaczyli mu, co się tutaj dzieje.

Jedna z kobiet, powodowana współczuciem, powiedziała do niego życzliwie:

– Proszę pana, my pana nie znamy. Nikt z nas pana nie zna. Czy pan to rozumie? Nie wiemy, o co panu chodzi. Nie wiemy nawet, kim pan jest.

Profesor się rozpłakał. Wstał i powoli poszedł w kierunku domu. Głowa opadła mu na ramiona. Wydawała się ciężka, chociaż czuł nieprzeniknioną *pustkę. Miał wrażenie, że każda z jego nóg waży przynajmniej tonę. Wydawało mu się, że świat porusza się wolniej i cały jest w sepii, znanej ze starych fotografii.*

40 maja – ostatni talon w szufladzie. Z lekką obawą, ale chyba także z ogromnym uczuciem ulgi położył się spać, aby jutro obudzić się w normalnym świecie.

Wstał jak zwykle o siódmej, przeciągnął się uradowany wdzierającym się do jego pokoju promykiem słońca, który cudownie oświetlał wnętrze. Nieumyty zszedł po schodach i z pewnym niepokojem rzucił okiem na piętrzącą się pod drzwiami stertę listów, gazet oraz innej korespondencji. Sprawdził datę na gazecie – 1 lipca. „O Boże, jaka ulga!".

Gospodyni (żyjąca w pełnym wymiarze) była w kuchni i przywitała się z nim, jak gdyby nic się nie stało. Parker poprosił o trzy jajka na bekonie i kakao. Na placu Wolności, w drodze na uniwersytet, dogonił go profesor Baxter. Parker zaczął opowiadać o swoich wrażeniach z 35, 36 i 40 czerwca. Odczuwał jednak, że Baxter nie bardzo wiedział, o co chodzi. Przecież widzieli się wczoraj i to był 32.

Po południu jak zwykle zjawił się u Bolzano, aby omówić najświeższe wydarzenia i podzielić się uwagami na temat życia w dodatkowych dniach. Na Bolzano nie zrobiły one jednak najmniejszego wrażenia.

– No cóż, liczba przeżywanych dni w miesiącu może świadczyć li tylko o zasobności portfela i po-

*czynieniu stosownych zapasów talonów – zapewnił.
– Czasami w grę wchodzi nawet nielegalne ich posiadanie – podkreślił. – W Ministerstwie Spraw Zagranicznych zaginęła pokaźna liczba talonów przeznaczona dla dyplomatów. Podejrzany o ich przywłaszczenie urzędnik próbował schronić się w dniach siedemdziesiątych i osiemdziesiątych czerwca, ale wczoraj go ujęto. Niestety, talony wykorzystał. A tak na marginesie – kontynuował Bolzano – wszystkie ministerstwa, prokuratura i policja aż puchną od różnych afer talonowych. Nielegalny handel talonami na życie będzie chyba największym skandalem politycznym sezonu. Już wiadomo, że zamieszani są w to liderzy ugrupowań politycznych. Z powodu zakupu talonów na życie przez wielu milionerów nastąpił niesamowity dopływ pieniędzy na rynek i inflacja galopuje. Pogorszyły się także nastroje niższych warstw społecznych. Ludzie są poruszeni sprawą znanego multimilionera Gerarda D., który pomiędzy 30 czerwca a 1 lipca przeżył 1640 dni, tzn. cztery lata i sześć miesięcy. To, zdaniem wielu, jest ewidentnym przykładem upadku demokracji, rosnącej nierówności społecznej i łamania konstytucji. Krajowi grozi strajk generalny.*

Następnego ranka podczas biegania w parku Jones zaczął wyjaśniać Parkerowi, że każdy człowiek żyje tysiące lat, ale nasza świadomość tego nie dostrzega. Zajmujemy się codziennością raczej z rzadka i jak gdyby z doskoku. W ciągu tych fragmentarycznych okresów pełnej świadomości żyjemy, w pozostałych zaś – wegetujemy. Dlatego jesteśmy przekonani o kruchości naszej egzystencji. Zaczął także poruszać jeszcze bardziej subtelne kwestie spraw „ważnych, ale nie pilnych", które odsuwamy od siebie na bliżej nieokreślony czas, ale profesor Parker już tego nie słuchał.

● kilka sekund mądrości:

A czy Ty, Drogi Czytelniku,
zastanawiałeś się kiedykolwiek nad tym,
że miesiąc wcale nie ma 30 albo 31 dni, a rok 365 lub 6?
Po prostu tyle kartek na życie dostajesz i przez tyle dni...
No właśnie: żyjesz, czy egzystujesz?
Nie ma zbyt wiele czasu, żeby być szczęśliwym.
Dni przemijają szybko.
Życie jest krótkie. W księdze naszej przyszłości wpisujemy marzenia,
a jakaś niewidzialna ręka nam je przekreśla.
Nie mamy wtedy żadnego wyboru.
Jeżeli nie jesteśmy szczęśliwi dziś, jak potrafimy być nimi jutro?

Phil Bosmams

Zakończenie – o tym, że warto się wyprostować

Kiedy jesteśmy dość długo na Drodze Życia, a droga nie była taka wyboista i kręta, to zwykle rozpoczynamy poszukiwania recept, jak żyć tak samo dalej. Jak nie stracić tego, co już osiągnęliśmy i jak poprawić to, co nam się nie udało. Szukamy lepszych przewodników, map; interesujemy się „nawigacją życiową". W naszych głowach coraz intensywniej kołaczą się pytania dotyczące sensu życia: „Czy na pewno idę po dobrej drodze?". Ale niezależnie od tego, co osiągnęliśmy i jakie ponieśliśmy już porażki, i ile już razy dostaliśmy życie do „poprawki", chcemy pozostać na tej drodze jak najdłużej. Jeden z filozofów powiedział kiedyś, że „chętnych na tamten świat byłoby zdecydowanie więcej, gdyby Droga nie prowadziła przez cmentarz".

No właśnie, jak żyć dalej, aby dożyć sędziwego wieku? Czy jest jakiś sposób na pogodną spokojną długowieczność? Taką zdrową spełnioną długowieczność? Jak odejść z tego świata „sytym życia"?

Jest taka prosta recepta, którą chce podać na końcu tej książki. Można ją zawrzeć w dwóch słowach: WYPROSTUJ SIĘ!

I nie chodzi tu tylko o postawę ciała, ale o ciągłe i całkowite „trzymanie prosto" swojego człowieczeństwa – fizyczne, umysłowe i duchowe. Taka postawa pozwoli iść przez życie z wewnętrznym i zewnętrznym spokojem; z pewnością i przekonaniem, że masz wszelkie możliwości, aby poradzić sobie ze wszystkimi problemami, które mogą się wydarzyć. Jestem przekonany, że nie ma lepszej recepty na odważny, pogodny, pełen sukcesów i długi marsz po Drodze Życia.

Filozofia chińska twierdzi, że nie masz wpływu na DROGĘ – masz wpływ na sposób poruszania się. Możesz człapać albo biec; możesz bawić się albo pracować, możesz upadać i tak trwać albo podnosić się – „wcześniej rozglądając się, co można podnieść" – i już nigdy więcej nie upaść. To zależy od Ciebie. Jeżeli zobaczysz przeszkodę – mur nie do przejścia, to możesz walić głową (baran ma dużą siłę przebicia) i żalić się na los, który te przeszkodę ustawił, albo poczekać spokojnie na kogoś, kto będzie szedł z „drabiną", i skorzystać z pomocy.

Idź prosto. Wyciągnij się spokojnie w górę, ale nie napinaj mięśni. Trzymaj głowę, jak najwyżej. Unieś się... czubkiem głowy, a Twoje nogi nie będą odczuwały obciążenia. Ten czubek głowy jest bardzo ważny – wyciągnij się bardzo naturalnie, pamiętając o rozluźnieniu. Zachowasz wtedy równowagę i lekkość. Staraj się iść lekko, spokojnie, równo – nie szuraj nogami, nie człap i nie potykaj się. Wysuń lekko do przodu klatkę piersiową i skieruj ją do góry. Nie podnoś i nie cofaj ramion. To wcale nie jest takie proste, ale warto się do tego przyłożyć, bo kiedy nauczysz się prostować fizycznie, szybko dostrzeżesz pozytywne zmiany w swojej osobowości. Zmieni się Twoje postrzeganie świata, odnoszenie do ludzi i otaczających spraw, a przede wszystkim chęć życia. Nie zdziw się także, kiedy znajomi i bliscy zaczną Ci się przyglądać uważnie i z zainteresowaniem. To wyprostowanie fizyczne ma swoje głębokie uzasadnienie czysto fizjologiczne. Mięśnie stają się bardziej prężne; wysunięta i otwarta klatka piersiowa pozwala na głębsze oddychanie i lepszą wymianę tlenu w płucach, krew krąży swobodniej i lepiej zasila inne organy. Starsi ludzie, którzy są wyprostowani, fizycznie nie tylko wyglądają młodziej i czują się młodziej, ale medycznie są młodsi.

Będzie Ci wtedy łatwiej zrealizować także drugą receptę: **wyprostuj się umysłowo!** Człowiek staje się czymś na wzór swoich myśli. Jest o tym cała ta książka; a zatem nie garb się umysłowo. Nie napełniaj swojego umysłu myślami o strachu, gniewie, żalu, nienawiści, winie czy zazdrości. Wszystko na tym świecie zaczyna się od myśli. Jeżeli od takich myśli zaczniesz, to co osiągniesz? Pozwól, aby Twoje myśli biegły prosto do szczęścia, sukcesu, spełnienia. Myśl zawsze w kategoriach wspaniałości i wielkości. Nie roztrząsaj problemów przeszłości, nie rozdrapuj ran. Przeszłość już była! Uważaj, aby nie utknąć w teraźniejszości. Myśl zawsze o tym, co przyniesie przyszłość... To w niej spędzisz resztę swojego życia. Myśl twórczo: „Co powinienem zrobić, aby było inaczej, aby było lepiej?". Jak mogę ulepszyć samego siebie? Ucz się wszystkiego, co Cię interesuje, bądź ciekawy świata i gromadź „materiał" umysłowy. Czytaj książki motywacyjne, słuchaj kaset o pozytywnym myśleniu, stosuj afirmacje i autosugestie działające na podświadomość, weź udział w kursach rozwijających umysł, intuicję i pozytywne myślenie; otaczaj się ludźmi, od których możesz się czegoś nauczyć. Niczego się nie zbuduje bez dobrych materiałów na fundament. Wszystko zawsze dodawaj i mnóż, a zdziwisz się, jak wspaniały świat zacznie Cię otaczać, jak zaczniesz być podziwiany przez innych ludzi. To będzie Twój świat. Będziesz chciał w nim żyć jak najdłużej.

Wyprostuj się Duchowo. Uwierz w siebie i swoje możliwości. Powtarzaj jak najczęściej małe czteroliterowe słowo: MOGĘ. Jest to najpotężniejsze słowo duchowe, które odmieniane na różne sposoby daje wiarę we własne możliwości i siłę do osiągania wyznaczonych celów. To słowo usuwa przeszkody, prostuje drogę, eliminuje pecha, odpycha zły los, unosi nad przepaściami problemów, stwarza możliwości. Umacnia wiarę, precyzuje pragnienia i daje siłę do życia. Jedno małe słowo „nie" dodane do słowa „mogę" powoduje, że ludzie upadają na duchu – popadają w przygnębienie i tracą odwagę, załamują się wewnętrznie, stają się bierni wobec wyzwań losu, nieszczęśliwi, zagubieni. Nie widzą sensu dalszego życia. To jedno małe słowo „nie" wyznacza różnicę między życiem a śmiercią.

Jak odzyskać siłę duchową? Prostując się. Pamiętaj o tym, rozmawiając ze swoimi rodzicami i dziećmi; uczniami, wychowankami, partnerami i przyjaciółmi. Te dwa pozytywne słowa pozwolą im odzyskać pewność siebie, ujrzeć sens życia... I wtedy Ty także go ujrzysz. I wtedy zrozumiesz, po co jesteś na tym świecie.

Wyprostuj się i uśmiechnij się!

Boskie opóźnienia nie są Boskimi odmowami!

Zbigniew Królicki

Jack London
Opowieści z całego świata

Jack London, właściwie John Griffith Chaney (1876-1916). W lodowatej ziemiance na północy Ameryki, walcząc ze szkorbutem, niespełna dwudziestodwuletni John London, zwany Jackiem, podjął postanowienie swego życia: zostanie pisarzem. I na belce nad swym legowiskiem wyrył: JACK LODNON POSZUKIWACZ ZŁOTA AUTOR 27 STYCZ. 1898. Niezwykły, chyba największy amerykański pisarz, niezwykły życiorys. Podbił świat i umarł w wieku 40 lat. Czy wiesz, że to pierwszy i ostatni jak dotąd pisarz, którego książkę wyniesiono na Księżyc?
Jakość poprzednich wydań osłabiła wiele z jego dzieł... Prawie wszystko prócz fabuły. Oto po raz pierwszy w Polsce ukazuje całą swą wielkość. Nasza edycja zawiera wszystko, co u Londona genialne.
Oto przygody EGZOTYCZNE, MORSKIE, MIŁOSNE, społeczne i PRZESTĘPCZE.
Jeszcze bardziej aktualne i sensacyjne niż kiedykolwiek. Dla kochających właśnie przygody, egzotykę i sensacje, twardy męski charakter i przy tym z głębią uczuć. Odkrywczą. Także i kobiecą!

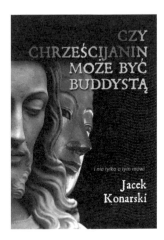

Jacek Konarski
Czy chrześcijanin może być buddystą?

Lektura tej książki wyzwala z lęków czy obaw, które często towarzyszą chrześcijańsko-buddyjskiej refleksji. Utwierdza w przekonaniu, że można być chrześcijaninem, a jednocześnie w jakimś stopniu buddystą, zaś fakt ten wcale nie musi świadczyć o zagubieniu w sferze religijnej.
Wręcz przeciwnie – autor w prosty i przekonujący sposób wskazuje, jak układać elementy wiedzy religioznawczej, aby służyły pogłębieniu chrześcijańskiej świadomości religijnej.
Bóg wspominany w tej książce nie jest jakimś Dalekim Nieznajomym, lecz Bliskim Przyjacielem, z którym autor spontanicznie dzieli się wszystkim, z czego składa się jego życie. Prosta argumentacja daje do zrozumienia, że można Go znaleźć w każdym aspekcie życia.
Nadzieję budzi również sposób mówienia o piekle, choć autor daleki jest od myśli, że niebo da się osiągnąć tanim kosztem czy wręcz za darmo.

Książka Jacka Konarskiego jest świadectwem tego, że o ważnych sprawach można mówić nie tylko z powagą, lecz także z humorem.

Sandy Taikyu Kuhn Shimu
Energia dla zdrowia

Zmęczony? Nieskoncentrowany? Bezsilny?

Ten niewielki poradnik to prawdziwy skarb. Pokaże on wam jak dzięki łatwym technikom skutecznie podnieść poziom własnej energii.

Wszystkie zalecenia są wypróbowane i pochodzą z długoletniej praktyki nauczycielskiej i doświadczenia w sztukach walki, qi gong, medytacji oraz jogi, a także ćwiczeń w psychologii autorki.

Służą one jako nieocenione wsparcie dla uzyskania dobrego samopoczucia fizycznego i duchowego.

Praca z energią może być prosta. Nie wierzysz? Sprawdź sam!

Władysław Batkiewicz
Starosłowiański Masaż Brzucha

Starosłowiański Masaż Brzucha (SMB), inaczej „terapia wisceralna", jest wielowiekowym dziedzictwem ludów słowiańskich.
Obecnie posługują się nim lekarze wielu specjalności oraz fizjoterapeuci, masażyści, a także zwykli ludzie.
Istotą SMB jest rozluźnianie narządów wewnętrznych pod wpływem ucisków, co przynosi następujące korzyści:
- aktywuje naturalny proces samoleczenia,
- oczyszcza układ trawienny,
- usprawnia pracę narządów wewnętrznych,
- niweluje napięcia, przykurcze i zastoje,
- usuwa niestrawności i zatwardzenia,
- odtruwa organizm.

Starosłowiański Masaż Brzucha to technika bardzo skuteczna. Przynosi nieoceniony pożytek zarówno w profilaktyce zdrowotnej, jak i w wielu dolegliwościach. Po zgłębieniu wiedzy teoretycznej i praktycznej – możliwa do samodzielnego stosowania w warunkach domowych.

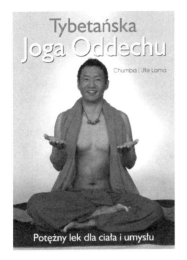

Chumba i Ute Lama
Tybetańska Joga Oddechu.
Potężny lek dla ciała i umysłu

Czy brakuje ci czasem tchu?

Czy twoja praca lub codzienność zbytnio cię ogranicza?

Sięgająca stuleci tradycja tybetańskich jogów może ci znów zapewnić powietrze niezbędne do oddychania – ponieważ czasem wystarczy zatrzymać się na moment i głęboko odetchnąć. Sztuka oddychania przekazana została doświadczonemu nauczycielowi jogi oddechu, Chumba Lamie, gdy był jeszcze młodym mnichem.

Wspólnie ze swoją żoną, Ute Lamą, zaprowadzi cię do fascynującego świata oddechu. Z pomocą przystępnych ćwiczeń i życiowych historii odkryjesz jego moc. Nie wymaga to żadnej uprzedniej wiedzy. W domu, bądź gdziekolwiek indziej – spraw, aby twój oddech popłynął na nowo.

Ulrich Emil Duprée
Ho'oponopono

Rytuał Ho'oponopono wywodzi się z hawajskiej tradycji duchowej Huny. Polega na rozwiązywaniu problemów i konfliktów poprzez nauczenie się wybaczania sobie i innym.
Ulrich Emil Duprée wyjaśnia w niniejszej książeczce w prosty i przystępny sposób zarówno historię powstania i możliwości stosowania Ho'oponopono, jak i leżące u podstaw rytuału duchowe prawa.
Spróbuj doświadczyć, jak z pomocą wybaczania możesz rozwiązać konflikty, problemy w relacjach i zaprzestać samoobwiniania, łącząc się na nowo ze źródłem wszelkiej mocy w Twoim sercu. Ho'oponopono zawiera liczne praktyczne ćwiczenia, które pomogą Ci bez trudności opanować rytuał wybaczania i pojąć sedno tej metody:

Jest mi przykro.

Proszę, wybacz mi.

Kocham cię.

Dziękuję.

Bogusław Homicki
Ciekawe życie w PRL-u. I co dalej?

Bogusław Homicki ur. 27.06.1941 r. w Warszawie, od dzieciństwa mieszkaniec warszawskiej Pragi. Jako tzw. „dziecko ulicy" stał się wychowankiem Kazimierza Lisciekiego „Dziadka" założyciela ognisk Towarzystwa Przyjaciół Dzieci Ulicy. Absolwent wieczorowych studiów na Wydziale Prawa Uniwersytetu Warszawskiego i podyplomowego Studium Handlu Zagranicznego na SGPiS. Posiada też kwalifikacje pedagogiczne. Autor książki „Opowieść o Naczelnym Dziecku Ulicy i jego ferajnie" oraz wielu publikacji prasowych w prasie krajowej i polonijnej na tematy społeczne. Inicjator i współzałożyciel „Przywrócić Dzieciństwo" Tow. Przyj. Dzieci Ulicy im. K. Lisieckiego „Dziadka", następnie długoletni prezes a obecnie prezes honorowy tej organizacji. W latach 2009-2013 wiceprezes Towarzystwa Przyjaciół Pragi. Za działalność społeczną dla Warszawy odznaczony Brązowym Krzyżem Zasługi i medalem Stefana Starzyńskiego.

Książka zawiera:
- osobiste wyznania autora
- obrazki z powojennej Warszawy
- Socrealizm – Polityka na co dzień
- Agenci, szpiedzy i zdrajcy
- Wymowne wnioski oparte na faktach
- Wciągający styl gawędy.

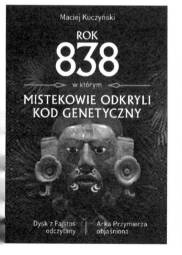

Maciej Kuczyński
Rok 838, w którym Mistekowie odkryli kod genetyczny

Maciej Kuczyński, wybitny polski pisarz, a zarazem podróżnik i badacz zagadek przeszłości, w książce Rok 838, w którym Mistekowie odkryli kod genetyczny dokonał rzeczy niebywałej – sensacyjnego odczytu inskrypcji zapisanej na Dysku najstarszej naukowej publikacji w dziejach ludzkości.

Doniosłość i przełomowe, wręcz wstrząsające znaczenie tej publikacji – nie tylko dla archeologii czy historii, ale także filozofii i pojmowania zjawisk przyrody oraz miejsca, jakie zajmuje w niej człowiek – jest niepodważalne. Dzięki Autorowi dowiadujemy się, że Dysk sprzed tysięcy lat opisuje zjawiska znane dopiero od niedawna współczesnym biologom (m.in. DNA), nie podważając w żadnej mierze stojącej za tą naukową rzeczywistością rzeczywistości duchowej. Okazuje się także, że transcendentalne pochodzenie tej wiedzy otwierają również dziś naszej świadomości substancje psychotropowe i inne techniki osiągania zmienionego stanu świadomości – te same, z których korzystali autorzy Dysku, żeby dotrzeć do... obiektywnej prawdy o naszym pochodzeniu. Autor, odwiedzając miejsca, w których narodził się ten najstarszy naukowy przekaz, idzie niejako po śladach, jakie zostawili po sobie jego twórcy, pokazując, że byli takimi samymi ludźmi jak my, że próbowali odpowiadać na te same pytania, co i my dzisiaj... I czynili to z zadziwiającą precyzją i niebywałym wręcz skutkiem. Idzie po ich śladach jakby dopiero co pozostawionych, dotykając stopami tych samych kamieni co oni.

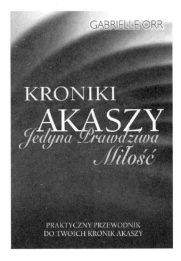

Gabrielle Orr
Kroniki Akaszy. Jedyna Prawdziwa Miłość

Znajdź odpowiedzi na swoje życiowe pytania.
Kroniki Akaszy są źródłem wiedzy, mądrości i bezwarunkowej miłości. Naucz się z nich korzystać, a znajdziesz odpowiedzi, których poszukujesz. Uzdrowienie, za którym tęsknisz, a zarazem wszechobejmująca miłość doprowadzą cię do rozkwitu.
Metoda Gabrielle Orr czyni dostęp do Kronik Akaszy tak prostym, jak nigdy dotąd. Za pomocą medytacji i specjalnych ćwiczeń otrzymasz wgląd w uniwersalną pamięć świata i doświadczysz zdumiewających rzeczy. Życiową misją Gabrielle Orr jest niesienie pomocy innym w rozwoju osobistym, prowadzi także nieustanne badania nad zdolnościami uzdrawiania wspomaganymi przez Kroniki Akaszy.
„Zgłębiałam wiele metod uzdrawiania. Najbardziej urzekła mnie nieustająca i bezwarunkowa miłość, której doświadczam w trakcie połączenia z Kronikami Akaszy." „Księgi Akaszy są sferą, w której pojęcie Jedności autentycznie dotyka naszych serc. To miejsce, gdzie przechodzimy od wiedzy, że jesteśmy połączeni z Wszechświatem, do odczucia tej prawdy w naszym wnętrzu." „Kroniki Akaszy są trwałym zapisem wszystkiego, co się dzieje i co się kiedykolwiek wydarzyło w przestrzeni i czasie" – Ervin Laszko.
Nowy dostęp do Kronik Akaszy.

Siranus Sven von Staden
Leczenie kwantowe dla każdego

Otrzymaliście w tej książce ćwiczenia dotyczące wszelkich dziedzin życia. Nigdy jeszcze zmiany i uzdrowienia nie były łatwiejsze do osiągnięcia.

Im częściej zastosujecie te ćwiczenia, tym prędzej wasze życie obróci się o 180° ku lepszemu.

Za pomocą leczenia kwantowego, zwanej też metodą dwóch punktów, możecie przeobrazić każdy aspekt swojego życia w coś pozytywnego. Już ponad 100 000 ludzi przyjęło tę technikę. Wszyscy dzięki niej dokonują swych małych cudów.

Mamy prawo do życia spełnionego, szczęśliwego i zdrowego.